# 劳教制度废除后之国家制裁体系重构

Reconstruction of National Sanction System after Abolishment of Reeducation through Labor System

冀祥德　著

方志出版社
Publishing House of Local Records

**图书在版编目(CIP)数据**

劳教制度废除后之国家制裁体系重构/冀祥德著.
—北京:方志出版社,2015.11

ISBN 978-7-5144-1806-4

Ⅰ.①劳… Ⅱ.①冀… Ⅲ.①劳动教养-司法制度-研究-中国②犯罪分子-监督改造-研究-中国 Ⅳ.①D926.8②D926.9

中国版本图书馆CIP数据核字(2015)第267907号

**劳教制度废除后之国家制裁体系重构**

**著　　者:** 冀祥德
**责任编辑:** 梅中英

**出 版 人:** 冀祥德
**出 版 者:** 方志出版社
地址　北京市朝阳区潘家园东里9号(国家方志馆4层)
邮编　100021
网址　http://www.fzph.org
**发　　行:** 方志出版社发行中心
电话　(010)67110500
**经　　销:** 各地新华书店
**排　　版:** 北京宝蕾元科技发展有限责任公司
**印　　刷:** 北京京都六环印刷厂

**开　　本:** 700×1000　1/16
**印　　张:** 14.25
**字　　数:** 240千字
**版　　次:** 2015年11月第1版　2015年11月第1次印刷

ISBN 978-7-5144-1806-4　定价:56.00元

# 第四批《中国社会科学博士后文库》编委会及编辑部成员名单

# 序　言

2015 年是我国实施博士后制度 30 周年，也是我国哲学社会科学领域实施博士后制度的第 23 个年头。

30 年来，在党中央国务院的正确领导下，我国博士后事业在探索中不断开拓前进，取得了非常显著的工作成绩。博士后制度的实施，培养出了一大批精力充沛、思维活跃、问题意识敏锐、学术功底扎实的高层次人才。目前，博士后群体已成为国家创新型人才中的一支骨干力量，为经济社会发展和科学技术进步作出了独特贡献。在哲学社会科学领域实施博士后制度，已成为培养各学科领域高端后备人才的重要途径，对于加强哲学社会科学人才队伍建设、繁荣发展哲学社会科学事业发挥了重要作用。20 多年来，一批又一批博士后成为我国哲学社会科学研究和教学单位的骨干人才和领军人物。

中国社会科学院作为党中央直接领导的国家哲学社会科学研究机构，在社会科学博士后工作方面承担着特殊责任，理应走在全国前列。为充分展示我国哲学社会科学领域博士后工作成果，推动中国博士后事业进一步繁荣发展，中国社会科学院和全国博士后管理委员会在 2012 年推出了《中国社会科学博士后文库》（以下简称《文库》），迄今已出版四批共 151 部博士后优秀著作。为支持《文库》的出版，中国社会科学院已累计投入资金 820 余万元，人力资源和社会保障部与中国博士后科学基金会累计投入 160 万元。实践证明，《文库》已成为集中、系统、全面反映我国哲学社会科学博士后优秀成果的高端学术平台，为调动哲学社会科学博士后的积极性和创造力、扩大哲学社会科学博士后的学术影响力和社会影响力发挥了重要作用。中国社会科学院和全国博士后管理委员会将共同努力，继续编辑出版好《文库》，进一步提高《文库》的学术水准和社会效益，使之成为学术出版界的知名品牌。

哲学社会科学是人类知识体系中不可或缺的重要组成部分，是人们认识世界、改造世界的重要工具，是推动历史发展和社会进步的重要力量。建设中国特色社会主义的伟大事业，离不开以马克思主义为指导的哲学社会科学的繁荣发展。而哲学社会科学的繁荣发展关键在人，在人才，在一批又一批具有深厚知识基础和较强创新能力的高层次人才。广大哲学社会科学博士后要充分认识到自身所肩负的责任和使命，通过自己扎扎实实的创造性工作，努力成为国家创新型人才中名副其实的一支骨干力量。为此，必须做到：

第一，始终坚持正确的政治方向和学术导向。马克思主义是科学的世界观和方法论，是当代中国的主流意识形态，是我们立党立国的根本指导思想，也是我国哲学社会科学的灵魂所在。哲学社会科学博士后要自觉担负起巩固和发展马克思主义指导地位的神圣使命，把马克思主义的立场、观点、方法贯穿到具体的研究工作中，用发展着的马克思主义指导哲学社会科学。要认真学习马克思主义基本原理、中国特色社会主义理论体系和习近平总书记系列重要讲话精神，在思想上、政治上、行动上与党中央保持高度一致。在涉及党的基本理论、基本路线和重大原则、重要方针政策问题上，要立场坚定、观点鲜明、态度坚决，积极传播正面声音，正确引领社会思潮。

第二，始终坚持站在党和人民立场上做学问。为什么人的问题，是马克思主义唯物史观的核心问题，是哲学社会科学研究的根本性、方向性、原则性问题。解决哲学社会科学为什么人的问题，说到底就是要解决哲学社会科学工作者为什么人从事学术研究的问题。哲学社会科学博士后要牢固树立人民至上的价值观、人民是真正英雄的历史观，始终把人民的根本利益放在首位，把拿出让党和人民满意的科研成果放在首位，坚持为人民做学问，做实学问、做好学问、做真学问，为人民拿笔杆子，为人民鼓与呼，为人民谋利益，切实发挥好党和人民事业的思想库作用。这是我国哲学社会科学工作者，包括广大哲学社会科学博士后的神圣职责，也是实现哲学社会科学价值的必然途径。

第三，始终坚持以党和国家关注的重大理论和现实问题为科研主攻方向。哲学社会科学只有在对时代问题、重大理论和现实问题的深入分析和探索中才能不断向前发展。哲学社会科学博士后要根据时代和实践发展要求，运用马克思主义这个望远镜和显微镜，增强辩证思维、创新思维能力，善于发现问题、分析问题，积极推动解决问题。要深入研究党和国家面临的一系列亟待回答和解决的重大理论和现实问题，经济社会发展中的全局性、前瞻性、战略性问题，干部群众普遍关注的热点、焦点、难点问题，以高质量的科学研究成果，更好地为党和国家的决策服务，为全面建成小康社会服务，为实现“两个一百年”奋斗目标和中华民族伟大复兴中国梦服务。

第四，始终坚持弘扬理论联系实际的优良学风。实践是理论研究的不竭源泉，是检验真理和价值的唯一标准。离开了实践，理论研究就成为无源之水、无本之木。哲学社会科学研究只有同经济社会发展的要求、丰富多彩的生活和人民群众的实践紧密结合起来，才能具有强大的生命力，才能实现自身的社会价值。哲学社会科学博士后要大力弘扬理论联系实际的优良学风，立足当代、立足国情，深入基层、深入群众，坚持从人民群众的生产和生活中，从人民群众建设中国特色社会主义的伟大实践中，汲取智慧和营养，把是否符合、是否有利于人民群众根本利益作为衡量和检验哲学社会科学研究工作的第一标准。要经常用人民群众这面镜子照照自己，匡正自己的人生追求和价值选择，校验自己的责任态度，衡量自己的职业精神。

第五，始终坚持推动理论体系和话语体系创新。党的十八届五中全会明确提出不断推进理论创新、制度创新、科技创新、文化创新等各方面创新的艰巨任务。必须充分认识到，推进理论创新、文化创新，哲学社会科学责无旁贷；推进制度创新、科技创新等各方面的创新，同样需要哲学社会科学提供有效的智力支撑。哲学社会科学博士后要努力推动学科体系、学术观点、科研方法创新，为构建中国特色、中国风格、中国气派的哲学社会科学创新体系作出贡献。要积极投身到党和国家创新洪流中去，深入开展探索性创新研究，不断向未知领域进军，勇攀学术高峰。要大力推进学术话语体系创新，力求厚积薄发、深入浅出、语言朴实、文风清新，力戒言之无物、故作高深、食洋不化、食古不化，不断增强我国学术话语体系的说服力、感染力、影响力。

“长风破浪会有时，直挂云帆济沧海。”当前，世界正处于前所未有的激烈变动之中，我国即将进入全面建成小康社会的决胜阶段。这既为哲学社会科学的繁荣发展提供了广阔空间，也为哲学社会科学界提供了大有作为的重要舞台。衷心希望广大哲学社会科学博士后能够自觉把自己的研究工作与党和人民的事业紧密联系在一起，把个人的前途命运与党和国家的前途命运紧密联系在一起，与时代共奋进、与国家共荣辱、与人民共呼吸，努力成为忠诚服务于党和人民事业、值得党和人民信赖的学问家。

是为序。

张江

中国社会科学院副院长

中国社会科学院博士后管理委员会主任

2015 年 12 月 1 日

# 摘　要

2013年12月28日，全国人大常委会通过了《全国人民代表大会常务委员会关于废止有关劳动教养法律规定的决定》。至此，存在了半个世纪之久的劳教制度正式在国家治理现代化与全面建设法治国家的进程中结束使命。劳教制度之所以由生入死，一路跌跌撞撞，并非其未能起到稳定社会秩序的作用，而是因为其对于法治、人权等人类社会基本价值理念的背离，以及其内在的制度缺陷。

从历史的角度来看劳教制度，其孕育并诞生于政局不稳、经济不振、社会治安形势严峻的新中国建立之初，的确在开展政治斗争、打击违法犯罪、维护社会秩序等方面发挥过独特作用。随着政治、经济、文化、社会的发展，劳教制度展现出的，一方面是控制社会秩序的有用性，另一方面是人权保障的背离性。可以说，劳教制度的发展扩张史就是一部质疑批评史，其适用扩张与质疑批评呈正相关关系。唐慧案、任建宇案等案件的惨痛教训深刻揭示着劳教制度的内在弊端，也不断拷问着维护稳定与权利保障的权衡关系。

推进国家治理体系与治理能力现代化是全面深化改革的总目标之一，废除劳教制度正体现着我国正在经历治国理政思潮变革的洗礼。从管理到治理，是平等的回归，是人权的彰显。“把权力关进制度的笼子里”是全面依法治国的精髓所在，无论是出于强调维护宪法法律权威，还是出于对正当程序的尊重，劳教制度必然无法在法治面貌焕然一新的时代立足。

虽然劳教制度在一片哗然声中退出历史舞台，但决不能也不可能一废了之，其遗留问题需要一系列的法律调整与司法改革予以衔接才能解决。所谓“念念不忘，必有回响”，劳教制度虽然已经走完了“从生到死”的“人生”，却依旧在“向死而生”的道路上为国家制裁体系的重构提供经验与教训。

本书站在前人研究成果的基础上，通过全面梳理与研究劳教制度从生到死的完整过程，理性分析劳教制度废除前后的理论聚讼与实践争鸣，尤其是对轻罪化、治安处罚化以及保安处分化等观点进行系统论述与深度评析，在对我国华东某省D市劳教制度废除前后社会治安形势实证研究的基础上，立足中国国情，提出一个符合司法规律、契合中国实际、顺应司法改革方向的国家制裁体系构建方案。

本书主张客观认识与评价劳教制度在我国法治建设中曾占据的地位与发挥的作用，认为应当从功能主义出发，系统解决劳教制度废除后的遗留问题以及由此产生的新问题，主张通过制定集实体与程序为一体的《中华人民共和国违法行为教育矫治法》，构建起中国特色的“治安管理处罚—违法行为教育矫治—刑罚”国家三级制裁体系，并实现整个国家制裁体系的司法化。

**关键词：**劳教制度废除；国家制裁体系重构；三级制裁体系；违法行为教育矫治；司法化

# Abstract

On the 28th December, 2013, the Decision of Abolishing the Reeducation through Labor System was passed by the NPC Standing Committee. At that moment, the reeducation through labor system, which existed in China for more than semi-century, died in the trend of Chinese administration reform and construction of rule of law. The biggest controversy of the reeducation through labor system is departing from the rule of law and human right, which are the common sense in human society and the inherent defect rather than its function of social security.

In the historical opinion, reeducation through labor system, which was born in the beginning of establishment of PRC, was important in the society governance and punishing crimes. With the development of the national economy, politics, culture and society, the reeducation through labor system, on the one hand, played an important role in the social transformation period; on the other hand, deviated from human right and rule of law. In the other word, the development and expansion of reeducation through labor system is a history of query and criticism. A lot of cases such as 'the case of Tang Hui" and "the case of Ren Jianyu", reflected the inherent defect of the reeducation through labor system, and also suspected the balance of social order and human right.

To achieve the modernization of national governance system is the fundamental goal of the overall deepening reform. Abolishing the reeducation through labor system reflects that we are undergoing a reform of the governing method. " Put the power into the cage of system" demonstrates the essence of rule of law. Whether for maintaining the authority of law or respecting the due process, the reeducation through labor system could not survive in the new era.

Although the reeducation through labor system has been abolished, the remaining issues need to be formulated by legal adjustment and judicial reform. Although the reeducation through labor system has completed its life " from birth to death", it still provides experiences and lessons to the reconstruction of the national punishment system.

This book, which is established in many theory controversies in the educational circles, compares the practical situation before and after the death of reeducation through labor system. It evaluates many different opinions including " misdemeanor trend, criminal trend and community correction" . The author has done the empirical researches of social security in city D before and after the death of the system. In this foundation, the aim of this book is putting forward to a national sanction system, which complys with national conditions, corresponds the trend of contemporary rule of law instruction, and in the end, complys with the judicial reform. This book advocates that we should have an objective understanding on position and role the reeducation through labor system played during the construction of rule of law. It also advocates that we should construct the three-level national punishment system for " Penalties for Public Security Administration－Education and Correction on Illegal Behaviors－Criminal Penalty" and the integrated litigation structure according to the entity.

**Key Words**: the abolishing of the reeducation through labor system; reconstruction of the national sanction system; the three-level national sanction system; education and correction on illegal behaviors; judicialization

# 目　录

# 下篇 劳教制度：向死而生

# Contents

# 引　言

## 一　研究背景

劳动教养制度（以下简称劳教制度），从1957年8月1日在我国正式建立到2013年12月28日被正式废除，曲折发展50余年，先后经历了异化使用、破坏停滞、恢复适用、扩大适用、审慎适用与司法化改革等阶段，直至最后被废除。劳教制度的实体功能与程序设置都饱受争议，尤其是在20世纪90年代后，一方面社会转型导致社会矛盾的多发、劳教制度本身的制度性缺陷使其被滥用。另一方面人权理念、法治理念尤其是程序法治理念的普遍传播与被接受，要求改革或废除劳教制度的呼声不断高涨。

中共十八大之后，中国共产党将法治作为治国理政的基本方式，废除劳教制度也因此被提上日程。2013年12月28日，全国人大常委会通过了《全国人民代表大会常务委员会关于废止有关劳动教养法律规定的决定》。该决定明确指出："在劳动教养制度废止前，依法作出的劳动教养决定有效；劳动教养制度废止后，对正在被依法执行劳动教养的人员，解除劳动教养，剩余期限不再执行。"至此，劳教制度被正式废除。

从功能主义学派的观点来看，社会制度是"人类活动有组织的体系。任何社会制度都针对一种基本需要；在一合作的事务上和永久团集着的一群人中，有它特具的一套规律及技术……"[①]。社会制度的产生，往往都是为了满足人类社会的种种需要，劳教制度也是如此。但从价值理性的角度来看，这并不意味着一项实际存在的社会制度就具有天然的合理性，乃

① ［英］马林诺夫斯基：《文化论》，费孝通译，中国民间文艺出版社1987年版，第18页。

至合法性。劳教制度的“恶”固然随着其废除而消失，但是作为一个理性的学者，在欢呼雀跃的同时，更应该理性地反思几个问题：其一，如何正确看待劳教制度，对其做出合理的“盖棺定论”式的评价；其二，后劳教制度时代，我国的国家制裁体系何去何从，需不需要以及如何在众说纷纭的理论构想中选择符合我国国情的模式。

## 二 研究概览

国内关于劳教制度的学术研究，大致可分为劳教制度正式废除前后两个时段。在劳教制度废除前，法学界的讨论更倾向关注劳教制度的改革，但同时存在维持说、废除说等诸多观点；而在后劳教制度时代，讨论的基础则是劳教制度废除的既成事实，因而讨论的方向转为制裁体系的改革与重构，包括轻罪化说、治安管理处罚化说、保安处分化说、制裁体系一体化调整说等等。

自1990年至2013年的20余年间，法学界对于劳教制度的讨论经历了四个高峰阶段：其一，1990～1993年，法学界主要是针对劳教制度的弊端展开讨论，建议通过制定《中华人民共和国劳动教养法》（以下简称《劳动教养法》）改变劳教制度；其二，1996～1998年，法学界展开关于劳教制度存废的争论；其三，2001～2003年，劳教废除论方兴未艾，种种完善或者替代劳教制度的观点纷纷涌现；其四，2010～2012年，法学界与法律界关于废除劳教制度取得较多共识，倾向于在废除劳教制度的基础上另行改革的观点占据主流。

而在2013年劳教制度被正式废除之后，法学界对于劳教制度的讨论又呈井喷之势，名作迭现，但就研究内容来看，呈现出两个主要特点。其一，未能对于我国的制裁体系形成充分、系统的认识，研究所关注的比较法的内容，集中于轻罪、保安处分等制度，但相关阐述和研究并不透彻，急于借鉴或移植相关国家的法律制度，但又缺乏本土性的法治基础；另外，研究多集中在劳教制度本身，少有对制裁体系一体化的研究。其二，体系重构建议的分化。当前学者既有主张“废除即可”的，也有主张“制定违法行为教育矫治法”的，还有主张“移植德国保安处分制度”的，法学界对此莫衷一是，尚未达成一定的共识。

## 三 研究目的

### （一）认识论目的

劳教制度，历来争议颇多。在支持者眼里，它无疑发挥着稳定社会、维持社会秩序的基本作用，尤其是在社会转型时期；在抨击者笔下，它却是对于人权、法治等基本理念的背离，甚至是一无是处。对于劳教制度，如果仅从法教义学的角度，对劳教制度的相关法规进行分析，无疑是很容易得出极其负面的结论的，尤其是在刑事程序法治方面。但劳教制度作为一项实际存在了50余年的社会制度，许多学者承认，它曾经起到过积极的作用。而在这50余年中，这项制度确实被用于处理小额盗窃、寻衅滋事、诈骗勒索、卖淫嫖娼、吸毒成瘾等诸多违法行为。当劳教制度被废除后，诸如此类的违法行为会不会大幅增长？劳教制度废除后，会不会对社会治安产生消极的影响？会不会有其他类似劳教的制度被非法地创造并使用？刑事司法的成本与压力是否会大幅上升？地方“先行先试”的探索是否能够指引全国范围的后劳教制度时代国家制裁体系的重构？

要想获知这些问题的答案，法教义学的分析方法无能为力，唯有通过实证研究，对劳教制度废除前后有关社会治安形势、轻刑案件审判数量、治安管理处罚次数等各项数据进行对比，并分析可能影响相关制度实际运行方式和内容的特殊事件及案例，才能形成对劳教制度较为客观的认识与评价，才能立足于中国国情得出关于废除劳教制度的社会影响的相关结论，才能为下一步的改革确定方向并提供理论与实践支撑。

### （二）实践论目的

后劳教制度时代，法学界与法律界对于我国制裁体系是否已形成闭环，是否需要建立新制度取代已废除的劳教制度大致有两种观点。一种观点认为，劳教制度本身存在众多问题，在当前的社会背景下，已经完全没有继续存在的必要，仅仅废除就足够了，没有必要再去建立新制度。而另一种观点认为，劳教制度虽然被废除了，但是原来劳教制度存在的问题仍然是需要解决的，在我国现行的治安管理处罚法与刑法之间没法找到完美的黄金分割线，总是会有中间地带，为填补这一空白，需要建立新的，比劳教制度更科学、人道的制度来替代。在这两种基本的观点之下，在具体实践上又有一些不同主张，例如，关于新制度的设立，目前主要有四种观点：其一，主张将原来劳教制度所规制的行为纳入刑法，建立中国的轻罪制度，即“轻罪化”；其二，主张对原有的治安处罚法进行改造，来消化原来需要劳教的那部分人，即“治安处罚化”；其三，主张学习欧洲大陆，尤其是德国、意大利实行的保安处分制度，建立我国的保安处分体系，即“保安处分化”；其四，主张通过制定《中华人民共和国违法行为教育矫治法》（以下简称《违法行为教育矫治法》），建立违法行为教育矫治制度，对屡次违反治安管理处罚法的行为和“刑法边缘行为”进行规制。因此，对该等理论进行仔细梳理与深刻研究并在此基础上探讨行之有效的实践路径，是法学界对于中国特色社会主义法治话语体系自觉构建应有的担当。

## 四　研究方法

在研究方法上，本书主要采用系统、历史、比较法、文献分析、实证分析等研究方法。系统的研究方法是指对于刑罚、劳动教养（以下简称劳教）、违法行为教育矫治、治安处罚等制裁措施纳入国家制裁体系这一系统的背景下进行讨论分析，这无疑对正确认识劳教制度有着极为重要的作用。相比目前主要的理论研究，该研究方法在本问题中的运用也是本书的创新之处。历史的研究方法是指分析劳教制度的产生与变革乃至废除的社会历史背景，基于一定的社会基础讨论相应的社会问题，以对劳教制度形成较为客观的评价。比较法研究主要是选取英美法系的法律、判决与学术文献的原文，德国与日本法律、教材、文献的原文与中译、英译版本相结合，并参考中国大陆与中国台湾地区的资料进行对比式的分析。文献分析研究主要是选取我国文献与国外相关文献，对我国以及世界其他相关国家和地区的情况进行介绍。实证分析研究的方法是法学领域新兴但极为重要的研究方法，本书中以华东某省 D 市为点，采用系统的田野式调查与访谈相结合的方式，试图勾勒出我国劳教制度的“从生到死”与“向死而生”。

# 上篇　劳教制度：从生到死

# 第一章　劳教之“生”

劳教制度是中国独有的一项制度，这一制度从苏联引进，并在新中国成立之初的“肃反”运动中逐步建立起来。劳教制度是在极其特殊的历史背景下建立的，它最初的目的是安置就业和强制教育，后来逐渐成为阶级斗争和政治运动的工具等。虽然我国的劳教制度在后来的发展过程中逐渐丧失了其最初的功能，但不能否认的是，在我国当时特殊的历史背景和社会状况下，劳教制度的出现是有一定现实合理性的。劳教制度产生、发展乃至被废除的这一历史过程对于我们正确认识劳教制度极为重要。

## 第一节　劳教制度产生的背景与原因

列宁指出：“为了解决社会科学问题，为了真正获得正确处理这个问题的本领而不被一大堆细节或各种争执意见所迷惑，为了用科学眼光观察这个问题，最可靠、最必需、最重要的就是不要忘记基本的历史联系，考察每个问题都要看某种现象在历史上怎样产生，在发展中经过了哪些主要阶段，并根据它的这种发展去考察这一事物现在是怎样的。”① 因此，对于中国劳教制度的研究分析，首先需要研究的就是劳教制度的产生，也就是劳教制度产生的历史背景、原因、过程与条件等。

---

① 《列宁选集》第四卷，人民出版社 1972 年第 2 版，第 43 页。

## 一　劳教制度产生的背景

1. 国际环境

第二次世界大战后，资本主义和社会主义两大阵营逐渐形成并走向对立；以美国为首的西方发达国家对新中国采取政治孤立、经济封锁和军事包围的政策。在这样的国际背景下，我国也相应地采取“一边倒”的外交政策。这种外交政策反映在国内的法律中，就是整个法制体系、整套法律思维都照搬照学苏联模式，劳教制度从苏联的引进也就顺理成章了。

2. 国内形势

新中国成立初期，国内形势十分严峻，因此，巩固民族独立、维护国家主权与安全成为党和人民面临的重大考验。其一，部分地区黑恶势力、封建势力、敌对残余势力等还有待肃清，国内建设百废待兴，新生的人民政权也亟须进行巩固；其二，党的内部也面临着因革命胜利而可能被滋长的骄傲自满、享乐腐化等腐朽思想侵蚀的问题，保持党的纯洁性与艰苦奋斗的作风成为党面临的难题。因此，新中国成立初期，社会问题严重，打击敌对势力、处理堕落人员且又要着力发展生产成为时代的重要任务。

## 二　劳教制度产生的原因

1. 政治原因

新中国成立初期，我国面临着严峻的国内外形势。为此，我国开展了一系列的政治运动。这在一定程度上稳定了国内局面，但由此而生的一些在政治上存在问题的人员有待处理。我国先后开展了镇压反革命运动、“三反”“五反”运动以及“肃反”运动，一些人因为政治原因被划为“敌人”，成为专政对象。按照当时的政治定性，这部分人虽然未达刑罚处罚标准但应当被限制自由，需要被采取一定的强制措施。

2. 司法原因

新中国成立初期，多次政治运动给我国司法带来了较大的负担。旧社会的司法体系被废除、司法从业人员被政治否定，新社会的司法体系还处于成型阶段、司法从业人员人数较少、素质高低不一。新中国成立不久，我国就出现了第一次犯罪高峰。据统计，1950年全国发生的各种刑事案件有51万起，而当时全国人口总数是5.5亿，按当时人口平均计算，发案率为万分之九点三。[①] 更为重要的是，新中国建立初期百废待兴，财政压力较大，如1951年《第三次全国公安会议决议》中就明确规定：为了改造这些犯人，为了解决监狱的困难，为了不让判处徒刑的反革命分子坐吃闲饭，必须着手组织劳动改造的工作。社会稳定、社会秩序受到挑战，司法负担沉重，在这种社会背景下，劳教以其因非司法性而带来的成本低、效率高、可创收的特点成为刑罚之外的重要制裁手段。

3. 治国方式的原因

新中国成立之初，我国的治国依赖于运动与政策，对法制、法治的认知并未达到相应高度。当时，我国处理法律和政策之间紧张关系的一般原则是，法律让位于政策、政策优先于法律。同时我国的法制也并不完备，以六法全书为代表的旧时代的法制体系被废除，新社会试图从苏联移植法制体系的工作并未得以全面展开，法治的概念、人权保障的理念更是无源之水。在这种背景与理念下，劳教制度这种本身缺乏相应法律基础的、限制人身自由的措施，也就具有了制度创设的可能性。

4. 制裁理念的原因

马克思主义哲学体系对于劳动有着特殊的认知，区别于黑格尔将劳动视为抽象的精神活动，马克思将劳动视作人与自然联系的过程，并且在此基础上包含了伦理道德的内容，认为劳动可以实现人的价值与尊严。教育与改造一直是我国国家制裁手段的主要理念，通过劳动进行教育，采用感化主义试图改变罪犯本质。早在1932年中华苏维埃司法人民委员会就颁布过《中华苏维埃共和国劳动感化院暂行章程》，规定劳动感化违犯苏维埃法令的人。[②] 因此，我国创设以强制劳动并予以教养为目的的制裁制度，不仅仅是经济上的考量，也有相应的历史基础与深刻的形而上的认知基础。

---

① 参见康树华：《新中国成立后不同历史时期犯罪的状况与特点》，《江苏公安专科学校学报》1999年第1期。

② 参见韩延龙、常兆儒编：《中国新民主主义革命时期根据地法制文献选编》（第三卷），中国社会科学出版社1981年版，第313页。

## 第二节　劳教制度产生过程

“罗马不是一天建成的”，这句谚语在人文社会领域同样适用，一个社会制度的最终产生也不是依靠一部法律或一份文件便能得以确立的。劳教制度也是如此，在1957年得以最终确立之前，也经历了若干年的发展。

### 一　劳教制度的初步建立

在新民主主义革命时期，苏维埃政权及抗日民主政权所进行的法制建设中都包含强制劳动的内容。新中国成立后，1951年5月中共中央发布的《对土地改革业已完成地区的地主参加劳动生产及就业问题的指示》中确立了强制劳动制度，其中规定了对有劳动能力而又无其他职业的地主，应强制他们劳动。1955年8月25日，中共中央发布了《关于彻底肃清暗藏的反革命分子的指示》，规定：“对这次运动清查出来的反革命分子和其他坏分子，除判处死刑的和因为罪状较轻、坦白彻底或因为立功而应继续留用的以外，分两种办法处理。一种办法，是判刑后劳动改造。另一种办法，是不能判刑而政治上又不适于继续留用，放到社会上去又会增加失业的，则进行劳动教养，就是虽不判刑，虽不完全失去自由，但亦应集中起来，替国家做工，由国家给予一定的工资。各省市应即自行筹备，分别建立这种劳动教养的场所。全国性的劳动教养的场所，由内务部、公安部立即筹备设立。”这一文件首次明确提出对“反革命分子”和“坏分子”实行劳教的构想，是我们国家出台的第一份有关劳动教养的红头文件。

1955年，《内务部、公安部、财政部关于编制劳动教养计划中的若干问题的通知》中规定：“被劳动教养人员的生活待遇问题，目前可暂按被劳动教养分子的原工薪的百分之七十计算，包括他们家属的生活供给在内。”1956年1月10日，中共中央发布《关于各省市应立即筹办劳动教养机构的指示》，其中对劳教的性质、任务、指导原则、审批权限、领导和管理等问题作了原则的规定。根据该指示，所谓“劳动教养”，就是劳动、教育和培养。首先是“劳动”，即强制劳动，组织他们“劳动生产，替国家做工，自食其力”；其次是“教育”，即教育改造，“对他们进行政治、思想改造工作”；再次是“培养”，使被劳教人员“逐渐成为国家的真正有用的人”。另外，《关于各省市应立即筹办劳动教养机构的指示》还说明：“在肃清一切暗藏的反革命分子的运动中，将清查出一批不够逮捕判刑而政治上又不适合继续留用，放到社会上又会增加失业的反革命分子和其他坏分子，需要进行适当的处理。为了妥善地解决这个问题，中央决定，采取劳动教养的办法，把这些人集中起来，送到国家指定的地方，组织他们劳动生产，替国家做工，自食其力，并且对他们进行政治、思想改造工作，使他们逐渐成为国家的真正有用的人。”随后，中共中央又在《中共中央批准中央十人小组关于反革命分子和其他坏分子的解释及处理的政策界限的暂行规定》文件中规定：“某些直系亲属在土改、镇反和社会主义改造中，被杀、被关、被斗者的家属……可送劳动教养。”根据中共中央的上述指示与规定，全国开始设立与兴办劳教机构，劳教审批制度开始形成。由此，我国对“反革命分子”“坏分子”进行教育改造的劳教构想初步实现。[①]根据资料显示，1955 年劳教制度建立的初期，被劳教的人员数量并不多，这一时期，劳教的对象也比较特殊，仅局限于机关、企业、事业单位内部开展的“肃反”运动中清理出来的人员。

## 二　劳教制度的正式确立

根据相关学者的记述，1957 年 7 月，为了将游手好闲、违法乱纪、不务正业、有劳动能力的人，改造成为自食其力的新人，为了进一步维护公共秩序，有利于社会主义建设，公安部与内务部在北京召开了关于劳教问题的全国会议。之后，两部就收容劳教问题联合向国务院作了报告，并最终以国务院的名义向全国人大常务委员会提出了申请。[②] 1957 年 7 月，中共中央批准了《公安部党组关于处理盗窃、流氓、诈骗、凶杀、抢劫等刑事犯罪分子政策界限的规定》，将刑满释放出来的惯犯、有碍社会治

① 参见于建嵘：《劳动教养制度的发展演变及存废之争》，《中国党政干部论坛》2013 年第 1 期。

② 参见晏乐斌：《“劳教问题的决定”出台前后》，《炎黄春秋》2013 年第 5 期。

安但是不够逮捕条件的违法犯罪分子以及以卖淫为生、屡教不改或无家可归的暗娼这三类人员纳入劳教的范围。这体现了劳教性质的一定转向。

1957年8月，经第一届全国人大常委会第七十八次会议批准，国务院公布了《国务院关于劳动教养问题的决定》（以下简称《关于劳动教养问题的决定》）。根据《关于劳动教养问题的决定》：其一，劳教的性质是"对于被劳动教养的人实行强制性教育改造的一种措施，也是对他们安置就业的一种办法"；其二，劳教的宗旨是"为了把游手好闲、违反法纪、不务正业的有劳动力的人，改造成为自食其力的新人；为了进一步维护公共秩序，有利于社会主义建设"；其三，劳教的对象主要包括以下四种人："（1）不务正业，有流氓行为或者有不追究刑事责任的盗窃、诈骗等行为，违反治安管理、屡教不改的；（2）罪行轻微，不追究刑事责任的反革命分子、反社会主义的反动分子，受到机关、团体、企业、学校等单位的开除处分，无生活出路的；（3）机关、团体、企业、学校等单位内，有劳动力，但长期拒绝劳动或者破坏纪律、妨害公共秩序，受到开除处分，无生活出路的；（4）不服从工作的分配和就业转业的安置，或者不接受从事劳动生产的劝导，不断地无理取闹、妨害公务、屡教不改的"；其四，"需要实行劳动教养的人，由民政、公安部门，所在机关、团体、企业、学校等单位，或者家长、监护人提出申请，经省、自治区、直辖市人民委员会或者它们委托的机关批准"；其五，劳教机关"在省、自治区、直辖市一级建立或者经省、自治区、直辖市人民委员会批准建立。劳动教养机关的工作，由民政、公安部门共同负责领导和管理"；其六，关于劳教的具体管理，"对于被劳动教养的人，应当按照其劳动成果发给适当的工资；并且可以酌量扣出其一部分工资，作为其家属赡养费或者本人安家立业的储备金""被劳动教养的人，在劳动教养期间，必须遵守劳动教养机关规定的纪律，违反纪律的，应当受到行政处分，违法犯罪的，应当依法处理""在教育管理方面，应当采用劳动生产和政治教育相结合的方针，并且规定他们必须遵守的纪律和制度，帮助他们建立爱国守法和劳动光荣的观念，学习劳动生产的技术，养成爱好劳动的习惯，使他们成为参加社会主义建设的自食其力的劳动者"。

从效力上看，《关于劳动教养问题的决定》是由全国人大常委会作出，具有相应的法律效力；从内容上看，《关于劳动教养问题的决定》详细规定了劳教制度的方方面面，从宗旨、对象到机构、审批等，从实体到程序。就劳教对象来看，普通违法和轻微犯罪人被提到了首位，劳教制度正从最初构想的以维护政治稳定为基本目的转向了以维护社会秩序为主要目的，劳教制度实现了从“内部适用”向“外部适用”的转变。同初创时期的劳教制度相比，这一时期的劳教制度不仅是强制及教育的实践者，而且也是就业的安排者。[①] 因此，该文件的出台意味着劳教制度在我国得到正式确立。

## 第三节　劳教制度的产生分析

古希腊的哲学家赫拉克利特曾言：“人不能两次踏进同一条河流。”这句话的积极意义在于认识到了事物的变化发展。人类文明也是如此，任何一项社会制度的产生与发展都是有着具体社会条件的。劳教制度的产生就具有独特的历史印记，马克思主义的唯物史观指导我们应当结合具体条件来分析问题。

### 一　历史分析

德国著名的哲学家黑格尔曾说过“存在即是合理”，这句话意味着一种新事物的出现与存在有其一定的合理性。社会需要是催生新事物的伟大力量，有了社会的需要，才会使新事物不断产生和发展，使社会不断进步。随着社会的发展，特别是国家产生之后，统治阶级为了维护本阶级的利益，需要对动摇本阶级利益的违法犯罪人员进行制裁。所以，制裁违法犯罪人员的法律制度也就顺应国家或社会的需要而产生了。应当说，它不是立法者凭空想象出来的东西，而是应社会所需产生的。一些社会学家把制度的生命周期分成三个阶段，即“形成期”“效能期”和“萎缩期”。在其客观根据基础之上建立起来的任何制度都有一个“形成期”，即制度化的过程。在这个时期，制度是不够完善的，需要进一步完善与扩充。伴随制度的发展演变，制度进入了“效能期”，在这个时期，原有制度会出

---

① 参见朱腾：《历史、现状与改革：劳动教养制度述评》，《江苏警官学院学报》2012 年第 5 期。

现障碍，需要及时调整不适应的部分与环节，使之继续发挥其效能。由于社会客观条件的变化，有的制度赖以存在的基础已不复存在，即进入了“萎缩期”，这时就必须及时建立新制度来代替已经过时的制度。正是社会需要推动着人们向各个领域去创新，催生出各种各样的社会制度并且不断地完善。

正如上文所分析的，从历史角度来看，劳教制度的产生的原因是多方面的，既有主观上对于法治、人权保障等理念的认识不足，也有客观上诸如社会治安、经济形势严峻，司法负担沉重以及囿于时代的政治斗争的需要等原因。主观上的认识是随着时代发展而变迁的，从国际社会来看，法治也从形式法治走向实质法治，人权理念按照学者的论述也有代际的划分。而促使劳教产生的，其中更为重要的是客观原因，这是劳教制度产生的社会基础。可以说，劳教制度的设立具有时代背景，甚至从某种程度上说，是当时背景下的一种必然选择。以至于“即使在劳动教养受到广泛批评的今天，大多数学者仍承认劳动教养制度建立和存在所要解决的问题，即劳动教养所满足的治理违法犯罪行为的社会需要是合理的”①。正如有学者所言，“一种制度得以长期且普遍地坚持，必定有其存在的理由，即具有语境化的合理性；因此首先应当得到后来者或外来者的尊重和理解”②。

## 二　法理分析

1957 年 8 月 4 日，《人民日报》发表题为《为什么要实行劳动教养?》的社论，其中认为：“劳动教养的决定，经过全国人民代表大会常务委员会的批准，就具有立法性质。这是我国社会主义改造和法制建设中的又一创举，是贯彻宪法第一百条的一个具体措施。”③ 从程序上来看，标志着劳教制度正式确立的《关于劳动教养问题的决定》由全国人大常委会作出，具有法律性质，从形式法治的角度看，这并没有多大的争议。因为《中华人民共和国宪法》（以下简称《宪法》）规定全国人

① 刘恒志、白一之：《劳动教养制度合理性研究》，《中国监狱学刊》2008 年第 5 期。
② 苏力：《送法下乡——中国基层司法制度研究》，中国政法大学出版社 2000 年版，第 90 页。
③ 《为什么要实行劳动教养?》，《人民日报》1957 年 8 月 4 日第 1 版。

大常委会有权制定法令，国务院可以根据宪法、法律和法令，规定行政措施，发布决议和命令。但从实质法治的角度看，全国人大常委会通过的决议是否存在与宪法相违背的内容，或明显背离法治、人权、公序良俗等理念则有讨论的空间。具体来说，《关于劳动教养问题的决定》的宪法依据是1954年《宪法》第100条，即“中华人民共和国公民必须遵守宪法和法律，遵守劳动纪律，遵守公共秩序，尊重社会公德”。但《宪法》中同样规定有“中华人民共和国公民的人身自由不受侵犯”。首先，就当时的法律条件而言，在法律上能不能对好逸恶劳、不思进取的“不爱劳动”分子采取强制劳动的措施就值得探讨；其次，《关于劳动教养问题的决定》中规定的劳教对象并非都是“不爱劳动”分子，尽管该决定将劳教定性为“实行强制性教育改造的一种措施，也是对他们安置就业的一种办法”，但其本质上仍是一种司法程序之外的社会管控手段，是一种具有强制力的制裁措施，故《关于劳动教养问题的决定》以1954年《宪法》第100条为依据对“四种人”进行限制人身自由并强制劳动是“错用”宪法。所以，劳教制度从创立伊始就在宪法上存在依据缺失的问题。

## 小 结

可见，劳教制度的产生，可以说是当时社会综合因素的反映。但是，不可否认，劳教制度的初步建立是在“肃反”期间，主要是“内部适用”，及至劳教制度的正式确立，即“反右运动”时期，劳教制度才被扩大到对“肃反”对象以外的社会人员适用，其中主要包括“流氓、不守规矩、游手好闲的人以及危害社会治安、屡教不改，尚不够逮捕判刑的人”①。有学者认为其中的主要原因是政治原因，是政治的需要使劳教成为一项法律制度。但从劳教对象上来看，劳教制度从内到外的适用体现的却是劳教性质的变化，即从政治斗争、维护政治稳定的手段逐渐成为维护

① 陈瑞华：《问题与主义之间——刑事诉讼基本问题研究》，中国人民大学出版社2008年第2版，第419页。

社会秩序的手段。[①] 此种动向表明，劳教制度开始从政治对策向具有普遍性的法律转化。[②] 从形式上看，以法律的形式作出对劳教的规定具有一定积极意义，将劳教纳入法制轨道，体现的是国家对于法律的尊重。但从实际来看，这样的立法并没有产生积极的效果，相反，劳教制度从正式确立的开始就带有了强烈的社会管控功能，这导致劳教制度的迅速生长与异化。

① 参见陈兴良：《中国劳动教养制度研究——以刑事法治为视角》，《中外法学》2001 年第 6 期。

② 参见朱腾：《历史、现状与改革：劳动教养制度述评》，《江苏警官学院学报》2012 年第 5 期。

# 第二章　劳教之“长”

劳教制度的产生，带有浓厚的政治色彩，是司法程序之外国家进行社会管控的有力手段。正基于此，劳教制度具有了先天的扩张性，这使其之后的扩张、异化都成为必然，这也是后来劳教制度司法化改革设想难以实现的原因之一。从规范层面来看，劳教制度的确立与发展散见于诸多规范性文件，而这些规范性文件不仅未能形成对劳教制度统一明确的规定，相反，其中充斥着违背与冲突。可以说，自劳教制度正式确立后，一个“潘多拉魔盒”就此打开，劳教制度进入了异化生长的时期。

## 第一节　劳教制度逐步发展（1957 年至 1965 年）

尽管《人民日报》刊发的《为什么要实行劳动教养?》的社论中将劳教制度看作是“充分体现了社会主义国家改造坏人的宽大政策和仁至义尽的精神”① 的制度，但在《关于劳动教养问题的决定》颁行不久，由于“左”的错误思潮导致“反右”斗争扩大化，劳教工作很快就突破了此决定所规定的收容范围，劳教的审批权限和程序也没有得到很好的遵守。②1957 年至 1965 年，劳教制度处于逐步发展时期，有关的补充性文件以及各地方、各部门有关具体实施劳教的规范性文件的发布，共同丰富了劳教制度的内容，构建了从上而下的劳教制度规则体系。其中以 1960 年为界，

① 《为什么要实行劳动教养?》，《人民日报》1957 年 8 月 4 日第 1 版。

② 参见力康泰、韩玉胜：《关于制定具有中国特色的教养法的思考》，《中国监狱学刊》1997 年第 2 期。

又可分为两个阶段：1960 年之前，劳教制度发展相对无序，劳教制度的适用混乱；1960 年以后，中央逐步纠正有关问题，对于劳教的机构设置，审批程序、时间作出了相应规定。

## 一 相对无序阶段（1957 年至 1960 年）

相对无序是指该阶段的劳教工作缺乏统一性、系统性安排。伴随着地方纷纷扩大劳教适用对象、劳教机构泛滥等现象的发生，劳教工作也出现诸多问题。这一阶段的劳教制度的变化发展主要表现在以下几个方面。

1. 劳教对象的扩大化

《关于劳动教养问题的决定》实施不久，即遭到了“反右”扩大化和“左”倾思潮的干扰，大多数被划为“右派分子”的人员都被纳入劳教适用对象的范围，劳教工作偏离了正常的轨道，导致我国被劳教人员数量剧增。1958 年 8 月召开的第九次全国公安会议进一步扩大了收容劳教对象的范围，不仅对“地富反坏右”五类分子[①]可以采取劳教的手段之外，而且对少数不服从管教的巫婆、神汉、二流子、懒汉等也可以收容劳教。实践过程中还错收了一批不够劳教条件的人。[②] 此外，一些地方肆意扩大劳教适用范围。例如，《安徽省人民委员会批转省劳动教养领导小组关于我省当前劳动教养工作上几个问题意见的通知［（57）皖办李字第 1274 号］》第 2 条“关于劳动教养的条件”规定，“除国务院关于劳动教养问题决定内第一条所规定的几种人以外，中央公安部党组关于处理盗窃、流氓、诈骗、凶杀、抢劫等刑事犯罪分子的政策界限第三条规定的几种人，也应强制收容劳教”，明确规定将公安部“政策界限第三条规定的几种人”纳入劳教的适用对象。

2. 劳教机构的滥化

《关于劳动教养问题的决定》规定，“劳动教养机关，在省、自治区、直辖市一级建立或者经省、自治区、直辖市人民委员会批准建立。劳动教养机关的工作，由民政、公安部门共同负责领导和管理”。但第九次全国公安会议提出了大办劳教的思想，决定不仅地、市办劳教，而且还鼓

① 指地主、富农、反革命分子、坏分子、“右派”人员。

② 参见司法部劳教局编：《劳动教养工作文件汇编（第一卷）》（1955～1976），第 88～89 页。

励县办劳教、社办劳教。大型的劳教所由国家举办，主要收容城市中应当被劳教的分子；农村的社办劳教由人民公社或农业合作社举办。① 资料显示，在劳教制度正式确立后大约一年，全国立即建起了一百多处劳教场所，开始形成县办劳教、社办劳教，乃至生产队也办劳教的劳教机构体系。②

3. 劳教审批的异化

根据《关于劳动教养问题的决定》的规定，劳教审批机关是“省、自治区、直辖市人民委员会或者它们委托的机关”。但在实践中，各地纷纷下放审批权限，如《山西省人民政府委员会关于劳动教养对象审批权限下放和收容劳动教养对象地区划分的通知［省政郑字第 1216 号］》（1957 年 12 月 28 日）将劳教审批权下放到县，该通知第 1 条规定，“为了减少国家经费开支，应把不追究刑事责任的反革命分子、坏分子，尽量送交当地农业社内进行劳动教养，凡放入农业社内进行劳动教养的人，均由当地市、县人民委员会直接批准”。③

## 二　部分调整阶段（1961 年至 1965 年）

“劳改有期，劳教无期”，劳教对象界限不清，适用范围扩大化，劳教审批随意等问题大量存在，直接导致了劳教制度呈现无序“生长”的状态，也直接导致了全国劳教人员的不断增长，从 1957 年年末的 3 万多人，增长到 1958 年的 35 万多人，1959 年的 43 万多人，1960 年的近 50 万人。④ 有鉴于此，1960 年年末，中共中央开始对全国的劳教工作进行清理整顿。相比 1960 年之前，这一阶段的劳教制度主要呈以下特征。

1. 劳教适用期限的相对确定化

1961 年第十一次全国公安会议召开，公安部在会议上形成了《关于当前公安工作十个具体政策问题的补充规定》，在该文件中提出劳动教养

① 参见司法部劳教局编：《劳动教养工作文件汇编（第一卷）》（1955 ~ 1976），第 88 ~ 89 页。

② 参见魏汝久：《中国劳动教养制度报告（2010）》，共识网，http://www.21com.net/articles/zgyj/ggzhc/article_2011012128589.html，2015 年 10 月 30 日。

③ 参见周永坤：《劳教制度的历史与废除呼声》，《炎黄春秋》2012 年第 12 期。

④ 参见赵秉志、杨诚主编：《中国劳动教养制度的检讨与改革》，中国人民公安大学出版社 2008 年版，第 8 页。

要有具体期限，规定一般为 2～3 年，在劳教期间，表现好的，可以提前解除劳教；表现不好的可以延长劳教期限；有破坏行为的，依法判刑。从而改变了之前《关于各省市应立即筹办劳动教养机构的指示》和《关于劳动教养问题的决定》中都没有规定劳教期限的现象，从规范层面改变了“劳改有期，劳教无期”的状况。但应当予以说明的是，此时劳教期限的确定，是由内部掌握的，只在收容劳教时对劳教本人及其家属宣布，不对外公布。

2. 劳教机构设立的相对规范化

1960 年 10 月，中央决定县级政府不得再办劳教。1961 年的《关于当前公安工作十个具体政策问题的补充规定》中提出，县一级今后不准再办劳教，已经办的要限期结束，此外，设立劳教机构必须经省级党委批准。这一举措改变了之前层层政府机关设立劳教机构的现象，使得劳教机构的设立实现相对规范化。

3. 劳教审批程序的相对完善化

按照《关于劳动教养问题的决定》，对“需要实行劳动教养的人，由民政、公安部门，所在机关、团体、企业、学校等单位，或者家长、监护人提出申请，经省、自治区、直辖市人民委员会或者它们委托的机关批准”。但在实际执行中，民政部门只是挂了一个名，实由公安机关作出劳教的决定。《关于当前公安工作十个具体政策问题的补充规定》对于劳教审批程序进行了相应细化，其规定决定劳动教养必须经市一级公安机关负责人批准。相比 1960 年之前，劳教审批程序实现相对完善。

4. 劳教对象的相对明确化

《关于当前公安工作十个具体政策问题的补充规定》中规定，必须严格控制劳教人员的数量，将劳教的适用对象定义为主要是大中城市和厂矿、企业、机关、学校清理出来的三种人，一是有轻微罪行，可以不追究刑事责任的反革命分子和有流氓、盗窃、诈骗等行为、屡教不改而又不给予刑事处分的坏分子；二是少数极端仇视社会主义、政治上有危险而又不给予刑事处分的右派分子和反动分子；三是某些受旧社会遗毒太深、好逸恶劳，长期拒绝劳动，破坏劳动纪律，不断无理取闹、妨碍公务、屡教不改的分子。

经过清理整顿之后，劳教人员的数量开始下降，1961 年为 39 万余人，到了 1962 年下降到 18 万余人，1963 年全国的劳教人数下降至 14 万余人，1964 年下降到 10 万余人，1965 年下降到 6 万余人。① 从人数的变化上可以看出，1961 年之后，劳教工作确有改进，调整确有实效。虽然这些措施在一定程度上改变了当时“劳改有期、劳教无期”的问题，改变了当时劳教工作的混乱局面，但实际上劳教制度仍存在较多问题，主要包括收容面依然偏宽，改造质量差，对应解除劳教的人员留得过多。② 并且，从根本上来说，劳教制度的最主要问题仍是制度本身突破了相关法律性文件的规定，即使是在整顿措施实施之后，也没有改变劳教在这一阶段扩大化、滥化、异化的特点。

## 第二节　劳教制度的废止与徘徊（1966 年至 1978 年）

“文化大革命”对我国是一场灾难，我国的民主与法制遭到严重破坏，社会各方面基本处于无序的状态。部分学者在研究劳教制度问题时，也单纯地认为劳教制度在“文化大革命”中被破坏。但实际状况却并非如此，在 1966 年至 1970 年期间，劳教制度确实被事实上废止，但在 1971 年之后，劳教措施又得到部分恢复。

### 一　废止时期（1966 年至 1970 年）

*1. 劳教机构*

1966 年之前，劳教决定通常由公安机关作出，劳教机构也处于公安机关的管理之下。在 1966 年“文化大革命”开始后，在“彻底砸烂公、检、法”的口号下，我国的劳教工作遭受了严重的冲击和破坏，劳教管理机构陷入瘫痪，全国绝大多数劳教场所被迫撤销或停办，有的甚至被诬为“资敌养敌”的避难场所；许多劳教工作干部被调出公安机关，有的

① 参见赵秉志、杨诚主编：《中国劳动教养制度的检讨与改革》，中国人民公安大学出版社 2008 年版，第 8 页。

② 参见司法部劳教局编：《劳动教养工作文件汇编（第一卷）》（1955～1976），第 341 页。

受到打击迫害。[1]

2. 劳教对象

被劳教的人员则“有的在阶级斗争扩大化的影响下被转移到监狱、劳改队，按罪犯对待和管理，有的则被遣散放回社会，其中不少人乘乱继续违法犯罪、危害社会。劳教工作多年来建立和发展起来的基础也被严重破坏，整个劳动教养事业几乎陷入停顿状态”[2]。据学者统计，到 1970 年年末全国被劳教人员总数仅为 4798 人。[3]

需要说明的是，尽管劳教制度也存在较多的违反法治理念、宪法、法律规定的问题，但劳教制度在这一阶段被破坏，并非意味着我国法制的发展与法治理念的彰显，而是法制被践踏、社会无序状态的体现。劳教制度尽管有着诸多问题，但一直在法制化的道路上“行走”，而这一阶段劳教制度被破坏之后，取而代之的是更加专横恣意而又缺乏监督的下放、关“牛棚”等措施，被关押者的权利更无从谈起。

## 二　部分恢复时期（1971 年至 1976 年）

1970 年 12 月至 1971 年 2 月，国务院总理周恩来主持召开了第十五次全国公安会议，中共中央批转了会议纪要。该纪要指出：“大中城市要恢复、整顿劳动教养和强制劳动。”[4] 此后，部分省市开始了恢复劳教的筹备工作。

但由于林彪、江青反革命集团的干扰和破坏，这一指示并未得以落实，劳教工作并没有在全国得到全面恢复和整顿，只有少数大城市恢复了工作。但即使是在恢复或复办的劳教场所，在管理上也仍然沿用“左”的政策，把劳教人员错误地当作专政对象来对待。[5] 数据显示，1971 年，全国劳教人数为 6000 余人，到 1972 年，达到 1 万人；至 1976 年，全国

---

① 参见郭建安、郑霞泽、苏利：《劳动教养制度的创立、发展与演变》，载司法部劳动教养管理局、中国劳动教养学会编：《难忘的历程——劳动教养工作 45 年（1957～2002）》，法律出版社 2003 年版，第 26 页。

② 夏宗素、张劲松主编：《劳动教养学基础理论》，中国人民公安大学出版社 1997 年版，第 43 页。

③ 参见于建嵘：《我国劳动教养制度的历史沿革》，《党政干部参考》2013 年第 4 期。

④ 司法部劳教局编：《劳动教养工作文件汇编（第一卷）》（1955～1976），第 393 页。

⑤ 参见刘仁文：《劳动教养制度及其改革》，《行政法学研究》2001 年第 4 期。

被劳教人数接近4万人。[1]

### 三　徘徊时期（1977年至1978年）

“文化大革命”后的两年和“文化大革命”的十年有着本质不同，因为“粉碎江青反革命集团的胜利，从危难中挽救了党，挽救了革命，使我们的国家进入了新的历史发展时期”[2]，但对于具体的劳教制度而言，其实质上仍处于无序与停滞的状态。

## 第三节　劳教制度的恢复与重建（1979年至1982年）

随着江青反革命集团被粉碎和“文化大革命”的结束，全党、全社会开始对这场浩劫进行反思，党和国家领导人充分认识到民主与法制的重要作用。1978年12月，中共第十一届三中全会对“文化大革命”作出了正确的评价，澄清了一些模糊认识，端正了思想，恢复和发展了党的正确路线、方针政策。劳教制度也得以恢复与重建。党中央决定劳教工作实行“教育、感化、挽救”的方针，作出了对失足青少年要“像父母对待患了病的孩子，医生对待病人，老师对待犯了错误的学生”的相关指示，[3] 劳教的法制工作得到了有序开展。

### 一　开始恢复时期（1979年至1981年）

1. 开始恢复概况

1979年11月，全国人大常委会批准公布了《国务院关于劳动教养的补充规定》（以下简称《关于劳动教养的补充规定》），1980年2月重新

---

① 参见于建嵘：《我国劳动教养制度的历史沿革》，《党政干部参考》2013年第4期。

② 1981年中共中央《关于建国以来党的若干历史问题的决议》。

③ 参见1982年中共中央《关于加强政法工作的指示》。

公布了1957年颁布的《关于劳动教养问题的决定》，同月国务院发出了《关于将强制劳动和收容审查两项措施统一于劳动教养的通知》，这些文件的颁布标志着劳教制度又重新得到实施。1980年9月，中共中央和国务院在批转公安部《关于做好劳动教养工作的报告》时指出："加强和改善劳教管理，加强思想政治教育，做好劳动教养工作，是维护社会治安的一项重要措施，需要作为一项长期任务来抓。"1981年6月全国人大常委会作出了《关于处理逃跑或者重新犯罪的劳改犯和劳教人员的决定》；1982年1月13日中共中央发出《关于加强政法工作的指示》，专门强调要加强劳动教养工作。这些决定的作出直接推动了劳教制度的恢复。

2. 主要内容

（1）《关于劳动教养的补充规定》。该补充规定就劳教的一些重大问题对《关于劳动教养问题的决定》作了补充，主要是四个方面内容：一是确定由省、自治区、直辖市和大中城市人民政府组成劳教管理委员会领导和管理劳教工作，负责对劳教的审批；二是以立法的形式规定劳教的期限为1~3年，必要时得延长1年；三是明确规定了人民检察院对劳教机关的活动实行法律监督；四是明确规定对已解除劳教的人员和劳教人员家属、子女不得歧视。

（2）《关于将强制劳动和收容审查两项措施统一于劳动教养的通知》。1980年，国务院发布了《关于将强制劳动和收容审查两项措施统一于劳动教养的通知》。1961年后，经党中央、国务院先后批准，各地公安机关对轻微违法犯罪的人和流窜作案嫌疑分子采取了强制劳动和收容审查的措施。在当时的背景下，这两项措施对于维护社会治安、强制教育改造轻微违法犯罪分子，发挥了一定的积极作用。但从改革开放后的执行情况来看，强制劳动的对象和收容审查的对象同劳教的对象基本相同，没有实质性的区别。因此，将原来适用强制劳动和收容审查的对象，统一适用于劳教。该文件是对于劳教对象的扩充。

（3）《关于处理逃跑或者重新犯罪的劳改犯和劳教人员的决定》。1981年6月，全国人大常委会作出了《关于处理逃跑或者重新犯罪的劳改犯和劳教人员的决定》。其中规定："一、劳教人员逃跑的，延长劳教期限。劳教人员解除教养后三年内犯罪、逃跑后五年内犯罪的，从重处罚，并且注销本人城市户口，期满后除确实改造好的以外，一律留场就业，不得回原大中城市。其中情节轻微、不够刑事处分的，重新劳动教养或者延长劳动教养期限，并且可以注销本人城市户口，期满后一般留场就业，不得回原大中城市。二、劳改犯逃跑的，除按原判刑期执行外，加处五年以下有期徒刑；以暴力、威胁方法逃跑的，加处二年以上七年以下有期徒刑。劳改犯逃跑后又犯罪的，从重或者加重处罚；刑满释放后又犯罪的，从重处罚。刑满后一律留场就业，不得回原大中城市。劳改期满释放后，有轻微犯罪行为、不够刑事处分的，给予劳动教养处分。期满后一般留场就业，不得回原大中城市。没有改造好的劳改罪犯，劳改期满后留场就业。三、劳教人员、劳改罪犯对检举人、被害人和有关的司法工作人员以及制止违法犯罪行为的干部、群众行凶报复的，按照其所犯罪行的法律规定，从重或者加重处罚。”

## 二 正式恢复重建（1982 年）

1. 正式恢复重建标志

1982 年 1 月 21 日，国务院转发了公安部发布的《中华人民共和国劳动教养试行办法》（以下简称《劳动教养试行办法》）。同时，国家也在组织上加强了对劳教工作的领导和管理，各省、自治区、直辖市人民政府相继成立了劳教管理委员会，完善了劳教的审批程序；公安部成立了劳教工作管理局，各省、市、区也设立了劳教管理机构。此外，劳教场所得到全面恢复整顿，还增建了一批劳教场所。可以说，《劳动教养试行办法》的颁布标志着劳教重建工作基本完成。

2. 主要内容

1982 年颁布的《劳动教养试行办法》对劳教场所、收容审批、行政管理、教育改造、劳动生产、被劳教者的生活待遇、考核奖惩等有关事项作出具体的规定。

首先，《劳动教养试行办法》将劳教的性质确立为强制性教育改造的行政措施和处理人民内部矛盾的方法，删除了 1957 年《关于劳动教养问题的决定》中“安置就业办法”的提法。

其次，《劳动教养试行办法》将劳教收容对象的种类由 1957 年《关于劳动教养问题的决定》界定的四类调整为六类，包括：①罪行轻微，不够刑事处分的反革命分子、反党反社会主义分子；②结伙杀人、抢劫、强奸、放火等犯罪团伙中，不够刑事处分的；③有流氓、卖淫、盗窃、诈骗等违法犯罪行为，屡教不改，不够刑事处分的；④聚众斗殴、寻衅滋事、煽动闹事等扰乱社会治安、不够刑事处分的；⑤有工作岗位，长期拒绝劳动，破坏劳动纪律，而又不断无理取闹，扰乱生产秩序、工作秩序、教学科研秩序和生活秩序，妨碍公务，不听劝告和制止的；⑥教唆他人违法犯罪，不够刑事处分的。另外规定对于“对家居农村而流窜到城市、铁路沿线和大型厂矿作案，符合劳动教养条件的人，也可以收容劳动教养”。

再次，《劳动教养试行办法》还明确了将劳教场所按照“特殊学校”的模式来举办的新思路。其第4条规定，劳教场所，是对被劳教的人，实行强制性教育改造的机关，是改造人，造就人的特殊学校，也是特殊事业单位。另外，办得好的劳教场所，经过省、自治区、直辖市劳教管理委员会批准，可以改名为劳教学校。

最后，《劳动教养试行办法》规定了劳教人员必须遵守的守则。劳教人员应遵守“五要、十不准”守则。其中，“五要”是：①要认罪认错，遵纪守法，服从管教；②要努力学习政治，文化和技术；③要积极参加生产劳动；④要遵守社会公德，讲究文明礼貌；⑤要拥护共产党领导和社会主义制度。“十不准”是：①不准随便离开规定的活动范围；②不准谈论案情，传习作案手段；③不准留长发、胡须；④不准阅读、传抄黄色书刊，散布淫乱思想；⑤不准损坏公物；⑥不准消极怠工、抗拒劳动；⑦不准拉帮结伙、打架斗殴；⑧不准酗酒、赌博、偷盗；⑨不准敲诈勒索、相互馈赠；⑩不准互相包庇、栽赃陷害。这是对劳动教养人员行为的具体规定，也体现了劳教管理的方法。

3. 重建阶段的制度特点

（1）政治色彩减弱，治安功能凸显。劳教制度孕育于镇压反革命运动，发端于“肃反”运动，确立于反右派斗争之中。甚至在很长的一段时间里，劳教被视为解决敌我矛盾的手段之一。在“文化大革命”结束之后，我国开始中国特色社会主义民主法制建设，劳教成为我国行政措施的一种，是处理人民内部矛盾的方法，其治安功能逐渐占主导作用。因为在20世纪50年代建立劳教制度时，中国还没有刑法、刑事诉讼法以及行政处罚规定，当时几乎还没有明晰的刑事处罚制度和行政处罚体系。二十多年过后，伴随着法制建设的进行，已经建立了一套刑事制裁体系和行政处罚体系，如1979年我国颁布《中华人民共和国刑法》（以下简称《刑法》)、《中华人民共和国刑事诉讼法》(以下简称《刑事诉讼法》),有关“犯罪”和“违法”的概念被纳入。劳教制度的政治色彩大大减弱,它开始成为我国国家制裁体系的有机组成部分。

1980年2月26日,《人民日报》发表评论员文章《继续办好劳动教养》,认为“在我们国家……除了少数反革命分子、特务间谍分子和其他严重破坏社会秩序的犯罪分子,不时进行各种捣乱和破坏外,还有一批为数不少的大法不犯、小法常犯的人,经常扰乱社会治安,危害人民利益。尽管他们罪行较轻,尚不够追究刑事责任,但是严重妨害了社会秩序、生产秩序、工作秩序和人民群众生活秩序。对这些人如果不采取强制性的行政措施,对他们进行教育、挽救和改造,让其发展下去,就可能走上严重的犯罪道路,对国家和人民将会造成更大的危害。因此,要整顿社会治安,对少数犯有严重罪行的反革命分子和其他犯罪分子,必须依照刑法从重判刑;对有一般违法行为的青少年,必须依靠社会各方面的力量进行帮助教育或者送工读学校;对介乎这两者之间,即那些大法不犯、小法常犯而又屡教不改的人,必须按照《国务院关于劳动教养问题的决定》及其补充规定,把他们收容起来,实行劳动教养……使他们悔过自新,走上有益于社会的道路”。在1957年的《关于劳动教养问题的决定》中,劳教的适用对象为四种人,到1979年的《关于劳动教养的补充规定》将劳教适用对象的地域范围定位大中城市,1982年《劳动教养试行办法》中又将劳教的适用对象修改并增加到六种人,主要增加的是结伙杀人、抢劫、强奸、放火等犯罪团伙中,不够刑事处分的团体成员;聚众斗殴、寻衅滋事、煽动闹事等扰乱社会治安,不够刑事处分的人员;教唆他人违法犯罪,不够刑事处分的人员。在改革开放后,大规模的阶级斗争和肃清反革命分子的政治环境已不复存在,中共中央倡导的“以经济建设为中心”的路线逐渐得到贯彻,这也使得劳教的适用对象不得不进行调整,由原来的以“反革命分子”和“坏分子”为主,变为主要针对那些违反社会治安而又不够刑事处罚的人。劳教适用对象的范围的变化,使得这项制度更好地实现其社会职能,维护正常的社会治安秩序,创造良好的社会氛围。这也反映了我国劳教制度的部分变化,相比过去而言,此时的劳教制度的政治色彩也明显减弱,维护治安的功能得到凸显。

(2)明确了劳教的性质,改变对劳教职能的认识。“劳动教养,是对于被劳动教养的人实行强制性教育改造的一种措施,也是对他们安置就业的一种办法。”这是1957年颁布的《关于劳动教养问题的决定》中对于劳教的定义。在1982年颁布的《劳动教养试行办法》中，劳教被视为对被劳教的人实行强制性教育改造的行政措施，是处理人民内部矛盾的一种方法。从该定义中不难看出，劳教是一种强制性教育改造措施，是一项维护社会正常秩序的法律措施。在《劳动教养试行办法》中，删除了劳教安置就业的职能，这是对于劳教职能认识的改变。同时也将劳教界定为一种行政措施，而不是刑事处罚措施，与作为劳动改造的刑事处罚措施区别开来。《劳动教养试行办法》第3条中指出，“对被劳动教养的人，实行教育、挽救、改造的方针，教育感化第一，生产劳动第二。在严格管理下，通过深入细致的政治思想工作、文化技术教育和劳动锻炼，把他们改造成为遵纪守法，尊重公德，热爱祖国，热爱劳动，具有一定文化知识和生产技能的建设社会主义的有用之材”。

同时，这一时期《人民日报》的社论也指出，“劳动教养，就其性质来说，是对被劳动教养的人员实行强制性教育改造的一种行政措施，也是对他们安置就业的一种办法。这是正确处理人民内部矛盾的一项有效的辅助手段，不同于罪犯的劳动改造”。[①] 由此可以看出，“文化大革命”后的劳教制度具有行政法律制度的性质，有关劳教的法律规定也大体可以归入行政法的范围。当然，劳教依然属于一种教育改造措施，同时也具有安置就业的功能。不过，值得指出的是，随着中国改革开放政策的推行和变化，社会经济构成越来越向多元化的方向发展，劳教所具有的“安置就业”的社会功能势必会越来越弱化，直至逐渐消亡，而劳教的惩罚功能逐渐得到强化。这些都充分说明，劳教的首要目的并不完全是惩罚，同时也是教育感化。

（3）程序性规定得到统一与细化。1979年《关于劳动教养的补充规定》中将劳教的法定期限规定为1~3年，解决了许多地方反映的关于劳教期限幅度过窄、不利于调动改造积极性的问题。1982年《劳动教养试行办法》规定了劳教期限应根据需要劳教的人的违法犯罪事实、性质、情节、动机和危害程度，确定为1~3年。其次，规定了劳教的管理和审批机构确定为“劳动教养管理委员会”，该委员会设置在省、自治区和直辖市以及大中城市的人民政府之下，并由民政、公安和劳动部门的负责人

① 参见《继续办好劳动教养》，《人民日报》1980年2月26日。

组成。同时还规定，劳教机关的活动，应接受人民检察院的监督。将劳教工作纳入检察监督的范围，在一定程度上对劳教工作形成有效约束。

## 第四节　劳教制度的变革及司法化（1983年至2012年）

1982年劳教制度得到正式恢复，此后的30年间劳教制度一直处于不断变革调整之中，直至被废除。调整的内容不仅包括劳教对象，也包括劳教管理体制、劳教管理方式等方面。以世纪更替为界限，可以看出劳教制度在2000年前后发生明显转变，之前是劳教制度处于不断扩大适用的阶段，而新世纪以来，得益于人权理念的发展以及我国法律体系与法治建设的完善，相关机关对于劳教制度的态度呈现审慎化的趋势。

### 一　综合调整与扩大适用阶段（1983年至2000年）

1. 背景

（1）治安形势严峻。改革开放初期的一段时间内，经济上的对外开放、思想上的冲突等原因导致社会治安问题凸显，犯罪率上升，我国社会治安形势严峻。为此，我国在1983年进行了首次“严打”。在部分学者看来，这是“乱世用重典”的体现，但确实反映了我国当时社会治安严峻的状况。[①] 此后我国又先后组织过多次“严打”。在首次“严打”期间，劳教作为国家制裁体系中的一环得到扩张适用，这体现在劳教机构增加、劳教人员增长等方面。

（2）社会转型。社会学中的转型理论认为，我国自改革开放以来进入社会转型时期，社会转型不仅是要实现现代化视野下的从古典到现代的转型，也是一场新的社会主义革命。而伴随这一转型的是社会结构、社会关系的长期剧烈调整。[②] 1978年以来，我国社会正是处于这样的转型之

① 参见贾宇：《从“严打”到“宽严相济”》，《国家检察官学院学报》2008年第2期。

② 参见孙立平：《社会转型：发展社会学的新议题》，《社会学研究》2005年第1期。

中，社会结构、社会意识等都处于重建阶段，加上改革开放所带来的一些外部诱因，我国社会秩序在一定程度上受到挑战，维护社会秩序的压力凸显。

（3）法制不健全。改革开放以来，伴随着我国经济的发展，市场化改革的推进，我国政治体制改革也不断深化，民主与法制事业不断发展，我国法律体系得到不断完善，刑事法律与行政法律法规的颁布构建了我国的国家制裁体系。但上述法律法规并不能形成完整的、封闭式的链条，为劳教制度的存在留下空间。

2. 内容

（1）在劳教机构方面。1983 年开始“严打”之后，劳教人员数量猛增，各地劳教场所又迎来扩张的契机。1981 年，创办劳教学校的设想被提出，即运用和借鉴普通学校的教育原理、方法和手段，将劳教场所办成教育、挽救劳教人员的特殊学校。在 1983 年之后的实践中，关于劳教场所的改革逐步推开。1994 年 1 月，司法部根据国务院的指示精神，提出了创建现代化文明劳教所的奋斗目标，即在今后一个时期逐步将全国劳教所建设成为用现代化先进科学技术武装起来的，用当代人类社会文明和进步思想教育改造劳教人员的场所。

（2）在管理方式方面。“双承包责任制”（劳教单位实施管教、生产双承包责任制）、“双百分考核制”（思想改造、劳动生产各百分进行考核）、“劳教人员民主管理制”“两公开一监督”（公开执法规定、公开结果，接受社会监督）、“三试”（到社会试工、试农、试学）等新的管理模式和工作机制的探索和发展，使劳教管理逐渐与劳改制度相区别。

（3）在管理体制方面。1983 年 5 月中央将劳改、劳教管理工作由公安部门移交司法行政部门；1988 年 12 月，司法部将劳教部门与劳改部门在管理体制上彻底分开，司法部设立劳动教养工作管理局，地方省、市、自治区和大中城市的司法厅（局）设立劳动教养工作管理局（处）。

（4）在适用对象方面。劳教适用对象总体处于不断扩大的趋势。1980 年国务院发布《关于将强制劳动和收容审查两项措施统一于劳动教养的通知》，该文件中明确提出了“对有轻微违法犯罪行为、尚不够刑事处罚需要进行强制劳动的人，一律送劳动教养”和“对于有轻微违法犯罪行为又不讲真实姓名、住址、来历不明的人，或者有轻微违法犯罪行为又有流窜作案、多次作案、结伙作案嫌疑需收容查清罪行的人，送劳动教养场所专门编队进行审查”，这是劳教制度重建过程中关于劳教适用对象扩大化方面最早的起点。1986 年全国人大常委会通过了《中华人民共和国治安管理处罚条例》（以下简称《治安管理处罚条例》），明确增加了三种可以适用劳动教养的情况：①卖淫、嫖娼以及介绍、容留卖淫、嫖娼的人；②赌博以及为赌博提供条件的人；③制作、复制、出售、出租以及传播淫书、淫画、淫秽录像或者其他淫秽物品的人。1990 年 12 月 28 日通过的《全国人民代表大会常务委员会关于禁毒的决定》（以下简称《关于禁毒的决定》）明确规定了“强制戒除后又吸食、注射毒品的，可以实行劳动教养，并在劳动教养中强制戒除”。1991 年 9 月 4 日通过的《全国人民代表大会常务委员会关于严禁卖淫嫖娼的决定》（以下简称《关于严禁卖淫嫖娼的决定》），又增加了“因卖淫、嫖娼被公安机关处理后又卖淫、嫖娼的，实行劳动教养”。与此同时，国务院制定的一些行政法规，最高人民法院、最高人民检察院的司法解释对劳动教养制度的适用范围方面，又作了很多补充规定。如，1984 年最高人民法院、最高人民检察院、公安部《关于怎样认定和处理流氓集团的意见》中提出，流氓集团中除首要分子以外，不够判处徒刑以外刑罚的其他犯罪成员和流氓集团中罪行显著轻微或罪行轻微不需要判处刑罚的一般成员，一律送劳动教养。1986 年最高人民法院、最高人民检察院、公安部《对于惩处倒卖车、船票的犯罪分子如何适用法律条款的问题的批复》中指出，参与多次倒卖车、船票，屡教不改，尚不够刑事处罚的，可以劳动教养。1989 年国务院发布的《铁路运输安全保护条例》中提出具有以下四种行为，即非法拦截列车的、在铁路线上置放障碍物或击打列车的、在铁路线上行走或在车钢轨上坐卧的和其他危害铁路安全的行为，都可以劳教。与此同时，为了维护各地社会安定的需要，有些省、直辖市和自治区或者一些大城市也通过一些地方性法规或者规章，随意扩大了劳教的适用对象。适用对象上的扩大化不仅表明劳教越来越成为介乎普通行政处罚与刑事处罚之间的一种特殊行政强制措施，而且还显示所有由刑事法律和行政法律所体现的现代法治原则，在劳教制度中基本上是不适用的。[①]

总体来说，尽管劳教制度的工作方法逐渐相对科学化，管理体制等逐渐被理顺，劳教法制体系逐渐形成，如 1991 年至 1993 年，司法部就先后

---

① 参见陈瑞华：《劳动教养的历史考察与反思》，《中外法学》2001 年第 6 期。

发布了7个有关劳教的行政规章，[①] 但进行该等改革的出发点在于更好地建设与运用劳教制度，因此反而出现这样的状况："1982年以来的劳动教养在适用对象上发生了令人瞠目结舌的变化。大量的法律、行政法规、司法解释、部门规章甚至地方性法规争相扩大劳动教养的适用范围，使得几乎所有为刑法所禁止的行为而又不够刑事处分的，都可以适用劳动教养。甚至各行各业中可能涉及违反行政法规的行为，除了那些因轻微而可以受到行政处罚之外，也都可以适用劳动教养。"[②]

3. 呈现的主要问题

（1）劳教的性质问题。通过前文对劳教制度的历史回溯，可以明显看出初创时期的劳教具有强制性教育改造和安置就业的双重性质。但从1961年中共中央批准的第十一次全国公安会议《关于当前公安工作十个具体政策问题的补充规定》起，劳教除具有强制性教育改造的措施外，其安置就业的性质被逐渐减退或消失，处罚的性质逐渐显露出来。1982年公安部颁布的《劳动教养试行办法》正式将劳教定位为"强制性教育改造的行政措施"，是"处理人民内部矛盾的一种方法"，安置就业的性质彻底被代替并废弃。"行政"一词彻底划清了劳教与刑事处罚的界限。该试行办法意识到了劳教的性质应有所转变，但其对劳教的定位却将劳教陷入名不副实的状态。如1991年9月全国人大颁布的《关于严禁卖淫嫖娼的决定》第2条规定："因卖淫、嫖娼被公安机关处理后又卖淫、嫖娼的，实行劳动教养，并由公安机关处五千元以下罚款。"这一条款中的劳动教养明显具有制裁性与惩戒性，而非行政强制措施。1991年11月国务院发布的《中国的人权状况》（白皮书）更明确将劳教界定为"不是刑事处罚，而是行政处罚"。但1996年颁行的《中华人民共和国行政处罚法》（以下简称《行政处罚法》）却并未将劳教列为一种行政处罚，而且还强调"限制人身自由的行政处罚，只能由法律设定"。这些立场不一的官方文件使劳教的性质陷入混乱，劳教的合法性受到质疑。

（2）劳教适用对象被任意扩大的问题。20世纪80年代、90年代是我国社会迅猛发展的时期，社会结构性问题凸显，但相应的法治建设比较滞后。为了维护社会稳定与发展，更加便利地打击违法活动，中央及各地方

---

① 参见夏宗素主编：《劳动教养制度改革问题研究》，法律出版社2001年版，第20页。

② 陈瑞华：《劳动教养的历史考察与反思》，《中外法学》2001年第6期。

政府以《劳动教养试行办法》中对于劳教对象“实施……行为，不够刑事处分的”为基本格式条款，相继公布后续规范性文件或作出解释，进一步扩大劳教适用对象。有学者指出，最高人民法院和最高人民检察院颁布的司法解释、省级人民政府颁布的地方性法规等都对劳教问题作出具体规定，而这些规定又往往突破法律和行政法规设定的劳教范围。更有甚者，某些省辖市和地级市也会就某一领域的治安问题插足劳教方面的规定，如《铁路运输安全保护条例》《南京市城市房屋拆迁管理办法》《深圳经济特区暂住人员户口管理条例》等。①

（3）劳教的程序问题。按照当时劳教制度的相关规定，劳教的相关程序是公安机关办案、呈报，劳教管理委员会审查批准，司法行政机关的劳教场所负责执行，人民检察院对劳教机关活动实行监督。② 但在实践中，劳教的审批机关设置在公安机关内，公安机关一家实际上掌握了劳教的独断权，劳教管理委员会形同虚设。根据《关于劳动教养的补充规定》，检察院是劳教的监督机关，但是这个外部监督机制很少发挥作用。根据规定，被劳教对象对劳教决定不服的，可以到法院提起行政诉讼，但在实践中，被劳教对象的诉权与胜诉权都受到限制。公安部在 1998 年颁布的《公安部关于劳动教养范围有关问题的通知》中，甚至直接要求法院在受理劳教行政诉讼案件时，要充分考虑农村的实际情况，慎重对待，不要轻易作出劳教审批部门败诉的决定。有的市级公安部门甚至下发文件，要求涉及劳教的行政复议、行政诉讼案件的撤销率不超过 5%。③ 这就极易造成为了达到指标而使办案人员“有错不纠”现象的发生。由于缺乏有效的监督与制衡，许多劳教决定显得很随意，甚至出现了经检察机关审查因证据不足退回补充侦查和经法院审理裁定证据不足不能定罪的案件，但在报劳教后都能获得批准的现象。有的公安机关把已经构成犯罪的刑事案件降格为劳教，甚至还出现了变相收钱放人的问题。有的地方大部分所外就医和所外执行人员均已离开原居住地，很多人员甚至下落不明。④ 这种情况，严重地违反了法治原则，破坏了法治体系，损害了法治

---

① 参见陈瑞华：《问题与主义之间——刑事诉讼基本问题研究》，中国人民大学出版社 2008 年第 2 版，第 431 ~ 432 页。

② 参见夏宗素主编：《劳动教养制度改革问题研究》，法律出版社 2001 年版，第 186 页。

③ 参见叶竹盛：《把脉“劳教”》，《南风窗》2012 年第 18 期。

④ 参见叶竹盛：《把脉“劳教”》，《南风窗》2012 年第 18 期。

的威严，更让人担忧的是，这些下落不明人员可能会迫于生计再次危害社会，给社会稳定造成极大的隐患。同时，在被劳教人员中，“二进宫”以上的人员的比率也在逐年上升，当时犯罪率的升高，与劳教内部缺乏监督和制衡机制而导致其内部管理混乱有一定的关系。

## 二　司法化与审慎适用阶段（2001 年至 2007 年）

1. 背景

（1）随着社会治安形势严峻以及社会转型时期矛盾多发情况的出现，各级政府通过扩大劳教适用对象来维护社会秩序。劳教的扩大适用，引发了社会各界的讨论与批评，废除的呼声高涨。如在 2003 年，7 位广东省政协委员联名提出《关于在广东省率先废除劳动教养制度的提案》。同年，在 100 多位全国人大代表的强烈呼吁下，关于劳教制度改革的议案——制定《违法行为矫治法》被列入十届全国人大五年立法规划，且为一类法律。在 2004 年的“两会”上，代表和委员共提出 14 项关于制定《劳动教养法》的议案。

（2）我国法制体系逐渐完善，而劳教制度则游离于整个法制体系之外，显现出对上位法的明显背离。1996 年颁布的《行政处罚法》、2000 年颁布的《中华人民共和国立法法》（以下简称《立法法》）均确立了法律对有关限制人身自由的处罚的专属管辖原则，任何行政法规、地方性法规或者规章都无权设定限制人身自由的行政处罚。这对劳教制度的合法性着实产生了否定性的影响。2005 年颁布的《中华人民共和国治安管理处罚法》（以下简称《治安管理处罚法》），取消了 1986 年《治安管理处罚条例》中有关劳教的规定，尽管保留了“强制性教育措施”的规定，但也对劳教制度的合法性产生一定冲击。

（3）相关国际公约的签订，使得契合联合国司法准则成为我国法治发展目标之一。1998 年，中国政府在联合国总部签署了《公民权利和政治权利国际公约》。该国际公约第 9 条第 1 款规定：“除非依照法律所确定的根据和程序，任何人不得被剥夺自由。”根据联合国有关机构的解释，“法律”是指立法机关制定的法律；“程序”是指经过正当的法庭审理。第 9 条第 4 款规定：“任何因逮捕或拘禁被剥夺自由的人，有资格向法庭提起诉讼，以便法庭能不拖延地决定拘禁他是否合法以及如果拘禁不合法时命令予以释放。”劳教制度使得我国社会主义法制体系、我国法治发展遭受了来自国际社会的压力。如不适时制定相关法律，确立符合国际社会通行做法和国际公约规定的程序，将难以满足我国在未来履行相关国际公约义务的需要，并将继续不断地招致国际社会的批评和攻击。[①]

2. 审慎适用的主要表现

作为对不断高涨的劳教制度法制化的呼声的回应，2000 年，经过各方不懈努力，当时全国人大法工委已原则上同意了《劳动教养法》，并准备报全国人大审查，劳教系统也寄予了厚望，但遗憾的是，最终还是未能通过。2002 年 4 月，公安部以通知形式印发了《公安机关办理劳动教养案件规定》。该规定的施行是公安部改革劳教审批工作的重大举措，从劳教的适用对象、审批机构、审核、审批程序、执行以及执法监督等几个方面对劳教制度作了更为详细的规定。[②] 尽管通知中明确，在该规定以公安部令印发之前，制作劳教法律文书时不能援引，但是作为公安机关的内部规范性文件，该规定借鉴了刑法的相关原则，在规范公安机关内部劳教审批程序，保护公民合法权益，限制劳教措施的滥用等方面仍然具有非常重要的意义，体现了劳教司法化的需求以及权力机关审慎适用的态度。例如《公安机关办理劳动教养案件规定》第 42 条规定：“对没有违法犯罪嫌疑人本人供述，但是其他证据确实充分，能够相互印证，并且符合劳动教养条件的，可以依法作出劳动教养决定；对只有违法犯罪嫌疑人的供述或者只有被侵害人的陈述，没有其他证据的，不得作出劳动教养决定。”但由于劳教的审批权限始终集中于公安机关，其司法化的设想也就是“空中楼阁”，缺乏必要的制度基础。具体而言，本次改革的内容主要集中在以下几个方面。

（1）适用对象。《公安机关办理劳动教养案件规定》第 9 条规定：“根据全国人民代表大会常务委员会批准的《国务院关于劳动教养问题的决定》、《国务院关于劳动教养的补充规定》和国务院转发的公安部《劳动教养试行办法》等法律、行政法规的规定，对年满十六周岁、具有下列情形之一的，应当依法决定劳动教养：（一）危害国家安全情节显著轻

---

① 参见司法部劳动教养制度改革与完善研究课题组：《改革与完善中国劳动教养制度（上）》，《中国司法》2004 年第 3 期。

② 参见中华人民共和国公安部编《人民警察常用法规选编》，中国人民公安大学出版社 2007 年版，第 1633 页。

微，尚不够刑事处罚的；（二）结伙杀人、抢劫、强奸、放火、绑架、爆炸或者拐卖妇女、儿童的犯罪团伙中，尚不够刑事处罚的；（三）有强制猥亵、侮辱妇女，猥亵儿童，聚众淫乱，引诱未成年人聚众淫乱，非法拘禁，盗窃，诈骗，伪造、倒卖发票，倒卖车票、船票，伪造有价票证，倒卖伪造的有价票证，抢夺，聚众哄抢，敲诈勒索，招摇撞骗，伪造、变造、买卖国家机关公文、证件、印章，以及窝藏、转移、收购、销售赃物的违法犯罪行为，被依法判处刑罚执行期满后五年内又实施前述行为之一，或者被公安机关依法予以罚款、行政拘留、收容教养、劳动教养执行期满后三年内又实施前述行为之一，尚不够刑事处罚的；（四）制造恐怖气氛、造成公众心理恐慌、危害公共安全，组织、利用会道门、邪教组织、利用迷信破坏国家法律实施，聚众斗殴，寻衅滋事，煽动闹事，强买强卖、欺行霸市，或者称霸一方、为非作恶、欺压群众、恶习较深、扰乱社会治安秩序，尚不够刑事处罚的；（五）无理取闹，扰乱生产秩序、工作秩序、教学科研秩序或者生活秩序，且拒绝、阻碍国家机关工作人员依法执行职务，未使用暴力、威胁方法的；（六）教唆他人违法犯罪，尚不够刑事处罚的；（七）介绍、容留他人卖淫、嫖娼，引诱他人卖淫，赌博或者为赌博提供条件，制作、复制、出售、出租或者传播淫秽物品，情节较重，尚不够刑事处罚的；（八）因卖淫、嫖娼被公安机关依法予以警告、罚款或者行政拘留后又卖淫、嫖娼的；（九）吸食、注射毒品成瘾，经过强制戒除后又吸食、注射毒品的；（十）有法律规定的其他应当劳动教养情形的。对实施危害国家安全、危害公共安全、侵犯公民人身权利、侵犯财产、妨害社会管理秩序的犯罪行为的人，因犯罪情节轻微人民检察院不起诉、人民法院免予刑事处罚，符合劳动教养条件的，可以依法决定劳动教养。”

根据《公安机关办理劳动教养案件规定》第 10 条、第 11 条和第 12 条，不得决定或一般不得决定劳教的对象包括：①父母或者其他监护人有实际管教能力的未成年人中的初犯、在校学生；②无刑事责任能力或者限制行为能力的精神病人、呆傻人员；③盲、聋、哑人；④有严重疾病的人；⑤正在怀孕或者哺乳自己不满一周岁婴儿的妇女；⑥年满六十周岁又有疾病等已经丧失劳动能力的人；⑦在大陆违法犯罪的台湾居民和在内地违法犯罪的香港、澳门特别行政区居民以及在中华人民共和国领域内违法犯罪的外国人、无国籍人、华侨。

（2）审批机构。按照《公安机关办理劳动教养案件规定》第 2 条、

第3条的规定，省、地级公安机关设立劳教审批委员会（委员会设委员三至五名，从本级公安机关法制、警务督察、治安、刑侦等部门的负责人中选任）作为同级劳教管理委员会的审批机构，负责审批劳教案件，并以同级劳教管理委员会的名义作出是否劳教的决定。劳教审批委员设主任一名，由本级公安机关主管法制工作的负责人担任。设副主任一名，由本级公安机关法制部门的主要负责人担任。劳教审批委员会的日常工作由本级公安机关法制部门承担。并且为确保公安机关劳教审批权的独立行使，《公安机关办理劳动教养案件规定》第8条明确规定：“公安机关劳动教养审批委员会依照法律、行政法规和本规定审议决定劳动教养案件，不受其他单位和个人的非法干预。”

（3）审批程序。以县级公安机关呈报劳教案件的审批程序为例。2002年之前，劳教的审批程序是先由县级公安机关办案部门对认为符合劳教条件的违法犯罪嫌疑人制作劳教呈批报告，送同级法制部门审核，法制部门负责人审核签字后报分管局长签字，然后再呈报到地市一级公安机关的法制部门，法制部门负责人审核签字后，报请分管局长审批签字，最后由市级公安机关法制部门以同级劳教管理委员会的名义制作《劳动教养决定书》，交办案部门执行。随着2002年公安部《公安机关办理劳动教养案件规定》的印发和公安机关劳教改革措施的推行，劳教案件的审批程序与过去相比发生了一些变化，主要表现在以下几个方面：①增加了“办审分离”的规定。办理劳教案件的办案部门和审核部门应当相分离，在办案过程中要分工负责，互相配合，互相监督。②增加了证据复核程序。县级公安机关法制部门审核劳教案件时，应当讯问被呈报劳教的违法犯罪嫌疑人，对其涉嫌的主要违法犯罪事实和证据进行复核。市级公安机关法制部门审核劳教案件时遇有案件重大复杂或者认定违法犯罪事实的证据有疑问的情形，应当讯问嫌疑人。③增加了合议程序。地级以上公安机关法制部门对呈报的劳教案件，要组织三名或者五名民警组成合议组对案件进行审核，并按照少数服从多数的原则制作《合议笔录》。④增设了聆询制度。聆询制度是公安机关对现行劳教审批制度的重大改革举措之一，性质上类似于行政处罚程序中的听证程序。具体是指地级以上公安机关在以同级劳教管理委员会的名义作出劳教决定前，对申请聆询的案件由合议组组织案件调查人员、违法犯罪人员围绕案件的主要事实、证据、适用依据、劳教的期限、违法所得和非法财物的处理以及其他有关问题进行辩论的程序。⑤增加了审议程序。地级以上公安机关劳教审批委员会在审议劳教案件时，应根据审议的实际情况制作《审议纪要》，载明每位参加审议的成员的意见和理由，并按照少数服从多数的原则作出是否劳教的决定。⑥增加了回避的规定。地级以上公安机关劳教审批委员会成员在审议其所在办案部门办理的劳教案件时应当回避。⑦增加了时限规定。公安机关办理劳教案件应当遵循公开、公正、及时的原则，在作出劳教决定前必须将作出劳教决定依据的事实、理由、法定依据向被劳教人员公开，依法保护公民的合法权益，不得违法决定劳教，不得以劳教形式变相延长犯罪嫌疑人的侦查羁押期限，一般劳教案件的审核时限为 3 日，对于申请聆询或者需要补充调查的案件最长不得超过 15 日。

（4）期限与执行。在以往的劳教法律依据中，只是概括性地规定劳教的期限是 1～3 年，都没有规定具体的违法犯罪行为所对应的劳教期限。由于缺乏统一的操作标准，使得实践中劳教审批机关对确定被劳教人员劳教期限存在着较大的随意性。公安部借鉴了刑法中的罪责刑相适应原则，在《公安机关办理劳动教养案件规定》第 44 条中规定："决定劳动教养的期限，应当与违法犯罪嫌疑人的违法犯罪事实、性质、情节、动机、社会危害程度及应当承担的法律责任相适应。"为了确保此原则的可操作性，该规定还详细列举了可以免于劳教以及从重、从轻决定劳教的情形。规定依法应当予以劳教的违法犯罪嫌疑人具有下列情形之一的，可以免予劳教："（一）自动投案且违法犯罪行为轻微的；（二）被胁迫、诱骗参与违法犯罪活动，且违法犯罪行为轻微的；（三）初犯且作案后主动退赃、赔偿损失、本人确有悔改表现的；（四）有重大立功表现的；（五）有其他法定免予劳动教养情节的。"规定依法应当予以劳教的违法犯罪嫌疑人具有下列情形之一的，可以从轻确定劳教期限："（一）在共同违法犯罪中起次要或者辅助作用；（二）被胁迫、诱骗参与违法犯罪活动的；（三）自动投案或者被公安机关抓获后，如实供述自己的违法犯罪事实的；（四）有立功表现的；（五）有其他法定从轻处理情节的。"规定依法应当予以劳教的违法犯罪嫌疑人具有下列情形之一的，可以从重确定劳教期限："（一）刑满释放后二年内或者解除劳动教养后一年内又故意实施违法犯罪行为的；（二）在公安机关对其立案调查或者审批劳动教养期间逃跑的；（三）胁迫、诱骗、教唆未成年人违法犯罪的；（四）实施两种以上违法犯罪行为，依法均应当予以劳动教养的；（五）有其他法定从重处理情节的。”

劳教也分所内教养与所外教养，而所外教养由于缺乏明确可操作性的规定而存在严重弊端。公安部在2002年制定的《公安机关办理劳动教养案件规定》中结合司法实践，规范了劳教所外执行的适用条件。笔者进行了归纳，根据《公安机关办理劳动教养案件规定》，可以决定劳教所外执行的情形主要包括以下几种：①对盲、聋、哑的残疾人，有严重疾病的人，怀孕或者哺乳自己不满一周岁婴儿的妇女，以及年满六十周岁又有疾病已经丧失劳动能力的，如果确有必要劳动教养，应当同时决定劳教所外执行；②有特殊业务技术专长，确为本单位生产、科研所必需，其单位提出申请的，可以决定劳教所外执行；③家庭成员患有严重疾病、生活不能自理或者没有生活来源，确需本人照顾或者扶养的，可以决定劳教所外执行。

2004年，公安部明确要求各地公安机关从严把握劳教，要做到能不劳教的尽量不劳教，被劳教的人员都是证据确凿、没有异议的人员。此后，各地劳教人员数量呈不断下降的趋势。

3. 进一步改革与相关替代性措施的展开

（1）进一步改革。公安部门从2005年开始，加大了劳教审批工作的改革力度。2005年8月25日，公安部印发了《关于进一步加强和改进劳动教养审批工作的通知》。2005年9月13日，公安部又印发了《关于进一步加强和改进劳动教养审批工作的实施意见》。在该通知和意见中，公安部针对劳教审批工作的改革提出了一些明确具体的要求。

第一，审批。首先，引入律师参与。案件在呈报劳教后，违法犯罪嫌疑人或者其法定代理人可以聘请律师为其提供法律帮助。律师自代理之日起，可以查阅、摘抄违法犯罪事实材料，可以会见违法犯罪嫌疑人、为违法犯罪嫌疑人提供法律帮助以及参加聆询等活动。其次，2006年10月公安部组织召开了全国公安机关劳动教养审批制度改革工作现场会，在这次会议上公安部再次就进一步做好劳教审批制度工作改革提出了具体要求和目标，要求确保劳教案件审批质量。做到“三个不得”，即对事实不清、证据不足的，不得批准劳教；对不能在法定羁押期限内侦查终结的犯罪嫌疑人，不得以劳教变相延长羁押期限；对依法应当追究刑事责任、予以治安处罚或者作其他处理的，不得降格或者升格予以劳教。

第二，期限。根据公安部要求，劳教的期限被调整为1～2年，同时划分为1年、1年3个月、1年6个月和2年四个档次，在对违法犯罪行为人决定劳教期限时，一般按照1年、1年3个月和1年6个月三个档次掌握。对未成年人决定劳教的期限，最长不得超过1年6个月。对实施扒窃，组织、利用邪教组织破坏国家法律实施等屡教不改、教育改造难度大的，以及具有《公安机关办理劳动教养案件规定》第47条规定的从重情节的违法犯罪行为人，可以决定劳教1年9个月或者2年。在执行劳教期间，公安机关查明被劳教人员有尚未追究法律责任的符合劳教条件的违法犯罪行为，可以依法决定劳教，但剩余期限与新决定的劳教期限合并执行一般不超过2年。

第三，执行。2005年，公安部为深入贯彻中央司法体制和工作机制改革精神，在全国公安机关劳动教养审批制度改革工作现场会议上提出了扩大所外执行范围的意见，而且要求所外执行的人数每年都要有所增加。规定凡是确有悔改表现，且不投送场所执行不致发生社会危险性的被劳教人员，都可以在依法决定劳教的同时决定所外执行。所谓“确有悔改表现”是指充分认识到自己行为的违法性、愿意接受法律制裁、愿意接受和服从有关部门的监督考察、表示积极参加公益劳动等。所谓“不致发生社会危险性”是指被劳教人员在所外执行期间能够遵守法律、法规和公安部门的监督管理规定，不会逃跑或者再次违法犯罪等情形。同时，为了进一步加强对劳教所外执行人员的监督和管理，避免对所外执行人员失控，公安部还规定对批准劳教所外执行的，被劳教人员居住地公安派出所要会同其家庭、学校、单位、居（村）民委员会等对所外执行人员进行监管和帮教，组织他们每月一次到所在地乡镇、街道、派出所或者居（村）民委员会学习有关《刑法》《治安管理处罚法》、劳教的法律知识和公安部的相关监督管理规定等，并根据所外执行人员的不同情况确定其每月到当地敬老院、儿童福利院等福利机构参加10小时至30小时的公益劳动，使其早日改过自新。

（2）替代性措施的展开。与此同时，相关替代性措施也逐渐展开。首先，制定《违法行为矫治法》的立法计划。为了从根本上对劳教制度进行改革，使其适应现代法治化发展的要求，全国人大于2004年将其列入五年立法规划，并将原计划的《劳动教养法》更名为《违法行为矫治法》。2004年，中共中央在批转的《中央司法体制改革领导小组关于司法体制改革和工作机制改革的初步意见》中正式确认提出，将劳教制度改革为违法行为教育矫治制。此后2005年、2006年、2007年，全国人大常委会曾三度计划将制定《违法行为矫治法》列入当年度的立法计划，尤其是2007年年初，全国人大计划在当年10月对法律草案进行初审，后因故取消。由于有关部门的不同意见，这一立法计划仍被搁浅。劳教立法之所以始终被搁置，其根本原因在于部门之间的权力博弈，主要原因在于公安部门坚决要求将劳教的最终决定权留在公安机关。

其次，社区矫正工作的试点与展开。社区矫正在世界各国如火如荼地展开着，在欧美国家更是发展迅速。在这种全球化的大背景之下，我国于2002年8月开始实行社区矫正试点工作。2002年10月，由司法部预防犯罪研究所的研究人员组成的司法部社区矫正制度研究课题组向司法部提交《关于改革和完善我国社区矫正制度的研究报告》，2003年7月，最高人民法院、最高人民检察院、公安部、司法部联合起草并下发了《关于开展社区矫正试点工作的通知》，标志着我国社区矫正工作的开端。根据《关于开展社区矫正试点工作的通知》第2条的规定：“根据我国现行法律的规定，社区矫正的适用范围主要包括下列5种罪犯：1. 被判处管制的。2. 被宣告缓刑的。3. 被暂予监外执行的，具体包括：（1）有严重疾病需要保外就医的；（2）怀孕或者正在哺乳自己婴儿的妇女；（3）生活不能自理，适用暂予监外执行不致危害社会的。4. 被裁定假释的。5. 被剥夺政治权利，并在社会上服刑的。在符合上述条件的情况下，对于罪行轻微、主观恶性不大的未成年犯、老病残犯，以及罪行较轻的初犯、过失犯等，应当作为重点对象，适用上述非监禁措施，实施社区矫正。”社区矫正要求法院大量地适用管制、缓刑、剥夺政治权利等非监禁刑，这实际上是国家降低了一部分刑事犯罪的起刑点，原来判监禁刑的改为非监禁刑，这与劳教的适用范围在一定程度上出现重合。并且，社区矫正的规模得到扩张之后，占用了大量司法资源，对于劳教系统产生一定冲击。劳教制度与社区矫正的关系呈现此消彼长的状态，社区矫正的扩张必然导致劳教的收缩乃至取消，社区矫正工作的试点与展开正是当初劳教制度改革的一个方向。

4. 主要问题

（1）未能触及劳教制度的根本问题。尽管国家相关部门在21世纪开始后对劳教制度进行了一系列的改革，尤其是公安部门出台内部规定对劳教制度的程序问题进行规范，在劳教的审慎适用上取得了一定的成效。但从根本上看，诸如劳教制度的法律体系中违反上位法规定、劳教制度本身对于国际公约以及法治理念的违背等问题未被触及，这也是改革不可能取得根本成效的主要原因。

(2)“强制性教育措施”的规定在当时背景下是对劳教制度的保留。尽管2005年通过的《治安管理处罚法》中删除了原《治安管理处罚条例》对于劳动教养的规定，但其第76条规定：“有本法第六十七条、第六十八条、第七十条的行为，屡教不改的，可以按照国家规定采取强制性教育措施。”就当时的背景来看，强制性教育措施就是指劳教。因为对于“强制性教育措施”，《公安机关执行〈中华人民共和国治安管理处罚法〉有关问题的解释（一）》第7条明确规定“这里的‘强制性教育措施’目前是指劳动教养；‘按照国家规定’是指按照《治安管理处罚法》和其他有关劳动教养的法律、行政法规的规定。”同时，《公安部关于适用〈治安管理处罚法〉第七十六条有关问题的批复》中明确规定，《治安管理处罚法》第76条可以作为决定劳教的法律依据。这也就意味着，这一立法变相地从国家立法层面将引诱、容留、介绍他人卖淫、制作、运输、复制、出售、出租淫秽的书刊、图片、影片、音像制品等淫秽物品或者利用计算机信息网络、电话以及其他通讯工具传播淫秽信息、以营利为目的为赌博提供条件或者参与赌博赌资较大屡教不改的列入劳动教养范围。

(3)替代性措施的展开需要刑事法律体系的综合修改予以回应。2002年开始于我国的社区矫正试点工作在实践中取得了一定成果，对于劳教制度的减少适用起到一定的积极作用。但社区矫正工作的推广适用，则需要包括刑法、刑事诉讼法、监狱法等诸多法律在内的刑事法律体系的综合修改予以制度保障。在刑事法律体系得到综合调整之前，劳教制度的地位难以在根本上被社区矫正撼动。

## 三　减少适用阶段（2008年至2012年）

1. 背景

(1)劳教司法化改革尝试的失败。劳教制度在经历了一段时间的改革之后，因为相关部门的反对，改革最终陷入停顿。劳教制度在社会管控方面的积极作用，使得劳教的适用得到延续。但整个社会对于劳教制度的违反人权与法治的认识越发明晰，尤其是一些有负面影响的劳教案件的曝光，使得改革或废除劳教制度的呼声越发高涨。

（2）替代性措施取得一定进展。司法改革中，社会各界逐渐对于将劳教制度改为教育矫治制度取得一定共识，并明确对违法行为进行教育矫治是对严重违反治安管理、尚不够刑事处罚或者不需要追究刑事责任的行为人采取的强制性教育措施。社区矫正试点工作取得一定进展。截至2007年9月，我国有25个省（区、市）的876个县（区、市）开展了试点工作，累计接收社区服刑人员23.5万人，累计解除矫正10.6万人，现有社区服刑人员12.9万人。① 社区矫正工作的推广及其工作经验的总结，使得劳教制度的存在意义进一步减弱。

2. 主要内容

（1）适用范围的缩减。2008年之后，劳教在适用范围上的缩小主要是源于《中华人民共和国禁毒法》（以下简称《禁毒法》）的颁布与实施。《关于禁毒的决定》第8条规定："吸食、注射毒品成瘾的，除依照前款规定处罚外，予以强制戒除，进行治疗、教育。强制戒除后又吸食、注射毒品的，可以实行劳动教养，并在劳动教养中强制戒除。"而在2008年6月正式实施的《禁毒法》中，取消了劳教戒毒和强制戒毒的规定，重新规定了自愿戒毒、社区戒毒、强制隔离戒毒三种模式。在《禁毒法》通过之后的全国人大常委会所召开的新闻发布会上，全国人大法工委刑法室副主任滕炜回答记者提问时称："现在《禁毒法》把过去的强制性戒毒的体制做了改革，按过去的戒毒体制是先强制戒毒，强制戒毒后如果再复吸了可以劳教戒毒。现在根据实践经验，为了整合戒毒资源，也是提高戒毒的效果，把过去的强制戒毒和劳动教养戒毒这两种措施合并为一种强制隔离戒毒措施，这样法律实施后就没有劳动教养戒毒了。"② 这引起了极大的反响。此后，媒体纷纷刊文解读认为："《禁毒法》率先废除劳动教养"，称"今天刚刚通过的《禁毒法》，决定对吸毒者不再实行劳动教养制度。这是我国劳动教养制度改革，首次在立法上有了体现"。③ 此后，国务院给司法部劳教局加挂

① 参见《司法部张苏军副部长在"中美罪犯矫正与和谐社会建设"研讨会上的致辞》，《法制日报》2008年12月2日。

② 转引自姚建龙：《〈禁毒法〉的颁行与我国劳动教养制度的走向》，《法学》2008年第9期。

③ 参见虞伟：《〈禁毒法〉率先取消劳动教养》，《南方都市报》2007年12月30日。

了戒毒局的牌子，一些省、市也批准了劳教场所加挂强制隔离戒毒所的牌子。如上海，江苏、广东、浙江等地，不但加挂了强制隔离戒毒所的牌子，并且已开始收容强制隔离戒毒人员。虽然《禁毒法》在实质上保留了劳教制度，但从其改革上来看，区别于2008年之前的改革主要在于不是审慎适用，而是从立法层面、从司法实践减少劳教制度的适用。

（2）适用程序中检察监督工作的加强。劳教制度受到批评的一个主要原因就是在其整个运行过程中缺乏必要的法律监督机关进行监督。在实践中，检察机关的监督效力往往只体现在司法建议权上，缺乏应有的监督力度。2008年2月22日最高人民检察院第十届检察委员会第九十四次会议通过《人民检察院劳教检察办法》，将1987年《人民检察院劳教检察工作办法（试行）》由四章三十六条扩展至九章四十六条，明确规定了人民检察院劳教检察的职责：①对劳教所执行劳教决定和监管活动是否合法实行监督；②对劳教所呈报和劳教管理机关批准延期、减期、提前解教、所外执行、所外就医活动是否合法实行监督；③对劳教执行和监管活动中发生的职务犯罪案件进行侦查，开展职务犯罪预防工作；④对公安机关侦查的劳教人员犯罪案件审查逮捕、审查起诉和出庭支持公诉；对公安机关的立案、侦查活动和人民法院的审判活动是否合法实行监督；⑤受理劳教人员及其法定代理人、近亲属的控告、举报和申诉；⑥其他依法应当行使的监督职责。该办法也同时明确规定了入所出所检察、劳教变更执行检察、监管活动检察等制度。虽然该办法的颁发不能改变劳教决定作出时存在的监管缺乏等问题，但对于劳教制度的实际运作却产生了比较大的影响，有利于提高被劳教人员的人权状况，同时也提高了劳教成本，变相缩小劳教的适用。

（3）刑事法律体系的综合修改与社区矫正工作全面推进。2011年通过的《中华人民共和国刑法修正案（八）》以及2012年通过的《关于修改〈中华人民共和国刑事诉讼法〉的决定》，对《刑法》《刑事诉讼法》进行了系列的修改。刑事法律体系更加注意保障人权，试图摆脱“唯结果论”并增加社区矫正的规定。[①] 为社区矫正的法律适用奠定法律基础。同时，社区矫正工作也全面推进。截至2011年年底，全国

① 参见刘仁文：《劳教制度的改革方向应为保安处分》，《法学》2013年第2期。

97%的地（市、州）、94%的县（市、区）和89%的乡镇（街道）已开展社区矫正工作；累计接收社区矫正人员88万余人，累计解除矫正88万余人，现有社区矫正人员40万人，社区矫正人员重新犯罪率一直控制在0.2%左右。[①] 2012年发布的《社区矫正实施办法》中也明确了社区矫正的适用对象，全面规范了社区矫正从适用前调查评估、交付与接收、矫正实施到解除矫正整个工作流程，细化了对社区矫正人员的监管措施。

（4）《违法行为教育矫治法》的起草以及试点工作的开展。2009年8月，全国人大法工委在前几年工作的基础上，将《违法行为矫治法》更名为《违法行为教育矫治法》，并提出了《违法行为教育矫治法（草案）》（征求意见稿）。草案暂时绕开了上次的司法化之争，建议由政府有关部门组成一个相关委员会，由该委员会行使违法行为教育矫治措施的决定权。关于委员会设立的基本框架是：设市以上各级政府设立教育矫治委员会，成员由本级政府、公安、司法行政、教育、人力资源和社会保障部门有关负责人担任。教育矫治委员会的主要职责是：根据公安机关的提议，审议决定是否对具有违法行为的人予以教育矫治。2011年最高人民法院等十部委下发《违法行为教育矫治委员会试点工作方案》，试点以“违法行为教育矫治”取代劳教。

3. 主要问题

（1）《禁毒法》在实质上保留了劳教。同《治安管理处罚法》如出一辙，《禁毒法》中取消了劳教戒毒，但对于强制隔离戒毒的执行场所在第4章第41条只作了原则性规定：“强制隔离戒毒场所的设置、管理体制和经济保障，由国务院规定”；第50条规定：“公安机关、司法行政部门对被依法拘留、逮捕、收监执行刑罚以及被依法采取强制性教育措施的吸毒人员，应当给予必要的戒毒治疗。”而“强制性教育措施”在当时的背景下就是指劳教。全国人大常委会法制工作委员会刑法室编著的《〈中华人民共和国禁毒法〉释义及实用指南》对《禁毒法》第50条作的解释：“这里所规定的‘强制性教育措施’，主要是指目前实行的劳动教养。本法之所以使用‘强制性教育措施’这一名称，是因为劳动教养的立法研究工作正在进行，无论劳动教养措施的名称是否会改变，其性质是强制性

① 参见徐昕、黄艳好、卢荣荣：《中国司法改革年度报告（2012）》，《政法论坛》2013年第2期。

教育措施。《治安管理处罚法》在提到劳动教养时也使用了‘强制性教育措施’这一名称。”①

（2）《中华人民共和国行政强制法》（以下简称《行政强制法》）的颁布对于劳教性质的冲击。2011 年通过的《行政强制法》将行政强制划分为行政强制措施和行政强制执行，并在其中明确规定相关概念。行政强制措施，是指行政机关在行政管理过程中，为制止违法行为、防止证据损毁、避免危害发生、控制危险扩大等情形，依法对公民的人身自由实施暂时性限制，或者对公民、法人或者其他组织的财物实施暂时性控制的行为。行政强制执行，是指行政机关或者行政机关申请人民法院，对不履行行政决定的公民、法人或者其他组织，依法强制履行义务的行为。由此可以看出，行政强制措施有以下几个方面的特点：首先，行政强制措施的实施主体是依法享有行政强制措施权的行政机关或者法律、法规授权的组织；其次，行政强制措施的根本特性在于其是“暂时性”的措施；再次，行政强制措施针对的对象是人身或者财产；最后，行政强制措施的目的是为了制止违法行为、防止证据损毁、避免危害发生、控制危险扩大，达到行政管理的目的和行政执法的效果。《行政强制法》中对于行政强制的规定明显将劳教排除在外，劳教抑或是“强制性教育矫治”性质受到进一步质疑。

（3）尽管总体上来看，由于《治安管理处罚法》《禁毒法》的实施以及社区矫正等替代性措施的推进，劳教的适用呈减少的趋势。但由于劳教制度本身游离于法治之外的特性，使得劳教极易被扩张适用，存在滥用的可能。如 2009 年，深圳发布《关于依法处理非正常上访行为的通知》，规定对多次“非正常上访”行为人，除予以行政拘留、追究刑事责任等，符合劳教条件的，将予以劳教。② 许多地方都存在类似的规定和要求。这反映了劳教制度在正常法治体系之外的无序性与恣意性，也倒逼着中央对劳教制度进行新一轮的改革。

---

① 全国人大常委会法制工作委员会刑法室编著：《〈中华人民共和国禁毒法〉释义及实用指南》，中国民主法制出版社 2008 年版，第 253 页。

② 参见徐昕、卢荣荣：《中国司法改革年度报告（2009）》，《政法论坛》2010 年第 3 期。

# 小　结

综上所述，劳教的宗旨历经嬗变：在新中国成立初期，是对特定人员的教育改造和安置就业措施；“文化大革命”结束后，演变为单一的教育改造行政强制措施，后又转为维护社会治安秩序的重要行政处罚措施。从根本上来说，劳教制度并不是一个基于法治理念而设计出来的制度，它从一开始就是适应实践需要的产物，是从一些政策措施发展而来的，其本身也一直在相关政策的指导下实行，基本上是针对一段时期内社会上比较突出的违法犯罪问题发挥着其特有的、具体的社会功效。几十年来，劳教制度包含的内容庞杂，在立法层面标准不一，缺乏系统性与逻辑性，规定之间相互重叠、冲突，甚至与法律原则相抵触；在司法层面也是错误频生，屡屡突破规范限制，对我国法治事业造成了不良影响。因此，劳教制度最终面临的是被废除的结局。

# 第三章 劳教之“死”

从历史上看，劳教制度在巩固国家政权、维护社会秩序、综合治理违法行为、教育挽救违法青少年等诸多方面都曾发挥了积极作用。但由于价值背离、理念落后、程序缺失等多方面原因，劳教制度饱受质疑。多年的改革尝试，在一定程度上对规范劳教制度起到了促进作用，但终究未能触及劳教制度的本质缺陷。社会的发展以及人权的保障要求制裁方式与制裁体系在设计时具有战略制高性和分层实施性，这就需要一种替代性的理论模型来代替劳教制度。

## 第一节 劳教制度的存废之争

随着社会的发展，现代法治的理念对劳教制度的实践性与逻辑性均提出了质疑。在劳教制度被正式废除前，关于劳教制度的存改废以及其价值判断成为法学界争论的热点问题。如何在积极实践制裁方式的科学化和合理化的同时，对其相关规范进行调整，从而真正地使其符合法治原则和人权原则，是关于劳教制度存废的思考基点。

国内部分学者主张“存”，主要有以下三个理由。首先，不能否认劳教制度对于社会治理具有一定的优势，尤其是对于某些“刑法边缘行为”。随着我国社会发展，从社会需要这个角度来说，劳教制度仍然有其存在的合理性和必要性。① 其次，废除劳教制度将导致部分违法行为无法

① 参见李荣文、蔡燕强、刘寿明：《试论劳动教养制度的合理性及改革取向》，载司法部劳教局、中国劳动教养学会主编：《劳动教养立法研究》，法律出版社2004年版。

得到有效规制与处罚。鉴于我国刑法“定性+定量”的入罪模式，废除劳教制度可能会使部分本应受到制裁的人免于国家制裁，也无法得到教育和挽救，从而导致犯罪率的上升。再次，废除劳教制度与节约司法资源的理念相冲突。对于通过劳教就能解决的违法行为，却要大动干戈地进入法庭，将会造成很大程度的司法资源浪费，也会增加公检法机关的办案压力。

有部分学者主张在“存”的基础上进行“改”，“改”的主要内容集中在两个方面。其一，从劳教决定的作出到劳教的具体执行，程序中都缺乏必要的制约、权利保障与监督是多为诟病的主要方面，因此主要是着力进行司法化改革，推进制度完善。[①] 其二，鉴于规定劳教制度的相关法律法规与国际条约、《宪法》等法律的规定有一定差别，应对劳教制度的合法性进行进一步的完善，从形式法治和实质法治的层面进行充实和完善，解决劳教制度合法性问题，对现行的法律依据进行位阶提升和内容改造。[②]

有部分学者认为应当予以废除，主张以历史的眼光看问题，认为劳教制度是“左”的路线的产物，是政治统治的工具，谈不上是一种法律制度，它作为行政处罚手段，限制公民人身自由长达1～3年，无论是从法律、法规的规定与执行看，还是从司法实践与法理角度说，都无法协调其与《刑法》《治安管理处罚法》的关系，特别是随着我国签署了《公民权利和政治权利国际公约》，劳教制度的性质和特点，决定了该制度与国际人权公约的要求格格不入。[③] 即使是在废除论者看来，劳教制度也不宜一废了之，对此，法学界有多种实践主张。有主张分流说的，如建议根据不同情况将劳教分别纳入治安管理处罚和刑罚中去；也有主张刑罚化的，利用劳教设施，将劳教易名为强制教养，使之刑罚化和司法化。

“一种法律制度的存在的正当性奠基于其存在的功利性、合理性和合法性。比较而言，功利性和合理性是深层性、根基性和观念性的，而合法性则是技术性、表层性的……多年的历史也充分证明，劳动教养在维护秩序、预防犯罪方面具有其他任何法律强制措施所不可替代的强大功用。但

① 参见杨建顺：《劳教制度废止当慎重》，《人民论坛》2013年第3期。

② 参见王公义：《劳动教养制度存废问题研究》，《中南民族大学学报（人文社会科学版）》2012年第3期。

③ 参见姜金方：《劳动教养立法争议的由来、问题及出路》，《法学》2001年第5期。

是，在强调依法治国、国家权力制约、个人人权保障的法治的大背景下，对劳动教养制度不仅应当进行必要性和功利性的考量，而且应当进行正当性和合法性的评判。"[①] 经过50余年的风雨历程，劳教制度在不同时期都发挥了重要的作用，缓解了我国严峻的治安形势，解决了司法资源匮乏的问题，弥补了我国法律的不足之处，但随着刑事法治的完善、法律规范的协调以及刑罚配置的科学性，劳教制度的弊端愈发明显，并最终走向"死亡"。

## 第二节　劳教制度的废除

劳教制度的法治缺失决定了其废止的必然性。[②] 劳教制度曾作为我国重要的一项社会管理制度，由于其法律依据不足、违背正当程序等问题而饱受诟病，与我国民主与法治的原则、国家尊重和保障人权的相关规定不相协调。[③] 正如劳教制度的诞生有着复杂社会背景、政治司法原因等，并且经历了长期积累，劳教制度的废除也不是一朝一夕能实现的，而是循序渐进的，是社会各界共同努力的结果。

### 一　废除背景

1. 中共十八大与顶层设计

中共十八大报告中强调，党领导人民制定宪法和法律，党必须在宪法和法律范围内活动。任何组织或者个人都不得有超越宪法和法律的特权，绝不允许以言代法、以权压法、徇私枉法。十八大报告中还明确提出：法治是治国理政的基本方式，要全面推进依法治国，提高领导干部运用法治思维和法治方式深化改革、推动发展、化解矛盾、维护稳定的能力。在纪念《宪法》颁布施行30周年的会议上，习近平总书记强调：

① 梁根林：《劳动教养何去何从》，《法学》2001年第7期。

② 参见赵秉志、袁彬：《 法治缺失决定废止劳教必然性》，《民主与法制时报》2014年1月13日。

③ 参见高铭暄：《关于刑法实施中若干重要问题的建言》，《法治研究》2013年第4期。

保证宪法实施，就是保证人民根本利益的实现。宪法的生命在于实施，宪法的权威也在于实施，要坚持不懈抓好宪法实施工作，把全面贯彻实施宪法提到新水平。2012 年年底，中共中央政治局委员、中央政法委书记孟建柱在中央政法委第一次全体会议上提出：深入实施依法治国，努力提高守护社会平安、维护公平正义的能力，坚持以解决人民群众反映强烈的突出问题为突破口，积极推进司法改革，规范司法行为，推进司法公开，鼓励支持群众有序参与司法监督，让司法权在阳光下运行，进一步提升司法公信力。这彰显了新一届党的领导层对于司法改革、对于法治的重视，为劳教制度的改革与废除奠定了牢固的基础。

2. 新一轮司法改革的启动

2012 年 10 月 9 日，中央司法体制改革领导小组办公室负责人姜伟在国务院新闻办召开的《中国的司法改革》（白皮书）发布会上表示：改革劳动教养制度已经形成社会共识，相关部门做了大量的调研论证工作，广泛听取了专家学者和人大代表的意见、建议，正在研究具体的改革方案。2013 年是新一轮司法改革的规划之年。2013 年 1 月 7 日，全国政法工作会议明确了新时期政法工作的总思路：一条主线、两手抓、三大建设、四项改革、五个能力，即把握坚持和发展中国特色社会主义的主线；坚持一手抓当前维护国家安全和社会稳定工作、一手抓政法事业长远发展；以平安建设、法治建设、队伍建设为载体；以推进劳教制度改革、涉法涉诉信访工作改革、司法权力运行机制改革、户籍制度改革为重点；以提升群众工作能力、维护社会公平正义能力、新媒体时代社会沟通能力、科技信息化应用能力和拒腐防变能力为保障。尽管总体上是先前政策的延续，但此次会议以及之前中央政法委第一次全体会议均强调依法治国，守护社会平安，维护公平正义，并且把“推进劳教制度改革”置于“四大改革”之首。

## 二　废除过程

1. 准备废除阶段

在 2013 年 1 月 7 日的全国政法工作会议上，中共中央政治局委员、中央政法委书记孟建柱宣布将进一步积极推进劳教制度改革，在报请全国人大常委会批准后，将“停止使用”劳教制度，并要求在全国人大常委会批准前，严格控制使用劳教手段，对缠访、闹访等三类对象不采取劳教措施。新华社最权威报道称：“（中央将）积极稳妥地改革劳教制度。”2013年3月7日，司法部部长吴爱英在接受采访时表示，劳教制度改革正在积极稳妥推进。2013年3月17日，李克强总理在十二届全国人大一次会议闭幕后的记者招待会上表示，有关中国劳教制度的改革方案，有关部门正在抓紧研究制订，年内有望出台。10月23日，最高人民法院院长周强在最高人民法院党组会上提出，各级法院要积极配合劳教制度改革，探索完善轻微刑事案件快审快结机制，大力推进社区矫正工作，有效延伸审判职能，帮助罪犯早日回归社会。

2013年后各地方纷纷开始逐渐停止劳教制度的使用，如2013年2月，云南统一停止对涉嫌危害国家安全、缠访闹访、丑化领导人形象等三种行为的劳教审批，随后暂停对其他违法情形的劳教审批；2013年3月以后，广州、深圳市劳教管理委员会、都纷纷停止对劳教的审批，深圳两个劳教所挂起强制隔离戒毒所的牌子。

2. 宣布正式废止

2013年11月12日中国共产党第十八届中央委员会第三次全体会议通过《中共中央关于全面深化改革若干重大问题的决定》，其中明确表述：废止劳动教养制度，完善对违法犯罪行为的惩治和矫正法律，健全社区矫正制度。

2013年12月28日第十二届全国人大常委会第六次会议中，通过了《全国人民代表大会常务委员会关于废止有关劳动教养法律规定的决定》。其中规定：“一、废止1957年8月1日第一届全国人民代表大会常务委员会第七十八次会议通过的《全国人民代表大会常务委员会批准国务院关于劳动教养问题的决定的决议》及《国务院关于劳动教养问题的决定》。二、废止1979年11月29日第五届全国人民代表大会常务委员会第十二次会议通过的《全国人民代表大会常务委员会批准国务院关于劳动教养的补充规定的决议》及《国务院关于劳动教养的补充规定》。三、在劳动教养制度废止前，依法作出的劳动教养决定有效；劳动教养制度废止后，对正在被依法执行劳动教养的人员，解除劳动教养，剩余期限不再执行。”这标志着劳教制度正式被废除，也是我国推进社会主义法治建设的又一个里程碑。关于劳动教养制度存废问题的激烈争论终于尘埃落定，在我国实行50余年之久的劳动教养制度终于走入了历史。

# 第三节　对劳教制度废除原因的分析

纵观劳教制度50余年的历史，其对于弥合违法犯罪制裁的空当和弥补法律制裁体系的结构性缺陷起到了一定的作用，① 但因其内在缺陷，背离相关国际条约精神，与相关法律法规冲突等原因，可以说，其走向“死亡”是必然的。

## 一　劳教制度的内在缺陷

1. 劳教性质不明确

关于劳教的性质，在不同的时期有不同的表述，在不同的规范性文件中也有不同的规定，这导致其性质和法律地位在法学界有颇多争议。1957年颁布的《关于劳动教养问题的决定》中第2条规定，劳动教养是对被劳动教养的人实行强制性教育改造的一种措施，也是对他们安置就业的一种办法。1981年《最高人民法院关于劳动教养日期可否折抵刑期问题的批复》中规定：“如果被告人被判处刑罚的犯罪行为和被劳动教养的行为系同一行为，其被劳动教养的日期可以折抵刑期；至于折抵办法，应以劳动教养一日折抵有期徒刑或拘役的刑期一日，折抵管制的刑期二日。”劳教可以折抵刑期，而且“劳动教养一日折抵有期徒刑或拘役的刑期一日，折抵管制的刑期二日”，可知，劳教至少在一段时间内，其性质为刑事处罚。1982年颁布的《劳动教养试行办法》第2条规定，劳动教养，是对被劳动教养的人实行强制性教育改造的行政措施，是处理人民内部矛盾的一种方法；1995年国务院制定的《关于进一步加强监狱管理和劳动教养工作的通知》第1条规定，劳动教养所是国家治安行政处罚的执行机关，这实际上又将劳教明确为一种治安行政处罚。这些规定之间的混乱直接导致了劳教性质的模糊，也引发了法学界的广泛争议。

法学界对于劳教性质的认识有“（治安）行政处罚措施”“行政强制

① 参见赵秉志、商浩文：《论劳动教养制度的废止与刑法调整》，《法律科学》2015年第3期。

措施”“刑事措施”“独立于行政处罚与刑罚之外的强制性教育措施”等诸多观点。就“(治安)行政处罚措施”的观点而言,尽管从《关于进一步加强监狱管理和劳动教养工作的通知》中可以获得依据,并且从劳教的适用范围、适用目的来看确有一定正确性,但实际上《行政处罚法》第8条所列的7种行政处罚种类中,没有劳教这一表述,并且该法第10条、第11条也明确规定,行政法规只可以设定除限制人身自由以外的行政处罚。若将其定性为行政处罚,又与《立法法》《行政处罚法》的明文规定相抵触。就“行政强制措施”的观点而言,尽管从手段的强制性角度来看也有一定的正确性,但却被《行政强制法》所摒弃。就“刑事措施”的观点而言,无法解释与《刑法》的冲突。就“独立于行政处罚与刑罚之外的强制性教育措施”的观点而言,无法对劳教对被劳教者人身自由的较长期限的剥夺进行解释。劳教制度性质不明确的根本原因在于其本身就是司法程序之外进行社会管控、社会治理的手段,性质不明确直接导致劳教制度司法化改革难以实现,在我国当前的法治发展中,劳教已不能适应人权理念迅速发展的现代法治国家建设的需要。

2. 劳教制度适用对象缺乏法定性

从1957年国务院颁布的《关于劳动教养问题的决定》来看,劳动教养对象确定为以下4种人:有治安违法行为但不追究刑事责任、屡教不改的人;罪行轻微,不追究刑事责任的反革命分子、反社会主义的反动分子,受到机关、团体、企业、学校等单位的开除处分,无生活出路的人;机关、团体、企业、学校等单位内,有劳动力,但长期拒绝劳动或者破坏纪律、妨害公共秩序,受到开除处分,无生活出路的人;不服从工作分配和就业转业安置,或不接受从事劳动生产的劝导而妨害公务、屡教不改的人。1982年公安部发布的《劳动教养试行办法》将劳动教养的对象调整为6种人:罪行轻微,不够刑事处分的反革命分子、反党反社会主义分子;结伙杀人、抢劫、强奸、放火等犯罪团伙中,不够刑事处分的;有流氓、卖淫、盗窃、诈骗等违法犯罪行为,屡教不改,不够刑事处分的;聚众斗殴、寻衅滋事、煽动闹事等扰乱社会治安,不够刑事处分的;有工作岗位,长期拒绝劳动,破坏劳动纪律,而又不断无理取闹,扰乱生产秩序、工作秩序、教学、科研秩序和生活秩序,妨碍公务,不听劝阻和制裁的;教唆他人违法犯罪,不够刑事处分的。从以上规定中不难总结出,劳教不是以行为人的行为而是行为人的人身特征作为法定的构成要件,这必然会导致劳教的决定机关享有很大的自由裁量权，与我国的罪刑法定原则相违背。不仅上述两个规范文件对适用对象作出了规定，原《治安管理处罚条例》以及《关于禁毒的决定》《关于严禁卖淫嫖娼的决定》等其他法律、法规甚至部门规章也对此有所规定，适用对象也因此增加到 20 多种。地方性法规对适用对象的规定更加宽松广泛，导致劳教适用对象的不稳定性，这就违背了我国关于法律位阶的统一原则，从而影响了我国社会主义法律体系的完整性和权威性。

3. 劳教制度程序不合理

现行劳教制度体现在程序上最明显的弊端就是权力过于集中，缺乏相应的监督与制约，直接后果就是行政机关权力的滥用。法律制度的不健全导致了劳教制度的审批权和适用程序的不合理。从时间上来看，指导我国劳教工作的法律、法规大多数都是 20 多年前所颁布或者通过的，在适用中必然会出现可能对当下的犯罪无法规制的缺陷；从适用规范的一致性来看，劳教的审批机关缺乏统一的法律依据和标准，导致劳教制度适用的混乱；从法律法规的指导思想来看，劳教建立之初的指导思想多体现为政策性、行政性、实践性，而缺乏法定性、司法性、理论性，导致法制色彩非常淡薄；从规范的内容来看，劳教的法律规范偏重实体规范而忽略程序规范，导致劳教的程序缺乏法定性；从规范的体系来看，突出表现为庞杂分散而缺乏系统性、统一性；从规范文件的效力和层级上来看，相关规定层次混乱，前后不一致，甚至与《宪法》《立法法》等法律相关规定相冲突。

《劳动教养试行办法》中规定，由省、自治区、直辖市和大中城市人民政府组成劳教管理委员会，领导和管理劳教工作，劳教管理委员会应吸收当地司法、民政、工青妇各单位人员参加并建立一套规范有序的劳教申报、审批、管理及解教后如何帮助其回归社会的制度。规定建立的劳教管理委员会应当作为一个常设机构，而实践中却是劳教管理委员会并没有以常设机构的形态出现，更没有吸收多部门人员，而是将劳教的审批权等诸多权力下放到各地公安机关的法制部门，这使得劳教案件的调查、申请、审批和复议等问题全部由公安机关决定。各省、自治区、直辖市和大中城市的劳教管理委员会最后都成为虚设的机构，劳教审批权由其直接委托给公安机关行使。从程序上看，其问题主要体现在以下几个方面。

第一，审批范围与适用范围不一致。劳教审批的案件范围与按照规定所应适用该制度的范围有很大出入，表现为有时会把明显不符合劳教条件的人推到适用行列，有时又把构成违法犯罪且符合劳教的人排除在外而不予批准，使其逃脱法律的制裁。

第二，审批程序不当。劳教审批程序的不正当将人权保护置于艰难的困境，尤其是在我国已经对国际人权条约作出了庄严承诺的前提下，使劳教制度成为国内外关注我国人权状况的重要问题之一。《公民权利和政治权利国际公约》明文规定，限制公民人身自由的处罚必须经合格的法庭来裁定。而劳教的决定不经过正当的司法程序，从最初的案件申请到审查批准，其中涉及的调查取证、传唤讯问、听证申辩等各个环节的具体操作都没有明确的法律规范予以规定。劳教制度在程序上未进行任何形式的听证，违反了程序正义的理念。对于劳教决定作出后提出的复查或复议申请，也因为是出自于公安机关内部的自我审查、自我纠正而缺少公正性，即使是对维持决定不服进行的行政诉讼亦因行政诉讼本身事后司法救济的性质缺陷而彰显其对劳教监督的滞后性和不充分性。①

第三，司法救济难以实现。“尽管目前对劳动教养决定有一个行政复议和行政诉讼救济途径，但行政诉讼只是一个消极的事后补救措施，并且由于被劳动教养的人受到人身限制，事实上很难行使诉讼权利。”② 即使能够提起诉讼，也同样会面临着起诉对象不明确的难题。如果按照劳教法律法规的规定，劳教管理委员会必然是起诉对象，因为审批决定权由它享有，但是实际操作中，劳教管理委员会只是个虚设的机构，因为它既没有健全的组织机构也没有有效的办事机构和统一的领导机构。如此看来，公安机关应当成为行政诉讼的被告，但是公安机关又是作为劳教管理委员会委托的机构来行使职权的，因此按照《中华人民共和国行政诉讼法》（以下简称《行政诉讼法》）的规定，被委托机构不能够成为行政诉讼的被告，最终导致行政诉讼因不能确定被告而无法救济被劳教人的权利。

第四，缺乏有效监督。由于劳教审批环节没有法定的监督体制和监督手段，致使公安机关办理劳教案件的行政处罚权缺乏有效的监督，严重影响办案质量。按照《中华人民共和国人民检察院组织法》（以下简称《人

---

① 参见陈瑞华：《劳动教养的历史考察与反思》，《中外法学》2001 年第 6 期。

② 陈兴良：《劳动教养：根据国际人权公约之分析》，《法学》2001 年第 10 期。

民检察院组织法》）的相关规定以及检察院的性质来看，检察院作为我国的法律监督机关理所当然应当对劳教有监督义务，并且是全方位的监督。而在劳教的案件中，检察院的介入力度去却很弱，其只在执行中有所监督，对劳教的审批和适用程序是否合法、规范等方面却是很少涉及。公安机关作为劳教的审批机关又是不服劳教决定的申诉复查机关和错误纠正机关，如果得不到应有的制约与监督，则会极大地影响劳教的公开与公正。

综上所述，劳教制度的内在弊端体现在从性质到理念、从实体到程序等方方面面，已无法通过部分修改而解决上述问题，作为司法体系之外进行社会管控的手段，其是有违人权理念、法治精神，背离国家治理体系与治理能力现代化的需要，背离建设中国特色社会主义法治体系与社会主义法治国家的需要，这是劳教制度被废除的根本原因。

## 二　背离相关国际人权条约精神

伴随着世界人权活动的广泛发展，各国对于人权的保障也不断地给予更多的关注，尤其是在法治领域内，包括《世界人权宣言》和《公民权利和政治权利国际公约》等在内的一系列国际文件和公约都规定了国际司法的基本人权准则，也相继成为各国刑事司法准则的最低标准。对以上国际公约的签署或者批准就意味着我国必须遵守其确立的基本人权准则，凡是与这些刑事司法准则相抵触的国内法律规范都应相应地作出变动或者彻底予以废除。因此，对照国际人权条约的精神，我国的劳教制度则突显出以下缺陷与弊端。

1. 价值追求的矛盾

我国劳教制度建立之初就是以控制犯罪和保护社会为宗旨的，其后的完善和发展也同样反映出我国作出的维护社会秩序优于保护人权和公民个人权利的价值选择。不可否认，劳教虽不是刑事处罚而是对轻微违法犯罪人实行的一种强制性教育改造的行政措施，但在这些轻微的违法犯罪分子当中却有一部分是反党、反革命、反社会主义的敌对分子。在当时的政治环境下，维护社会稳定，巩固社会主义政权是一切政治制度和法律制度的首要任务，劳教也因此成为处理敌我矛盾的一种特殊手段，其在当时适用的合理性和效果的实用性是不可置疑的。但是目前，我国对个人权利与自由的更深层次的重视与保障使得社会价值也随之改变，因此劳教所追求的价值丧失了其合理性的基础，并与现代社会的价值追求形成强烈的矛盾。法治、人权是现代国家所必须遵循的原则，也是我国应履行的国际条约义务，更是实施依法治国战略、建设社会主义法治国家的题中之意。国际司法准则追求的价值目标是，实现司法公正、保障人权和控制犯罪、维护秩序。国际社会对这两个目标的不懈追求是推动联合国刑事司法准则体系不断发展的动力，而保持这两个目标之间的平衡则是各国面临的挑战。虽然不同国家的司法体系对这两个目标各有侧重，但是司法不能以牺牲公民个人的权利、自由和司法公正为代价换取社会秩序的稳定，这是国际社会所共同坚持的。由此可以看出，当保障人权与维护秩序发生价值冲突时，保障人权被置于优先地位。

2. 实体法规定的缺陷

第一，依据《世界人权宣言》第 11 条第 2 款的规定，任何人的任何行为或不行为，在其发生时依国家法或国际法均不构成刑事罪者，不得被判为犯有刑事罪者。刑罚不得重于犯罪时适用的法律规定。《公民权利和政治权利国际公约》第 15 条第 1 项同样明确规定，任何人的任何行为或不行为，在其发生时依照国家法或因国际法均不构成刑事罪者，不得据以认为犯有刑事罪。所加的刑罚也不得重于犯罪时适用的规定。如果在犯罪之后依法规定了应处以较轻的刑罚，犯罪者应予减刑。从上述国际人权公约的规定可以看出，罪刑法定原则是国际司法准则的一项基本原则。因此，任何一个公民只有根据法律的明文规定才能被认定为构成犯罪。我国刑法经过逐步完善，如今确立了罪刑法定原则。如果以劳教的适用对象不是犯罪行为作为理由否定其刑法措施的性质，并因此不必受罪刑法定原则的约束，那么若将其定性为行政处罚措施的话，我国行政法中也规定有法定原则和比例原则。法定原则的具体内容是指具有行政处罚权的行政机关和法律、法规授权的组织在法定权限内依据法定程序对违反行政管理规范应当给予行政处罚，要求处罚依据法定、处罚主体法定、处罚程序法定；比例原则又称为违法行为与处罚相适应原则，即实施的行政处罚必须与受处罚人的违法行为的事实、性质、情节以及社会危害程度相适应。因此，不论将劳教归类为何种性质的处罚措施都不可避免要遵循法定原则，而劳教的适用对象缺乏法定性，处罚强度缺乏适当性，实施程序缺乏正当性等一系列制度缺陷则与法定原则是明显相悖的。

第二，我国在 1998 年 10 月 5 日签署了《公民权利和政治权利国际公约》，虽然至今未经全国人民代表大会批准，但是我国正在为公约的批准而努力。该公约第 9 条第 1 款规定：人人有权享有人身自由和安全。任何人不得加以任意逮捕或拘禁。除非依照法律所确定的根据和依据，任何人不得被剥夺自由。任何人不得加以任意逮捕或拘禁。第 14 条第 1 款规定的内容是，在判定对于任何人提出的任何指控或确定他在一件案件中的权利和义务时，人人有资格由一个依法设立的、合格的、独立的和无偏倚的法庭进行公正和公开的审讯。第 9 条第 4 款还规定了权利救济的保障措施，任何因逮捕或拘禁被剥夺自由的人，有资格向法庭提起诉讼，以便法庭能不拖延地决定拘禁是否合法以及如果拘禁不合法时命令予以释放。在劳教的适用中，经常会出现未经正当的法定的审批程序和相应的法律依据，当事人便被剥夺了人身自由的现象，并且不能享受申辩的权利，不能得到法庭公开公正的审判，更别提当人身权利受到侵害时的救济手段了。因此，劳教中剥夺人身自由的处罚措施的实体法规定是不符合中国签署或加入的国际公约的规定的。

总而言之，从国际人权斗争和国际人权公约的角度来衡量劳教制度以及按照通行的国际人权规则和我国签署的国际公约来看，劳教制度成为我国在国际人权斗争中的焦点问题也有一定的合理性。因此，彻底废除劳教制度便解决了一系列与国际人权原则和规范以及价值目标不一致的问题。

## 三　与相关法律法规冲突

1. 与现行《宪法》的冲突

首先，缺乏宪法依据。从法的规范体系来看，宪法的位阶最高，下位阶的规范都不得与其相违背，这样才能保证法律体系的有序统一。劳教制度规范同样必须符合宪法的规定，不得与宪法相抵触。如果劳教制度的内容与宪法规范相抵触，则必须对其进行合宪性审查，将其撤销或改变。1957 年《关于劳动教养问题的决定》明确规定劳教的宪法依据是 1954 年《宪法》第 100 条，即中华人民共和国公民必须遵守宪法和法律、遵守劳动纪律，遵守公共秩序，尊重社会公德。从当时的社会现实情况来看，劳教在创建初期不是一种处罚而是安置就业的一种方式，是有宪法依据的。后来，劳教的性质逐渐演变成了一种法律上的惩罚措施。1982 年公安部制定的《劳动教养试行办法》规定，劳教是对被劳教的人实行强制性教育改造的行政措施，是处理人民内部矛盾的一种方法。此时劳教的性质已经发生了变化。不管劳教的性质是刑罚、行政处罚抑或独立于刑罚和行政处罚等，其现实运作都表明劳教是作为一种限制人身自由的惩罚措施而予以适用的，当初以安置就业为目的的宪法依据已不复存在。

其次，与现行《宪法》规定冲突。我国《宪法》第 37 条规定，公民的人身自由不受非法侵犯，任何公民未经人民检察院批准或者决定或由人民法院决定，不受逮捕。禁止非法拘禁和以其他方法非法剥夺或者限制公民的人身自由，禁止非法搜查公民的身体。第 5 条规定，一切法律、行政法规和地方性法规都不得同宪法相抵触。劳教不经正当的司法程序，限制或者剥夺被教养人员的人身自由长达 1 ~ 3 年甚至是 4 年，这显然是违背了《宪法》的规定。

2. 与《立法法》的冲突

我国于 2000 年 7 月 1 日起实施的《立法法》中规定，对公民政治权利的剥夺、限制人身自由的强制措施和处罚的事项只能通过制定法律进行规定。尚未制定法律的，全国人大及其常委会有权作出决定，授权国务院可以根据实际需要，对其中的部分事项先制定行政法规，但是有关犯罪和刑罚、对公民政治权利的剥夺和限制人身自由的强制措施和处罚、司法制度等事项除外。对于劳教的具体适用，主要是依据 1982 年公安部制订的《劳动教养试行办法》、原《治安管理处罚条例》以及其他部门规章和地方性法规、规章，以法规与规章的形式来规定一种剥夺公民人身自由的行政措施，其明显直接有违《立法法》的相关规定。

3. 与《行政处罚法》的冲突

根据 1996 年 10 月 1 日开始实施的《行政处罚法》第 9 条、第 10 条的规定，法律可以设定各种行政处罚，限制人身自由的行政处罚只能由法律设定，行政法规只能设定除限制人身自由以外的行政处罚；第 64 条规定，《行政处罚法》公布前制定的法规和规章中关于行政处罚的规定与本法不符合的，应当自本法公布之日起，依照本法予以修订。《行政处罚法》的这一规定符合《宪法》《立法法》的要求，而规定劳教制度的系列法规、规章违反了《行政处罚法》的相关规定。而且《行政处罚法》规定的行政处罚种类中根本没有劳教这一措施，这使得劳教的合法性备受质疑。

（1）适用范围的冲突。劳教适用范围缺乏一致性的统一规范。根据劳教的有关规定，劳教适用范围是：大中城市，铁路沿线，交通要道的城镇。《劳动教养试行办法》则增加了“家居农村而流窜到城市、铁路沿线和大型厂矿作案”中符合劳教条件的人，对劳教的适用范围作了一定的地域限制。而作为法律的《关于禁毒的决定》和《关于严禁卖淫嫖娼的决定》中涉及劳教的规定均没有地域限制，原《治安管理处罚条例》第30条、第32条规定，对卖淫嫖娼，赌博，制作、复制、出租、传播淫秽物品的违法行为，只要符合劳教条件，即可依照规定实行劳教，在中华人民共和国领域内没有地域限制。因此出现了对于适用范围的规定法律与法规不一致的情况，并使得适用法律和执行法律出现障碍的困难局面。随着社会治安情况的日益复杂，近年来各地方会根据当地的实际情况和治安需要制定出非专业的行政法规或者规章，这不仅增加了劳教的适用对象，还扩大了劳教的适用范围，严重影响了劳教实施的统一性和权威性。

（2）适用强度的严厉性。学界对于劳教的性质界定虽然存在一定的争议，有的学者将其定性为刑事处罚，有的学者认为它属于行政处罚，更多的学者将劳教看作是介于刑事处罚和行政处罚的“中间地带”。如果依据适用对象来判断，刑事处罚制裁的是违法并且构成犯罪的行为主体，行政处罚针对的是违法分子，而劳教的适用对象则是虽违反法律但不够刑罚的人员，其行为的社会危害程度恰好介于两者之间，但是如果从处罚强度和实施效果的角度来分析，则会出现违法行为与所受到的制裁极不协调的现象。《治安管理处罚法》规定，拘留的最高期限为15日；《刑法》规定，拘役的最低期限为1个月，最高期限为6个月，管制的期限为3个月以上2年以下。相比而言，劳教的期限为1～3年，必要时可延长1年。此期限与我国《治安管理处罚法》规定的最高期限和《刑法》规定的最低期限形成了极不协调的对比。劳教作为对有轻微违法行为尚不够刑事处罚人员的制裁，其程度与刑罚中的管制与拘役相比都要重，且没有缓刑的规定，显然其严厉程度与其法律性质不符合，由此产生的问题是：不够刑事处罚的人被劳教后所受到的处罚，可能反而比刑事处罚还要重。因而这种名为行政强制措施的劳教与刑罚和治安处罚轻重上的严重失衡与错位，违背了罪罚相适应的法治原则，体现不了司法公正。

## 第四节　劳教制度之评价

中国劳教制度的产生和发展以中共十一届三中全会为界，大约可分为两个时期。恢复重建之前的劳教制度基本上可以看作是一种专政工具，主要针对的对象是“反革命分子”“坏分子”以及“右派分子”，带有强烈的政治色彩和目的；恢复重建之后的劳教制度逐步被纳入法制轨道，主要针对的对象类型包括轻微犯罪，不给予刑事追究的行为以及具有常习性违法的行为人，作为行政处罚的一种方式存在。劳教制度是我国特殊历史条件下产生的一种特殊制度，该制度从 1955 年开始建立到 2013 年废除历经 50 余年，其变化、发展、延续有着深刻的社会、历史、政治和法律等诸多方面原因。在劳教制度已经完成了“从生到死”的路程的今天，在探讨劳教制度如何“向死而生”的当下，对劳教制度进行客观、理性分析与总结成为可能，同时总结该制度的历史使命、历史作用以及缺陷，又对新制度的构建有着规范性的指引作用。

### 一　劳教制度的历史作用

尽管劳教制度有着诸多的弊端，但客观来看，劳教制度的创立、发展在当时都各自有着一定的不可置疑的历史作用和社会功效，其存在的积极价值是值得肯定的。

1. 保障社会主义建设

新中国成立初期，庞大的国家机构要重新建立，面临着对国家的行政管理和组织生产、发展国民经济的重任，在长期的战争环境下，中国共产党一是缺乏一定的国家治理经验，二是干部数量不能适应需要，因此，新政权对旧社会的公职人员采取“包下来”的政策，一部分公职人员被继续留用，另一部分除因反革命罪行被判刑以外，由于政治上不适宜继续留用，于是便实行劳教，集中起来给国家做工，由政府发给一定的工资。20 世纪 50 年代中期，中国正处于由新民主主义社会过渡到社会主义社会的历史时期，开始进行社会主义建设和社会主义改造。这个时期，不仅需要一个安定的外部环境，也需要一个稳定的内部环境；不仅需要打击社会上的敌对势力，也需要肃清暗藏在内部的反革命分子，采取不同的方法分别对待，化消极因素为积极因素，在提高反革命内部高级知识分子参加社会主义建设的积极性的同时，体现党的惩办与宽大相结合的政策。劳教制度被作为革命胜利后的一项政治性措施，在巩固人民民主专政，保障社会主义建设中，发挥着重要的作用。

2. 维护社会治安秩序

1957 年颁布的《关于劳动教养问题的决定》明文规定将劳教的收容对象由原先的 2 种人扩大到 4 种人，其共同点是有危害社会的行为，屡教不改，但不够追究刑事责任，生活没有出路。这一时期的劳教制度，除了安置就业外，还显示出部分维护社会治安秩序的作用。至于恢复重建后的劳教制度，则更是将维护社会治安秩序作为劳教制度的首要任务。从实际效果来看，半个多世纪以来，劳教制度改造了数以百万计的有各种违法犯罪行为的人，对维护社会治安功效的历史贡献功不可没，这也是其存在的根本缘由。

3. 帮助被劳教人员融入社会

劳教作为一种特殊的强制性教育措施，一方面，其法律后果不同于刑事处罚，不构成累犯，有利于增强劳教人员改过自新的信心和决心；另一方面，通过强制性教育把他们从犯罪的邪路上挽救回来，避免他们滑入犯罪深渊。这种非刑事处罚措施挽救了一大批违法犯罪青少年，对社会建设与稳定具有一定的积极意义。另外，组织生产劳动是教育改造劳教人员的基本手段，劳教场所都必须组织劳教生产，发展劳教经济。被劳教人员在劳教时期掌握的生产知识和技能，成为以后就业谋生的手段，为被劳教人员更好地融入社会创造了条件。

4. 弥补刑法结构性缺陷

按照《治安管理处罚法》第 2 条规定，扰乱公共秩序，妨害公共安全，侵犯人身权利、财产权利，妨害社会管理，具有社会危害性，依照《刑法》的规定构成犯罪的，依法追究刑事责任；尚不够刑事处罚的，由公安机关依照《治安管理处罚法》给予治安处罚。可见，从法律上，治安处罚与刑罚已相互衔接，劳教无存在余地。但事实上，在劳教制度废除之前我国一直存在着“治安处罚—劳教—刑罚”的遏制违法行为三级制裁体系。治安处罚和刑罚之外尚有两块领地专属劳教，其一是多次违反治安管理处罚条例，屡教（罚）不改，治安处罚不足以惩戒，刑法上又没有相应罪名的，例如强制戒毒后又复吸的和因卖淫、嫖娼被公安机关收容教育后又卖淫、嫖娼的。其二是“刑法边缘行为”，其行为虽危害治安、为公众所憎恶但又构不成刑法上的犯罪，即形式符合某一罪名但构不成刑法上的罪。之所以构不成刑法上的罪，是因为我国刑法建立在行为本位的基础上，重行为及其结果的客观实害，这就导致尽管行为人的主观恶性大，但是如果没有达到刑法上定罪的量的要求，也就构不成刑法上的犯罪，不能适用刑罚处罚，这就是我国刑法的结构性缺陷。劳教的法制功能便是弥补了这一刑法的结构性缺陷，在不扩大法定犯罪圈的前提下，通过劳教的方式对违法行为进行制裁，同时，也减轻了法院审判的压力，平衡了司法人员配置。

## 二　劳教制度的消极影响

在我国依法治国进程不断加快和签署国际人权保护条约的背景下，劳教制度的各种弊端所带来的消极影响日益显露出来。劳教制度的具体弊端在劳教制度废除的原因章节已经阐明，本处不再赘述，本章节仅从宏观层面对劳教制度的消极影响加以总结。

### 1. 实体上违反法治原则

劳教是一种未经司法程序审核、未经法院审判便剥夺公民人身自由的行政处罚措施。从公法的角度来说，劳教背离了公共权力机构在剥夺个人权利时所必须遵循的“法定原则”。劳教尽管常被披上“教育改造”“安置就业”等功能方面的外衣，但是其剥夺公民自由的长时间性、范围广泛性和影响深远性却是有目共睹的。首先，从实体构成的角度来看，劳教严重违背罪刑法定原则，劳教对适用对象和条件的规定缺乏明确性和可预测性，劳教与普通的行政处罚和刑事追究之间，并没有一条明显的法律界限。其次，劳教在适用上违背罪责刑相适应原则，一个受到定罪免刑判决的罪犯，不需要被剥夺一天的人身自由，而一个犯有同样罪行而受到劳教处罚的人，却可能被剥夺人身自由长达 3 年甚至 4 年，这显然违背罪责刑相适应原则。

### 2. 程序上违反正义原则

“自然正义”法则的要求：一是“任何人不得为自己案件的法官”，

也就是裁判者的中立性和利益无涉性；二是“裁判者必须听取双方的意见”，也就是那些利益受法律决定直接影响的人应有机会充分、有效地参与到法律决定的制作过程中来。劳教制度作为一种可能使公民的人身自由受到3年甚至4年剥夺的处罚措施，在适用过程上却同时违背了这两项最基本的程序正义要求，违背了“任何人未经公开、公正的司法听审，不得被剥夺权利和自由”的程序法治原则。

反观劳教制度的执行，一方面，行政机构的公安机关通过行政审批的方式决定劳教的适用和期限，并通过行政方式给予劳教者以救济机会，这就导致申请者和裁决者分别属于上下级公安机关，在作出劳教决定时难以保持中立和利益无涉性，而裁判者的中立性更是不存在。另一方面，公安机关在审判劳教申请时，并没有举行任何形式的庭审或听证程序，而是采取秘密的、书面的、间接的审批方式，这就导致被劳教者无法提出辩解，也没有委托律师进行有效辩护的机会，这是对被处罚者参与机会的剥夺。[①] 在劳教的适用程序方面，无罪推定、审判公开、辩论制是无法实行的，甚至被劳教者获得中立司法机构庭审的机会尚且都受到了剥夺，更毋庸说事后可能获得有效的司法救济。很显然，劳教事实上已经成为中国刑事法律和普通行政法律体系之外的第三种独立的制裁体系，且不受这两个法律体系在法治化方面所发生的任何积极变化的影响。劳教制度在程序上违反正当性原则，影响了社会主义法治建设的进程。

从社会功效和社会需要的立场上来看，劳教制度对于稳定社会秩序、保障社会公共安全发挥了一定的积极作用，具有存在必要性和合理性，但是其本质却是以违反法治、有违正义原则为代价的。如果在新中国成立初期，为了稳固政权而不得不采取这种措施以对付反社会分子，那么在全面推进依法治国的今天，其正当性应受到彻底的否定。换句话说，劳教作为社会管控的重要手段，其所造成的对法治与人权理念的破坏，早已超过它对于维护社会治安所能发挥的积极作用，因此，这一制度应该被彻底废除。

3. 背离人权司法保障目标

联合国及其下属机构为指导各国刑事诉讼程序，建立了一套刑事司法

---

① 参见陈瑞华：《劳动教养的历史考察与反思》，《中外法学》2001年第6期。

基本人权保障标准。作为最低限度的正义要求，联合国刑事司法基本人权保障标准主要是为保障犯罪嫌疑人、被告人在刑事诉讼中的基本权利而设，为犯罪嫌疑人、被告人诉讼权利提供最低限度的保障。《世界人权宣言》第11条第1项规定：“凡受刑事控告者，在未经获得辩护上所需的一切保证的公开审判而依法证实有罪以前，有权被视为无罪。”反观我国的劳教制度，对被劳教的人不经审判便剥夺其人身自由达三四年之久，虽未定罪，但是处罚却比被判处管制、拘役、短期徒刑的犯罪分子还要严厉，劳教与刑罚已无实质上的区分。《公民权利和政治权利国际公约》第14条第3款规定：“在判定对他提出的任何刑事指控时，人人完全平等地有资格享受以下的最低限度的保证：……（乙）有相当的时间和便利准备他的辩护并与他自己选择的律师联络；……（丁）出席受审并亲自替自己辩护或经由他自己所选择的法律援助进行辩护；如果他没有法律援助，要通知他享有这种权利；在司法利益有此需要的案件中，为他指定法律援助，而在他没有足够能力偿付法律援助的案件中，不要他自己付费……”此外，刑事辩护国际标准主要包括：被指控的人享有自行辩护权；被指控的人享有获得律师帮助的权利；被告人享有获得刑事司法援助的权利。再反观我国的劳教制度，对被劳教的人的参与权和辩护权只字未提，实际操作中，被劳教的人也无法参与和辩护。这些问题的存在说明劳教制度对被劳教的人参与和辩护权利保障尚有重大缺陷，就连联合国刑事司法准则基本人权保障的最低标准都达不到，不符合程序参与和辩护原则的要求，而参与权和辩护权是一个国家人权保障的重要标准和体现，也是法治社会的重要标志。因此，我国的劳教制度在人权保障方面的消极影响对我国在国际人权保障领域上的话语权和地位极其不利，理应予以废除。

实现法治的一个隐含前提是“良法”的完备。所谓良法标准，就是在全球人权保护日益高涨的大背景下，在刑事司法过程中坚决贯彻“打击犯罪和保障人权并重”的理念，甚至以“人权保障优先”的理念引导立法。因为立法制度的优劣直接决定着保护人权的“质量”，即建立或确立所谓的“良法”。其次，把尊重和保障人权作为评价执法人员工作行为的标准，作为执法人员在心中更要树立一个衡量自己行为的标准，那就是依法办事和保障人权。最后，严厉打击国家执法司法人员侵犯人权的行为，对于侵犯人权的行为必须及时纠正。只有充分保障了人权，构建良好的司法执法体系，才能建构社会主义和谐社会，使人们安居乐业、社会稳定。

4. 阻碍法治化建设进程

长期以来，由于巩固政权和对敌对阶级镇压的需要，我国的行政权力一直处于强势，甚至超过司法权，这表现在“人身自由罚”没有从程序上实行司法化。这在很大程度上阻碍了我国的法治化进程和人权保障，甚至影响到执法与司法的公平公正，也导致了社会矛盾的日渐突出，上访案件大量存在。公权力与私权利的博弈是一个永恒的话题，也是影响一个国家法治进程与法治化程度的重要因素。劳教制度没有依据宪法和国家基本法律，未经司法机关依司法程序进行审判而较长时间地限制和剥夺了公民的人身自由，这与依法治国的基本方略和法治中国建设、人权司法保障的战略目标相背离，不符合国家治理和社会管理法治化、司法化的基本原则。

# 小　结

国家治理体系和治理能力的现代化，需要使国家治理体系的制度化、科学化、规范化、程序化，使国家治理者善于运用法治思维和法律制度治理国家。[①] 为了进一步促进我国法治的进步，我国已经依法废除了劳教制度。不可否认，劳教制度在维护社会治安、稳定社会秩序、教育和矫正轻微违法人员等方面发挥了一定的积极作用。但实际上，我们可以看到劳教制度是一项背离法治的畸形产物，劳教制度违背了正当程序原则，劳教决定的作出没有任何相关的法律程序加以制约，也没有合法的机关对被决定劳教人进行庭审，劳教制度完全依赖行政审批手段，缺乏听证程序和自我辩护，而无罪推定及公开审判更是无从谈起，因而存在严重的不合理性。除了上述所提出的制度性缺陷之外，在实践中劳教制度被滥用的现象颇为严重，决定机关对劳教的恣意适用，以“教养”之名行“刑罚”之实，甚至对现行劳教制度涉及不到的人进行劳教，也引发了广泛争议与强烈反

① 参见江必新：《推进国家治理体系和治理能力现代化》，《光明日报》2013 年 11 月 15 日。

对。随着国家法治建设的发展和对人权保障的日益重视，及时废除劳教制度是迈向法治国家的重要步骤。只有在兼顾公正、高效、协调的理念基础上，并在具体实践中不发生权力运行机制的异化，在法治视域下合理发挥制裁体系的效能，才充分体现一项制裁措施的社会价值，才不会背离现代社会治理的功能定位。劳教制度的废除无疑是我国现时期重大的法治事件，是国家适应社会治理模式法治化转型的需要，彰显了我国的法治文明和人权保障，标志着我国社会治理的进一步科学化。

# 下篇　劳教制度：向死而生

# 第四章　劳教制度废除后的理论聚讼

一直以来，劳教制度的存废与否都是法学界争论的一个焦点问题。随着劳教制度的废除，这一问题也已盖棺定论。同时，后劳教制度时代的社会治理体系问题便成为法学界、法律界所关注的新的焦点。

## 第一节　轻罪化说及其评价

部分学者主张轻罪化说，认为西方国家几乎都在刑法中设立有诸如“轻微罪”“简易罪”“违警罪”之类的轻罪，其犯罪情节的严重程度有很多与中国的劳教甚至治安处罚相似，因此主张把劳教犯罪化，将劳教制度改建为具有中国特色的轻罪制度，并认为这是实现我国适度社会控制的科学途径。

### 一　轻罪化说

总体而言，“轻罪化说”的主要观点为，在劳教制度废除后新制度构建时，一定要坚持法治原则，坚持限制公权力，加强人权保障。这不仅是当今世界的潮流，而且是我国法治进步的方向。因此应当参照包括美国在内的法治发达国家对于违警罪或轻罪、轻微犯罪的经验，使劳教替代制度向法治化或司法化的轨道运行，扩大司法权的调整范围，限、缩行政权的行使和干预空间；构建统一的刑法体系，无论是以刑罚作为单一标准，或是以刑罚与保安处分的二元标准；并根据犯罪的严重程度或刑罚的严厉程度，将犯罪进行分层。要适用轻罪制度或者违警罪制度的前提是构成犯罪，因此，不仅要整合犯罪概念，撤销量化标准，除了某些严重犯罪外，一般犯罪的量刑起刑点应该被撤销，仅保留最高刑期限，而且要调整刑法体系，将现有罪名分为重罪、轻罪（违警罪）、保安处分三种。相应的处罚及刑期也应进行调整。其中，重罪应规定最低起刑点及最高刑期限制。轻罪应规定最高刑期限制，取消最低刑期限制。要在我国的刑法体系中增加“轻犯罪法”或“违警罪法”，降低入罪门槛。将部分治安处罚或者劳教的违法犯罪行为纳入轻罪或者违警罪范畴，用法律来进行调整。

具体而言，轻罪化说主要的论点与构想在于以下几个方面。

1. 犯罪分层是轻罪制度产生和发展的基础

在国外，轻罪制度是按照法律规定对轻微犯罪行为人予以相应处罚的法律制度。轻罪制度产生和发展的基础是对犯罪分层的不断深化。犯罪分层最早源于14世纪的英国，其依照刑罚的轻重将犯罪分为三类，分别是叛逆罪、重罪和轻罪。[①] 19世纪末，欧洲大部分国家都在其刑法典中明确规定了犯罪分层的内容。至20世纪末，犯罪分层逐渐成为大多数国家刑法的通例。德国、瑞士、意大利、挪威、泰国、奥地利等国将所有刑法典规定的犯罪划分成两个层次：重罪和轻罪，或者重罪和违警罪。法国将所有刑法典规定的犯罪划分成三个层次：重罪、轻罪和违警罪。俄罗斯、越南则将所有刑法典规定的犯罪划分成四个层次：轻罪、中等严重的犯罪、严重犯罪和特别严重的犯罪；轻微犯罪、一般犯罪、严重犯罪和特别严重犯罪。美国《模范刑法典》将犯罪划分为六个层次：一级重罪、二级重罪、三级重罪、轻罪、微罪、违警罪。

关于犯罪分层的标准，从各国刑法的规定来看，可以分成两种：一种是形式标准，即根据刑罚的轻重，对犯罪行为进行分层；另一种是实质标准，即根据犯罪行为本身的严重程度或社会危害性质和程度，对犯罪行为进行分层。进行犯罪分层的目的，是能够在严重犯罪和轻微犯罪之间科学合理地分配司法资源，集中大部分资源来处理严重犯罪，而对轻微犯罪采取宽松的政策和更为快捷的处理机制，从而以最少的刑罚资源投入达到最大的控制和预防犯罪的效果。[②] 不论是罪分几类，其划分的基准是一致

① 参见［德］弗兰茨·冯·李斯特：《德国刑法教科书》，徐久生译，法律出版社2006年版，第172页。

② 参见卢建平：《犯罪分层及其意义》，《法学研究》2008年第3期。

的，即决定某一犯罪性质轻重的不是法官对其实际适用的宣告刑，而是法律规定应当适用的法定刑。

2. 将原来劳教的对象纳入犯罪分层的轻微罪处罚范畴之中，构建中国特色的轻罪制度

（1）基本问题与制度。从理论上讲，劳教的适用对象包括两种：一种是违反治安管理法规，屡教不改的；第二种是具有轻微犯罪行为，尚不够刑事处罚的。在刑法上将这些行为作为犯罪对待和处理，并且作为犯罪分层中的轻微罪看待，纳入刑法体系调整是持轻罪化观点的基本构想。在与原刑罚措施的具体衔接上也有三种不同的观点：一种观点认为，应将先前的劳教上升为介于管制与拘役之间的一种限制人身自由的刑罚方法；另一种观点认为，将其上升为介于拘役与有期徒刑之间的一种剥夺人身自由的刑罚方法；再一种观点认为，应当废除现行刑罚体系中弊多利少的短期自由刑，并将劳教改造成为劳役刑以替代之，其排列位置是管制、劳役、有期徒刑、无期徒刑、死刑。显然，主张劳教刑罚化的学者十分敏锐地洞察到了劳教在具体运行过程中已经异化为刑事处罚的客观现实，故主张将二者予以合并和衔接。但也有多数学者认为，如此简单的拆装未必符合刑罚体系的运行规律，也难达到立法改革所应有的实际效果。当然在西方，大多数国家的刑罚体系设置是重罪、轻罪、微罪抑或是重罪、轻罪、违警罪等。但问题在于，劳教的适用对象中，除一部分已然的行为外，还有一部分未然行为。将已然行为纳入犯罪圈与刑罚体系，从技术层面看似乎没有任何问题；但将未然行为纳入犯罪圈与刑罚体系，就显得不甚合适，且受到“有行为才有犯罪”这一传统刑法理念的质疑。而这无疑十分清楚地暴露出纯粹的劳教刑罚化也有其自身无法克服的缺陷与不足。①

相对于上述观点，也有学者提出类似的论述，认为刑罚化的劳教应当是一种介于管制（限制人身自由）和拘役（短期剥夺人身自由）之间的一种半剥夺人身自由的刑罚方法。具体方案可以有两种选择。方案一：将之前完全封闭的劳教管理所改造成半封闭、半开放的机构，允许被劳教的人有一定的行动自由，允许其和亲友自由地通信、会见，允许他们在周末和节假日回家与家人团聚，或者允许其亲友在周末和节假日到教养机构与

① 参见李晓明：《尴尬与困境中的抉择——我国劳教改革立法再研究》，《法商研究》2003 年第 6 期。

其团聚。只有被劳教者严重违反规定，此项权利才可予以必要限制。方案二：仿照美国的间隙监禁刑，建立教养机构。间隙监禁是美国自由刑由封闭性向开放性方向发展的一种重要的过渡措施，它既对犯罪分子施以必要的惩罚，又没有割断犯罪分子的正常社会联系，可以有效地避免传统监禁刑的弊端，因而值得效法。我们设想，对被判处教养的人，可以责令其在周末和节假日到教养机构接受强制性的教育和辅导；在其他时间，则有条件地允许其像往常一样，从事正常的社会工作、学习和生活，如果违反监外执行的条件，则被收监执行处分。

若将被废除的劳教制度视作一种独立的刑罚方法，其适用对象当然应当是依照刑法规定构成犯罪而又危害不太严重的犯罪行为，这适用于之前劳教措施在许多情况下针对的那些本来就构成犯罪的轻微或不太严重的危害行为。无论采用上述哪一个方案，与先前的劳教制度相比，刑期都应大大缩短。强制教养，即改良后的“劳教”，作为一种独立的刑罚方法，介于管制和拘役、有期徒刑之间的一种轻刑，期限不宜过长。尽管强制教养和管制、拘役限制和剥夺人身自由的性质和程度都不同，三者之间没有必要保持时间上的前后衔接，但也不宜相差悬殊。而应当与其他刑罚方法一样，按照刑事诉讼程序决定适用。当然从提高诉讼效益的角度考虑，在具体适用时，也可以考虑不依刑事诉讼普通程序进行审理，而可以按照简易程序由法官独任审理。人民检察院对公安机关移送审查起诉的案件，经过审查起诉、提起公诉，认为应当处罚的，可以请求人民法院按简易程序进行审理。对人民法院判处的处罚，被告人和人民检察院不服的，可以在法定期限内上诉、抗诉。①

（2）具体构造与路径。第一，美国经验。美国将犯罪划分为重罪和轻罪两种，区分标准是量刑的轻重程度。重罪是指应处一年以上监禁直至终身监禁或死刑的犯罪，轻罪则是相对轻微的刑事犯罪。一般而言，人身侵犯、酒后驾车等与交通有关的案件、小偷小摸是各州最普遍的 3 种轻罪类型。美国的重罪，特别是死刑案件诉讼程序较为复杂、烦琐，但轻罪案件的审判程序则简易的多，并且被告可以通过辩诉交易得到相对较轻的处罚。据统计，采用辩诉交易的轻罪案件占到总数的 90% 以上。即便双方没有达成辩诉交易，也通常在第一次开庭时形成判决。美国法院对轻罪的

---

① 参见梁根林：《劳动教养何去何从》，《法学》2001 年第 6 期。

判决，主要包括周末监禁、缓刑、一年以下的监禁、家庭拘禁、社区服务、罚金、赔偿、住院和非住院治疗、征收法庭开销，甚至一定期限内不许生育等。上述刑罚种类，均可单独或合并适用，如“缓刑可以以不同方式与监禁结合起来，有一种常见的连接形式叫作‘分裂刑’，指先在监狱或者地方看守所关押一段时间，然后接着缓刑”。①对轻罪判决的执行，一年以下监禁在当地县（郡）监狱执行，由警察局负责管理；缓刑等非监禁刑在家庭、医院、社区等地执行，由当地缓刑假释办公室负责监督，罪犯根据规定定期向缓刑假释办公室汇报情况，并严格遵守所约定的条件，如有违反，缓刑的条件就会被重新修改，要么提高监督的等级，要么增加限制条件的数量；情节严重者，缓刑假释官可以建议法官撤销缓刑，重新对案件进行审理。

主张借鉴美国经验的学者提出，在借鉴美国轻罪制度的同时，应该结合中国的实际情况，充分利用和发挥现有的劳教设施、机构、人员，并将劳教的适用条件、处遇期限、适用对象、决定程序进行司法化改革，将其纳入刑罚体系，建立具有中国特色的轻罪法律制度。将劳教作为刑罚方法纳入我国刑罚体系后，在实体上应当适用罪刑法定原则、罪责刑相适应原则、比例性原则等基本原则。应当扩大非监禁刑矫治措施的适用，实行半开放半封闭式管理，轻微违法犯罪行为人具有一定的行动自由、通信自由及会见亲友的自由，并可在周末和节假日与家人团聚。轻罪审理程序中，可以参照简易程序由法官独任审理。

第二，日本经验。日本轻罪制度形成并逐步走向成熟的标志是1948年颁布的《轻犯罪法》。1948年日本《轻犯罪法》规定了33种行为为轻犯罪，包括：（1）潜入无人居住或无人看守的邸宅、建筑物、轮船内；……（30）妨碍他人正常工作；（31）擅自进入被禁入场所或田庄；（32）污染或毁灭他人房屋、工具的标识；（33）对公众进行误导性促销。《轻犯罪法》规定对上述轻犯罪行为的处罚方式是拘留、罚款以及拘留与罚款并处，上述轻犯罪行为的教唆者和协助者皆以轻犯罪论处。《轻犯罪法》中拘留的期限是1~29天，罚款的金额是1000~9999日元。由日本《轻犯罪法》的上述规定可以总结其轻罪制度的一些特点。其一，对于轻

① 参见陈超：《中国与美国的非监禁刑比较及其启示》，中国法院网，http://www.chinacourt.org/article/detail/2004/07/id/123704.shtml，2015年8月3日。

犯罪行为细化程度较高，可操作性较强。日本《轻犯罪法》所列出的33种轻犯罪行为，基本覆盖了国民日常生活的方方面面，都是生活中较为普遍的行为。这种划分不仅细致具体，而且具有很强的针对性和可操作性。其二，对于轻犯罪行为处罚较为严格。日本《轻犯罪法》中列出的33种轻犯罪行为，在我国大多数仅被界定为不文明行为，是属于道德范畴调整的内容，而日本则由法律规定这些不良行为为轻犯罪，对其进行严格的法律处罚，进行拘留、罚款或者拘留与罚款并处，同时执法部门还会将轻犯罪行为记入个人信用档案。其三，执法主体和裁决主体相分离，执法主体是警察、裁决主体是法院。日本《轻犯罪法》中列出的33种轻犯罪行为，统一由警察出面进行制止、调查、取证和告发，日本警察是《轻犯罪法》的具体执行者。但是，警察仅有制止权、取缔权、调查权和告发权，不具有裁判权。最终裁判权是在基层法院的专门法庭，对轻犯罪行为适用简易程序进行审理。

我国治安处罚中的拘留和日本轻罪制度中的拘留具有相通性，因此有学者建议借鉴日本《轻犯罪法》的规定，将应该处以拘留处分的行为人划定为轻犯罪行为人，将劳教制度列入刑罚化的改革轨道。同时，如果屡次违反治安管理法规，其社会危害性和人身危险性要大于偶犯，对于这部分具有轻微犯罪行为的人，其实际上已经构成了犯罪，也应当追究刑事责任。这两种对象都可以纳入轻罪范畴，用刑罚的方法来进行调整。期限可为一年，数罪并罚时不得超过二年。

在这种情况下，劳教就成为一种针对轻犯罪行为人，限制其人身自由的刑罚方法。这样在我国刑罚结构原有自由刑体系的基础上，就可以建立起由限制犯罪分子行动自由的管制刑、严格限制犯罪分子人身自由的劳教刑、短期剥夺犯罪分子人身自由的拘役刑、在一定期限内完全剥夺犯罪分子人身自由的有期徒刑、终身剥夺犯罪分子人身自由的无期徒刑组成的新的自由刑刑罚体系。这样的自由刑刑罚体系符合自由刑由封闭性向开放性发展的历史趋势，具有广泛的适应性。[①] 可以使刑法中的处以管制、拘役和三年以下有期徒刑的犯罪与劳教制度共同构筑我国轻罪体系，在刑事诉讼法上对轻罪适用司法程序进行审判。

---

① 参见梁根林:《保安处分制度的中国命运——兼论劳动教养的出路》,《中外法学》2001年第6期。

## 二 对轻罪化说的评价

*1. 法学界对轻罪化说的评价*

在法学界被广为热议的“轻罪化”改革方式，也称为“恢复性司法制度”，即将原先可能被作出劳教决定的人员，无论其属于轻微刑事违法人员还是治安违法人员、戒毒人员或者卖淫嫖娼人员、一般参赌人员等，全部都囊括到犯罪的领域中。有学者提出，此种改革方法如此定性的一大弊害是，这些人员从此被标签成了罪犯，如此一来我国的犯罪量会呈几何级数大幅度扩增不说，在如此幅员辽阔的中国，我国的警力、检察力、审判力能否顾及得过来，我们或可姑且不论，单就行为的性质来看，这当中就存在很大问题。[①] 该学者进一步指出，与西方国家相比，中国的刑事法网编织得相对严密且性质严重。一些西方国家刑法所设立的某些犯罪行为，在中国充其量构成治安违法；还有一些犯罪行为在国内仅属一般不道德行为而已。唯其如此，与虐待动物、深夜喧嚣、公共场合涂鸦等行为被设定成刑事犯罪相比，现行中国劳教制度下的吸毒行为、嫖娼行为、一般参赌行为等，在某些西方国家被设置成轻罪或违警罪，非常正常。但按中国刑事法文化传统，国内刑事立法上所设定的犯罪行为，其行为性质与程度却严重得多。这是因为，西方国家的犯罪观是仅定性、不定量的，偷一辆最低档的自行车都能构成盗窃犯罪。中国却是既定性、又定量，小偷小摸因而根本不可能被设定成刑事犯罪。因此，中国的刑事法网比之西方国家缜密得多，犯罪圈因而小得多，犯罪的社会危害性也相应地严重得多。对于此种中外在犯罪定性上的差异，笔者认为，对于“定性又定量”的中国犯罪定性模式，无疑是缩小了犯罪圈的范围，也有利于公检法机关对犯罪行为的控制，提高司法机关的办案质量；但从整个社会安定的角度来看，则增加了大量的社会不安定因素，吸毒嫖娼人员、轻微违法犯罪人员以及违法信访上访人员等，甚至于个别小偷小摸行为，算不上犯罪，对社会却能产生接连不断的危害，大约正是这种犯罪圈的缩小与行为性质和程度的严重，酿就了国人对犯罪人根深蒂固的“坏人”标签化心理，从而导致各类刑满释放人员出狱后难免在成家立业过程中遭受社会歧视和种种

① 参见屈学武：《“轻罪”之法价值取向与人身权利保护》，《河北法学》2005 年第 11 期。

困难。有鉴于此，将大批因小偷小摸，包括因其生理疾患、生活习性问题需要社会投以更多关爱的人都标签为犯罪人，甚或投诸监狱的做法既不可行，也有损公民的基本人权。同时，难免导致其可能因为社会歧视和种种困难而自毁一生。一句话，从中国传统法律文化、道德文化角度看，把这么多人标签为“罪犯”，致使成千上万的人难免招致较现在更为严重得多的社会歧视的做法，既不利于他们的身心矫治，也不利于真正的犯罪预防，还可能产生大规模的侵犯公民人身自由权利的负面效应，这显然有悖于国家改革现行劳教制度之初衷，因而殊不可取。

2. 本文对轻罪化说的评价

从辩证法的角度来看，任何一种制度的存在都是有利有弊的。虽然此种立法设计存在许多有失考虑之处，但笔者认为，与劳教制度相比，轻罪化的优势所在也是值得论述的。

第一，将吸毒、嫖娼、轻微刑事犯罪、违法上访等行为列入刑法处罚范围之内，有效避免了原来不可预测的“劳教圈”，有确切的法律条文和法律依据来规制对社会产生危害的行为，更有利于维持社会秩序，减少有社会危害性案件的数量。

第二，真正地做到了我国《宪法》所规定的“任何公民，非经人民检察院批准或者决定或者人民法院决定，并由公安机关执行，不受逮捕”。合法性是一项制度存在的基本前提之一，只有“合宪”“合法”，轻罪化的制度才有其自身的存在价值。

第三，把原劳教处罚的部分行为规定为轻罪，有利于加强对公民的权利保障、维护了法治原则。把劳教制度调整的部分行为规定为轻罪行为，由刑事程序处理，从根本上解决了劳教法治化的问题，避免了行政权恣意侵犯公民自由的可能。刑事程序的启动毕竟比行政性程序要复杂，但是也公正得多。而实际上，劳教制度所制裁的违法行为确实具有危害性，任何法治国家都需要对这些行为实施制裁，轻罪是各国制裁此类行为的普遍选择。

第四，从理论上看，将劳教制度改造为刑法上的轻罪制度也更为合理。劳教制度调整的行为实际上是介于犯罪和行政违法行为之间的行为，参考国外的经验，这些行为一般由轻罪制度调整，适用比较简易的诉讼程序，由刑罚制裁。有学者指出，这样的制裁方式既满足了维护法治原则和保护公民自由的要求，也满足了维护社会秩序和保护社会的需要。任何社会都需要对危害社会的行为实施制裁，但关键问题是需要以正当的程序对法律确定的行为和对象实施制裁。

第五，劳教轻罪化更有利于满足国际人权公约的要求。劳教轻罪化后，首先，满足了《公民权利和政治权利国际公约》第9条第1款规定的要求。该款的规定是“除非依照法律所规定的根据和程序，任何人不得被剥夺自由”。不论是单独制定《轻犯罪法》，还是把劳教纳入刑法，都能够满足该款对“依照法律所规定的根据和程序”的要求。其次，劳教轻罪化后，对违法行为的追究适用刑事诉讼程序，也满足了《公民权利和政治权利国际公约》第14条确立的国际社会公正审判权的一般国际标准的要求。根据该条规定，为实现公正审判权，人人都应享有在法庭前的平等权利，由合格、独立和无偏倚的法庭进行审判的权利，被无罪推定的权利，在刑事审判过程中享有最低限度程序保证的权利，上诉或复审的权利，被终审误判时获得赔偿的权利和不因同一罪行受双重处罚的权利等。这里，什么样的行为实质上属于《公民权利和政治权利国际公约》认为的“犯罪”，或者对“刑事指控”的含义，一般情况下没有歧义。但是，有些行为在一国法律中被规定为犯罪行为，在他国法律中可能被作为违纪行为或行政处罚的行为对待。在认定某项处罚是否构成刑事处罚的时候，有意见认为欧洲人权法院的意见可以用来解释《公民权利和政治权利国际公约》的“刑事指控”的含义。实践中，欧洲人权法院明确了判断是否存在“刑事指控”主要考虑三条标准：国内法上的定性；应受处罚的行为的性质；处罚的严厉程度。欧洲人权法院综合这三条标准决定一种处罚是否属于刑事处罚，而不论有关成员国将其称为何种行为。一般而言，当处罚具有预防性、报复性和威慑性并且针对一般公众适用时，它便符合欧洲人权法院所称的刑事处罚，如交通犯罪的罚金。不过，针对特定群体或职业（如士兵、囚犯等）的未超过一定强度（如5天拘禁）的纪律性处罚，不被欧洲人权法院视为刑事处罚。根据上述的意见，较长期剥夺人身自由的处罚应当被视为刑事处罚。根据上述欧洲人权法院的标准，劳教实际上就是刑罚，属于《公民权利和政治权利国际公约》所称的“刑事指控”，劳教处罚的实施应当符合该公约第14条规定的公正审判的要求。而轻罪化之后，之前应适用劳教的部分行为成为刑事犯罪，应当适用刑事程序，即使对轻罪案件采用比较简易的刑事程序，也同样满足国际公约有关程序公正方面的要求。

但是，必须注意到，除法学界已有评价外，有几处问题从根本上更有力地决定着上述“轻罪化”的构想不可取。

第一，在避免犯罪不适当扩大的方面，“轻罪化”的观点范围扩大了犯罪所包含的范围，将原来应劳教的人员全部纳入刑法的处罚范围，从立法层面尚需对刑法进行修改，现行条文中对此没有相关行为进行处罚的规定，亟须立法机关制定出台相关法律来填补此漏洞，以落实罪刑法定的刑法原则；从司法实践的层面，犯罪的扩大必然加重了公检法机关的办案压力，更会加剧司法机关所承办的案件质量与犯罪类型日益增多之间的矛盾，而这一矛盾一旦解决不好，则会使“轻罪化”的设想产生适得其反的效果。

第二，轻罪化的制度设想是要把所有应当劳教的社会危害行为全部纳入法律的约束范围，而这样盲目的“一刀切”的做法，看似将这些行为纳入刑法的处罚范围，也会严格依照刑事程序来判决处罚，但将所有行为都归入刑法，则有多此一举之嫌。尤其是对于吸毒、违法上访等对社会危害性不大的行为而言，将其归入犯罪，判刑、收监，确是不必要之举，同时也会造成对此类行为人人权的侵犯。

第三，从劳教制度的设立初衷来看，该制度设立之初是为了对一些不构成犯罪的刑法边缘行为进行必要的行为上的矫治与约束，从本质上说劳教还是一种行政处罚，其约束管理的行为也是行政处罚的范围，而行政处罚与刑事处罚具有本质上的不同点，简单的制度转化并不能解决劳教制度所带来的弊端，同时也无法避免劳教制度废除之后所来的制度空白。

与此同时，有学者从规范可行性方面论证了“轻罪化”制度。任何刑事法律规范，其是否可行，要素有七：①规范内容的现实性，亦即该刑事法律规范调控的冲突法律关系不但存在且具有相当普遍意义；②规范实体权利义务内容建构的公平合理；③规范程序运作的适用性与可操作性；④规范形式亦即规范体例、立法技术上的系统性与科学性；⑤运作新规范的人员业务素质、力量配备情况；⑥运作新规范必备的物质基础，亦即是否有足资司法、执法良性运行的法律成本投入；⑦整个社会观念文化的期许与认同。同时该学者指出，就此要素，姑且不论规范的实体权利义务及其技术层面上的因素是否科学可行，单就上述第 5、6、7 项要素看，我国就要在短时间内投入大量有极高素质（包括具有良好的人权保障素养）的刑侦人员、检控人员和审判人员，要逐年追加投入呈几何级数增长的足资司法、执法良性运作的法律成本，还要获得整个社会观念文化的期许与认同，这并非可一蹴而就之事。而上述有关物质、精神条件的欠缺，会使得规范效应大为缩减，甚至适得其反。①

## 第二节　治安管理处罚化说及其评价

治安管理处罚（以下简称治安处罚）主要是指公安机关按照《治安管理处罚法》的相关规定，对于违法但不构成犯罪的行为进行纠正，处罚的目的不是制裁而是教育。因此，有部分学者从劳教适用的行为着手，提出治安管理处罚化说的构想。

### 一　治安管理处罚化说

有学者认为，基于劳教制度改革的正当化要求，可以将劳教作为一种特殊的治安处罚方法，纳入《治安管理处罚法》的体系之中。将劳教定位为治安处罚方法，既解决了劳教的性质问题，也消除了其与上位法的冲突问题，更为适用劳教提供了法律依据。在主管机关问题上，该观点主张取消劳教管理委员会，将劳教的申请和执行机关确定为各级公安机关，决定机关确定为人民法院，同时在公安机关内部成立专门的劳教审查起诉办公室，人民检察院对劳教的决定给予事后监督。这样既符合《治安管理处罚法》的执行主体要求，实现了对劳教的司法化制约，也建立了劳动教养的法律监督体系，这也是劳教制度正当化的必由之路。② 因此，如何实现这个转变便成了劳教制度废除后新制度正当化、合法化的关键。将劳教制度的合理成分纳入《治安管理处罚法》的体系之中，正是在总结当前社会形势下一个合理而务实的构想。近代自由刑区别于古代和中世纪自由刑的最根本点是它以改造犯罪人为目的。在现代刑罚经济理论的支配下，要求适用最少的惩罚手段来实现最佳的惩治效果。在能够不使用自由

① 参见屈学武：《“轻罪”之法价值取向与人身权利保护》，《河北法学》2005 年第 11 期。

② 参见陈兴良主编：《刑法通论》，中国人民大学出版社 2007 年版，第 128 ~ 130 页。

刑的情况下，尽量在自由状态或非刑罚状态下解决问题。[①]因此，将劳教制度的合理成分吸收进《治安管理处罚法》的设想，正是站在人权保障的立场上，充分考虑劳教制度的功能和缺陷，而对其作出的一个正当化的总体设想。[②] 如果考虑将劳教的一部分适用对象纳入行政处罚范围之中，那么，现有的行政处罚程序必须进行大规模的改造。按照笔者的设想，对一些较为重大的行政处罚，可以在保留行政机关决定权的前提下，加强司法审查的法律效力，并将司法救济的时间予以提前。具体改革方案是：对于重大的行政处罚措施，行政机关在听取当事人陈述、申辩和举行听证的前提下，作出行政处罚决定；但在该决定中应明确载明向法院申请司法审查的有效期限，在此期限内，如果被处罚者申请法院进行司法审查，那么，有关行政处罚决定就自动丧失法律效力；在法院举行的法庭审判中，作出行政处罚决定的行政机关与被处罚者构成实际上的控辩双方，法庭在听取双方意见和辩论的基础上，对行政处罚的合法性作出全面的审查。对于法院的判决，作出行政处罚决定的行政机关和被处罚者不服的，都可以提出上诉。

这样，对行政处罚决定提起行政诉讼之前，构建了一种提前举行的“民告官”程序。与行政诉讼不同的是，这一司法审查的申请一旦提出，行政机关的处罚决定就立即丧失法律效力，更不得进入执行程序。当然，对于特别重大的行政处罚决定，还可以将行政机关的处罚权予以剥夺，而赋予行政机关以“申请权”，也就是申请法院通过司法裁判程序，作出是否进行处罚的决定。就像美国联邦司法部诉微软公司违反联邦反托拉斯法一样，作为行政机关的司法部要想寻求对微软公司的重大处罚（一分为二或者一分为三），必须向联邦法院提起诉讼，由法院经过法庭审判之后，确定该公司是否违反联邦反垄断法律，并在确定其违法后作出相应的处罚决定。很显然，最为理想的行政程序实际应为“官告民”程序，也就是行政机关成为行使诉权、申请权的机关，而不再是处罚决定机关；法院成为受理并审理行政机关控告个人违反行政法律的司法裁判机关。最终是否对个人作出处罚，应由法院依司法程序作出裁决，而不是像中国现行

① 参见陈兴良主编：《刑法通论》，中国人民大学出版社 2007 年版，第 128～130 页。

② 参见刘孝敏、谢小剑、陈威：《论劳动教养制度的正当化》，《洛阳理工学院学报（社会科学版）》2009 年第 3 期。

行政程序那样，由行政机关直接作出处罚。

同时，治安管理处罚化说的观点认为我国现行的“治安处罚—刑事处罚”的两级制裁体系相当完善，刑法中的“定量+定性”犯罪概念界定模式，通过“数额较大”“造成严重后果”“情节严重”等量的标准来区分犯罪与行政违法，使得治安处罚和刑事处罚两者不论是在立法上还是在适用上都形成了一种处罚对象明确区分、处罚位阶层次分明的良好连接，根据违法行为的性质来给予相应的治安管理处罚或刑事处罚，无须重新构建或者引入其他制度框架，完全可以将原劳教对象纳入《治安管理处罚法》的调整范围。原劳教制度所调整的是社会治安秩序管理领域内的一种特殊社会关系，而不是一般的社会关系。劳教制度针对的这些违法行为，按照我国现行的法律来说，违反《治安管理处罚法》的规定但是尚不构成犯罪，理所应当地适用《治安管理处罚法》的相关规定进行处罚，而不是升格适用刑法处罚。如果一种违法行为严重到触犯了《刑法》的相关规定，当然会自然过渡到适用刑事处罚。对于劳教的性质，历来争议颇多。有认为劳教是一种行政处罚的，也有认为其是一种行政强制措施的，甚至还有认为是一种刑事处罚的。从劳动教养的适用程序、适用主体方面来看，它是一种行政处罚；但是从其处理的结果来看，它甚至比刑罚还要重。1991 年 11 月，国务院新闻办公室发布的《中国的人权状况》（白皮书）中明确指出，“劳动教养不是刑事处罚，而是行政处罚”。1995 年 2 月，国务院在《关于进一步加强监狱管理和劳动教养工作的通知》中也指出，“劳动教养所是国家治安行政处罚的执行机关”。劳教在当时被归为行政处罚，劳教和治安处罚同属于行政处罚，但是对于二者之间的关系，《治安管理处罚法》并没有明确规定。根据 1982 年国务院转发的公安部制定的《劳动教养试行办法》以及后来的全国人大常委会《关于禁毒的决定》《关于严禁卖淫嫖娼的决定》和原《治安管理处罚条例》的规定来看，劳教的适用对象要同时满足以下条件：一是违反治安管理法规；二是具有较严重的人身危险并且经治安处罚仍然不知悔改的；三是这种违法行为给予刑事处罚显得太重。总的来说，对严重违反治安管理法规的人才给予劳教处分。由此可以找出劳教治安处罚化的立论依据，劳教和治安处罚作为独立的行政处罚措施，在适用方面具有很大的交叉面。《行政处罚法》第 8 条明确规定了行政处罚的七个种类：警告；罚款；没收违法所得、没收非法财物；责令停产停业；暂扣或者吊销许可证、暂扣或者吊销执照；行政拘留；法律、行政法规规定的其他行政处罚。因此有观点认为劳教对象完全可以按照现行的《治安管理处罚法》来进行处置，对一般性的违法行为给予相应的罚款，对于常习性的违法行为可处以15日以内的行政拘留。

关于理想中的治安管理处罚的性质也有很多争议。有观点认为劳教制度废除后，构建新制度的走向应该定位于维护社会治安，预防和减少犯罪，对违法人员实行的一种行政措施；也有观点认为其应当是一种限制人身自由的行政处罚，而且是行政处罚中最为严厉的一种；还有观点认为是实行强制改造的治安行政处罚。《治安管理处罚法》第2条规定的四类危害社会的行为，凡依照《刑法》的规定构成犯罪的，依法追究刑事责任，尚不够刑罚处罚的给予治安处罚。也就是说，我国的刑罚和治安处罚的对象在行为及结果的客观危害程度上是互相衔接的，这一层面上没有劳教的地位，三级制裁体系说难以成立。在废除劳教制度后，原来的劳教对象按照我国现行的法律来说并不构成犯罪，这部分人员理应按照《治安管理处罚法》来处置。我国在1998年签署的《公民权利和政治权利国际公约》第9条第1款中规定："人人有权享有自由和安全，任何人不得加以逮捕或拘禁。除非依照法律所规定的根据和程序，任何人不得被剥夺自由""任何因逮捕或拘禁被剥夺自由的人，有资格向法庭提起诉讼，以便法庭能不拖延地决定拘禁他是否合法以及如果拘禁不合法时命令予以释放。"我国《宪法》第37条同样规定："中华人民共和国公民的人身自由不受侵犯。任何公民，非经人民检察院批准或者决定或者人民法院决定，并由公安机关执行，不受逮捕。"而在治安管理处罚化的情况下，将大幅度适用罚款、拘留等措施，对于这种关系人们日常生活的方方面面的处罚，治安管理处罚的裁定权也应当受到制约和监督。在治安处罚中数额较小的罚款可由公安机关单独决定进行处罚，但是涉及限制人身自由的行政拘留处罚的裁定权的决定程序应当是朝司法化的方向发展，有且只有法院有权作出处罚决定，并且这种决定都必须是由法院根据法律规定经司法程序作出。对于劳教对象进行治安管理处罚的裁定权的归属，还有一种过渡性的观点，这种观点认为，治安管理处罚由公安机关通过行政听证程序作出裁定，当事人如果有异议，可以在规定时间内向人民法院提出申请，由法院裁决是否进行治安管理处罚；或者由公安机关在治安管理处罚通知书中规定一个起诉期，当事人在起诉期内没有起诉的，裁决自然生效。“发达国家特别是大陆法系国家行政处罚制度的思想观念和历史变迁的经验表明，只有允许并扩大司法机关的介入，加快推进行政处罚的司法化进程，才能使行政处罚制度真正走出困境。”[①] 人民检察院和律师应当介入治安处罚的审理和执行环节。其中，人民检察院应当进行全程监督，接受违法行为人的申诉，可以向人民法院提出复查建议。律师应当维护并保障违法行为人在触犯治安管理处罚法后的审理、执行过程中能够享有辩护权、申诉权与上诉权。还可以引入听证制度，邀请检察官、助理检察官、人大代表和社会公众参与听证。可以建立辩诉交易制度，对于案情简单，违法行为轻微的，根据双方当事人同意可以进行庭外和解。同时在治安管理处罚化的过程中，可以运用简易程序对案件事实清楚、证据简单明了的案件作出快速处理。有条件的地方可以设立专门的治安处罚法院，或者在法院设立专门的法庭来处理治安处罚案件。

## 二　对治安管理处罚化说的评价

### 1. 法学界对治安管理处罚化说的评价

治安管理处罚化的观点也可称为行政化观点，法学界对这一观点多数持否定评价，但也有个别学者对这一观点持肯定态度。我国法学界对治安处罚化观点的相关评价主要有以下几种。

第一，劳教的治安管理处罚化观点具有可行性，是合理而务实的构想，但实施难度最大。持这一观点的专家学者大多数属行政部门法领域。而即便是持劳教行政处罚化观点的学者也认为应当进行程序上的改革，使得劳教制度行政权力不受约束的滥用局面得到抑制，非经正当程序限制人身自由的弊端得到改正。虽然劳教行政处罚论的观点在改革方案中受到的批评最多，但根据我国当前的社会现状，或许目前劳教行政处罚化的可能性仍然最大。有学者认为，劳教的“行政处罚化”思路是所有改革方案中最难以实施的。劳教如果仍然维持其行政处罚的性质，并仍然由公安机关掌握审批权，那么，即使劳教的期限有所缩短，其行政羁押权的性质都不会发生根本的改变。只要公安机关掌握了限制公民人身自由的权力，并

① 冯军：《行政处罚法新论》，中国检察出版社2003年版，第289页。

且这种限制和剥夺又长达数月甚至数年，就会使公共权力的行使丧失正当性和公正性。毕竟，以维持社会治安为天职的公安机关，一旦享有对公民自由限制权，就不具备最低限度的中立性和超然性，被处罚者将既难以获得防御的机会，也无从对自己的权利进行司法救济。事实上，警察享有的大量包括劳动教养在内的行政羁押权，恰恰是中国成为法治国家最大的障碍。① 因此，劳教的治安管理处罚化并不那么容易实现。

第二，劳教的治安管理处罚化观点不可取。监禁权属于司法权，具有不可让渡性。要实现司法独立，保障司法权的独占性，维护公民人身权利，要么将劳教制度废除；要么改革劳教制度，将其司法化。所以将劳教"治安处罚化"的观点不可取。② 刑罚是国家对于违反刑法而对单位或者个人采取的惩罚措施，剥夺自由——除了作为刑事强制措施者外——乃是刑罚的一种，称为"自由刑"，包括惩役和监禁，惩役就是"劳动改造"，后者与"劳动教养"名称相近，其实质更是并无二致。③ 这种实质上是刑罚、名义上是行政手段的强制措施，只能由刑法加以规定并根据刑法和法院的生效判决加以实施，行政法规不能规定实质上属于以剥夺人身自由为内容的惩戒（或者称为"强制教育"）措施，行政机关也不能拥有这种措施的决定权，否则就违背了司法权的独占性，形成行政机关兼领司法的前现代法制现象。劳教作为一项制度继续存在就仍然缺乏基本的公正性和正当性。即便将其"改造"成有关行政法律，它仍然存在未经司法程序而处分他人的问题——实质仍是警察罚。这就更容易发生随意甚而肆意侵犯公民人身自由权利的问题。劳教的治安管理处罚化观点仅有形式上的"程序"正义，难保实质正义，不符合现代法治与人权保障的要求，应当被放弃。有学者认为，行政程序化的实质是将劳教纳入行政制裁体系，发挥行政权方便灵活、快速高效的优点，满足社会控制的功利需要。问题是，无论是强化劳教委员会的职能，还是对公安机关现有审批程序等进行改造，能否以牺牲公民的自由和人权为代价？劳教未经任何司法程序就可

① 参见陈瑞华：《劳动教养的历史考察与反思》，《中外法学》2001 年第 6 期。

② 参见张建伟：《司法权的独占性与劳动教养制度的存废》，《河南省政法管理干部学院学报》2002 年第 3 期。

③ 在剥夺人身自由方面有的只是形式上的差别，诸如，"劳动改造"根据刑法科处一定的限期由特定机关强制实施，被劳动改造的人经过法庭确认为"罪犯"；"劳动教养"根据某些行政法规科处一定的期限由特定机关加以实施，被劳动教养的人不被确认为"罪犯"。

以限制乃至剥夺公民人身自由长达三四年之久，审批权由公安机关独家行使，公民的人权如何得到保障？对一项法律制度的价值评价不能仅从功利性上进行考量，还应从合理性上进行评判，看其是否掌握好需要和利益的平衡，做到人权保障和秩序维护二者兼顾。尽管当前我国正处于犯罪的高发期，公众对犯罪的恐惧也空前加深，但是公众对政府的亲和心理还很难说已经超越了对行政专横和司法擅断的恐惧心理，对国家权力进行制约特别是以法律来制约，以有效保障人权仍然是全体公民由衷的期待。因此，在我国现阶段，劳教即使经过技术性的改造也很难说具有充足的存在合理性。① 将劳教行政程序化不符合现代法治与人权的基本要求。这种改革方案是所有方案中最不可取的。

第三，该观点过分迁就客观存在，不符合法治化要求。有学者认为，废止劳教后，将原劳教的内容纳入治安处罚等行政处罚范围的主张，其优点是不需要扩大犯罪圈，且在立法改革上比较简便，即加重行政处罚。但是，这种方案面临两个方面问题：其一，行政处罚手段不可能在限制人身自由方面有太多的扩展，即使加大行政处罚的力度，仍然难以满足对于部分具有较大社会危害性的违法行为的制裁；其二，在《治安管理处罚法》中，如果过度规定限制人身自由的制裁措施，则很难解决行政处罚程序的正当性问题，因为行政处罚并非由中立的司法机关依司法程序所决定，在实践中同劳教一样容易被滥用。这样的改革与国际公约的要求仍然存在差距。②

2. 本文对治安管理处罚化说的评价

本文亦如法学界多数观点一样，并不赞同劳教的“治安管理处罚化”，具体理由如下。

第一，劳动教养不同于治安管理处罚，不宜将劳动教养归入治安管理处罚。尽管 1995 年国务院制定的《关于进一步加强监狱管理和劳动教养工作的通知》第 1 条规定：“劳动教养所是国家治安行政处罚的执行机关。”但事实上，劳教和治安处罚由于在适用对象上的不同，其处罚的方式和法律后果也不相同。首先，二者在处罚方式上有明显的不同。根据

---

① 参见梁根林：《保安处分制度的中国命运——兼论劳动教养的出路》，《中外法学》2001 年第 6 期。

② 参见熊秋红：《劳动教养制度改革的路径选择——以实证调研为基础的分析》，《法学家》2013 年第 5 期。

《治安管理处罚法》的规定，对具有违反治安管理行为的人的处罚方式主要有警告、罚款和拘留。除警告、罚款外，这里的拘留主要是对违法者人身自由的短暂限制，从其限制的期限和强度看，治安管理的拘留处罚同劳教有着本质的不同。前者期限比较短暂，而后者则相对较长；前者对人身自由限制较小，而后者则相对较强。其次，二者适用的法律后果不同。治安管理处罚以处罚作为其结束的标志，而劳教处罚虽无前科记录，但在对其重新违法犯罪行为进行处罚时，则要参考其过去的被劳教的记录，并以此作为对其处罚的考虑情节。劳教与治安管理处罚在处罚方式和适用的法律后果上的差异，导致劳教不易归入治安管理处罚之中。

第二，劳教如果被纳入行政处罚，将带来一系列弊端。治安管理处罚属于行政处罚的一种。我国行政处罚种类很多，除行政拘留外，大多是给予能力罚或财产罚，而劳教却限制人身自由可长达三四年。如果将劳教纳入行政处罚，限制人身自由期限便成为体现劳教与行政拘留两种处罚措施处罚程度的标准，则造成同一性质的两种处罚方式悬殊，使同一类违法事实造成的处理结果产生不平等现象，如此绝对悬殊的处罚差距也将打破现行法律制裁体系所维持的错罚相当的均衡。同时，治安处罚本身存在很多缺陷，无法容纳劳教。一方面是《治安管理处罚法》本身的问题，如法律调整范围不明确，规定的行为种类较少，处罚程序不完善等。另一方面是《治安管理处罚法》所规定的处罚行为种类未能同《刑法》以及其他相关法律法规衔接。例如，《治安管理处罚法》对许多实践中新出现的具有违反治安管理性质的行为未作规定，如非法宗教活动、偷渡行为、街头倒卖外汇扰乱经济秩序行为、扰乱计算机网络安全行为、进行淫秽表演败坏社会风气的行为等等。

## 第三节　保安处分化说及其评价

目前法学界有部分学者，主要是刑法学者主张借鉴域外尤其是德国的“保安处分”的规定，结合中国的司法实践，针对劳教对象的人身危险性进行处分，认为后劳教制度时代的取代措施是保安处分化。

## 一　保安处分化说

1. 保安处分的发展历程

“保安处分”在日常生活中并不是一个为公众所熟知的法律概念。不仅如此，其实在理论界也并没有一个公认的定义。大体可以说，保安处分是国家为了维护法律秩序及社会安全，根据法律的明文规定，作为刑罚的替代或者补充，对实施了危害行为的无责任能力人、限制责任能力人以及其他具有特定人身危险性的人适用的，旨在消除其危险状态、预防犯罪、保卫社会安全的具有法律处分性质的治疗、感化、禁戒、隔离、矫治等措施的总称。[①] 保安处分制度，最早为西方国家普遍采用。它具有以下几个特征。一是保安处分以保卫社会、预防犯罪为目的，其中特殊预防是保安处分的直接目的，而保卫社会则是保安处分的终极目的。二是保安处分适用的基础是人身危险性。这里所说的人身危险性，指实施犯罪的可能性或再犯可能性。正如团藤重光教授所说：“刑罚的基础是责任，与此相反，保安处分的基础是性格的危险性。”适用保安处分，并不以犯罪事实为要件，而是以行为人具有人身危险性为要件。对尚未犯罪但有犯罪危险的人，或者犯罪虽经刑罚处罚但有再犯危险的人，都可适用保安处分。三是保安处分不是刑法意义上的刑罚，而是代替或补救刑罚的强制措施。其中没有刑罚所必不可少的那种惩治和谴责的因素。四是保安处分的手段或方式主要是采取感化、教育、治疗、隔离等措施。保安处分注意改善适用对象，预防犯罪，它不像刑罚那样剥夺犯人的权利，也不像刑罚那样具有伦理非难的性质。保安处分的种类较多，有的完全是保护性措施，给适用对象以教育帮助；有的虽有一定的强制性，但不是处罚，而是通过矫治、感化、医疗等方法，根除他们可能犯罪的因素，预防犯罪或再犯。

要想全方位地了解“保安处分”，必须清楚地知悉保安处分的产生及发展。正如前文所述，保安处分并非起源于中国，它萌芽于古罗马，发端于中世纪，形成于19世纪，盛行于20世纪。最早提出保安处分概

① 参见北京大学法学百科全书编委会编：《北京大学法学百科全书：刑法学、犯罪学、监狱法学》，北京大学出版社2003年版，第19页。

念的是德国法学家克莱因，基于对一般社会利益的保护，主张对具有危险性的人实施保安处分，以预防犯罪的发生。他认为，刑罚具有按现实的犯罪程度而定的确定内容，而保安处分则具有以行为者的人身危险性为基准而科处的不定期的内容。① 但是，他的这一思想在当时并未受到重视。后来，由于受实证主义哲学的影响，刑事实证学派开始取代刑事古典学派的霸主地位，近代刑法学的研究重点逐渐从犯罪行为转向犯罪人，更加关注犯罪人的人格改造，教育刑理论已渗透到刑法之中，保安处分开始受到重视。1893 年，德国刑法学者斯托斯（又译施托斯）率先将保安处分理论运用于刑事立法，由他负责起草的《瑞士刑法第一预备草案》（斯托斯草案），开创了现代保安处分刑事立法的先河，将保安处分规定为代替或者补充刑罚的一种制度。斯托斯草案成为 20 世纪初西方国家保安处分立法的样本。此后，保安处分被迅速推广，并超越地域的限制和社会制度的差异，成为世界通行的刑法制度。尤其是二战以后，大陆法系国家的刑法几乎都规定了保安处分，英美法系国家的一些制定法也对保安处分作出了规定，如英国 1947 年的《刑事裁判法》。而且，保安处分制度在社会主义国家的刑法典上也推广开来，如 1968 年《罗马尼亚社会主义共和国刑法典》、1976 年《南斯拉夫社会主义联邦共和国刑法》。②

虽然保安处分在西方国家乃至一部分社会主义国家得到广泛的认可和很大程度上的发展，但保安处分在中国现代法制史上却有着不大光彩的名声。第二次世界大战中，法西斯国家滥用保安处分的历史，在一定程度上让一些国内研究者将保安处分与法西斯政权联系在一起。新中国恢复法制后的早期，也有学者认为保安处分是“现代资本主义制度下社会问题的产物”，是“资产阶级出于利己主义考虑的后果”。③ 改革开放以后，随着对外学术交流的不断增加，一些西方的法学思想、法律制度、法律理念传入我国，渐渐进入我国法律学者的视野，保安处分制度也在其中。由此，保安处分制度也越来越受到法学家们的关注，很多法学家开始以全新的视角投入到该理论的研究中。1997 年修改刑法之前，一些学者即提出应在

① 参见［日］木村龟二主编：《刑法学词典》，顾肖荣等译，上海翻译出版公司 1991 年版，第 465 页。

② 参见苗有水：《保安处分与中国刑法发展》，中国方正出版社 2001 年版，第 54 页。

③ 参见刘生荣：《保安处分之利弊析》，《国外法学》1988 年第 6 期。

刑法条文中规定保安处分。①

遗憾的是，现阶段我国不存在西方式的保安处分制度，我国刑法、单行刑事法律和行政法规中均没有“保安处分”一词。但我国刑事法和行政法上存在与国外保安处分相接近的各种预防犯罪措施，如收容教养。我国《刑法》第17条第4款规定，因不满十六周岁不予刑事处罚的，在必要的时候，也可以由政府收容教养。《中华人民共和国预防未成年人犯罪法》（以下简称《预防未成年人犯罪法》）第38条亦作出了相应规定。又如，新《刑事诉讼法》规定了依法不负刑事责任的精神病人的强制医疗程序，以刑事诉讼法的形式为精神病人强制医疗这种保安性措施的适用规定了诉讼程序；对犯罪嫌疑人、被告人违法所得予以没收和追缴，也具有保安性措施的性质。再如，行政法律规定中的强制戒毒治疗、限制或禁止执业等，包括已经废除的劳教，都属于保安性措施。因此，从实质上看，这些法律已经宣告了“保安处分”的事实存在。换言之，在我国法制中虽无保安处分之名，却有保安处分之实，而这些进入法律中的保安性措施，也悄然地在我国的法治建设及法律适用中发挥着积极作用。

2. 保安处分化说的内容及可行性分析

支持保安处分化说的学者认为保安处分是目前我国制裁体系改革与完善的方向，主要在于其存在可行性。

第一，保安处分包含甚至可以替代劳教制度的功能。根据1957年的《关于劳动教养问题的决定》、1982年《劳动教养试行办法》等相关法律法规，我们可以看出，劳教的功能主要有以下两个方面：一是作为强制性行政措施和处理人民内部矛盾的办法，通过收容违法和轻微犯罪人员，达到维护社会治安秩序的目的；二是对劳教人员进行强制性教育改造，促使其转变思想、矫治恶习、回归社会，达到防卫社会的目的。根据前述保安处分的概念可知，保安处分能从维护社会治安秩序和教育矫治行为人两个方面满足劳教的功能需要。

劳教作为刑罚和治安处罚之外的第三种处罚体系，对严重违法和轻微犯罪适用劳教，无疑是加重处罚，劳教也成为刑罚和治安处罚之外的法外

---

① 参见高铭暄、赵秉志编：《新中国刑法立法文献资料总览》（下），中国人民公安大学出版社1998年版，第2904～2905页。

刑，有悖于处罚法定和处罚均衡的原则。如刑法上的管制刑，本来最初是因劳教而设，但后来成为刑罚方法，造成了刑罚比劳教还轻的现象。由于劳教在实践中异化为“二劳改”，致使刑法中的缓刑、假释、拘役等，都要在剥夺人身自由的强度和长度上轻（短）于劳教。可见，如果把劳教定位于一种惩罚措施，就无法在刑罚和治安处罚之间找到位置；而就劳教的教育、挽救功能而言，劳教与保安处分相契合，从设立劳教的宗旨及采取的方针与政策来看，其所发挥的功能与保安处分类似。劳教具备预防和矫治的价值取向，预防即强调对未然犯罪的预防，并且是一种个别预防；矫治即注重对劳教人员的思想和行为矫治，包括教育、治疗、行为矫治、心理矫治等，这正是保安处分的两大功能。从这个功能上来看，劳教和保安处分不谋而合，可见只有把废除后的劳教制度中的有益功能改造成为一种保安处分制度，相应的措施既得到合理的安置，其原先的功能也将具有法理上的依据。

第二，保安处分在法理上弥补了劳教制度的缺陷。存续了 50 余年的劳教制度之所以被废除，就是因为其丧失了法理上的依据，因为这一制度本身的程序不正义。从其程序上观察，劳教就是由公安部门自行立案、自行调查、自行决定又自行执行的“专断独行”，由此缺失了法院审判这一关键环节，成了难以制约和监督乏力的一块“自由之地”，所以此前才会发生让舆论哗然的“任建宇案”“唐慧案”等等。而在保安处分的原则中，一般来说包括处分法定原则、处分必要原则和处分均衡原则。处分法定原则指保安处分的对象、条件、种类、裁决、执行、解除等实体性内容和程序性内容，都必须事先以成文法的形式确定下来，① 什么人在什么样的条件下、依照何种程序、适用什么内容的保安处分，都必须在制定法中明文加以规定。处分必要原则指保安处分只有为保安社会、预防犯罪所必须时才能适用，如果能够用其他方法排除行为人的危险性，就不应适用保安处分；② 国家运用司法处分的手段，将有害于社会的或对社会有危险性的特定人，包括恶性重大而难以矫治的习惯犯与常业犯、有碍于社会治安的精神病人以及患有危险传染病的人加以特别的矫治、疗护或监禁，③ 所

---

① 参见苗有水：《保安处分与中国刑法发展》，中国方正出版社 2001 年版，第 59 页。

② 参见梁根林：《保安处分制度的中国命运——兼论劳动教养的出路》，《中外法学》2001 年第 6 期。

③ 参见林山田：《刑罚学》，台湾商务印书馆 1975 年版，第 339 页。

以这种必要性只基于处罚没有足够的理由来剥夺不具有责任能力的人的身体自由，或是没有足够的理由剥夺超越其罪责程度的自由。处分均衡原则指保安处分的种类和轻重，应当与处分对象的违法犯罪之性质以及人身危险性的大小相适应，不得与其欲防卫的危险性程度及所预期的预防目的不成比例。[①] 虽然保安处分赋予了法官较大的自由裁量权，但是处分均衡原则促使法官认真地衡量被处分人的违法犯罪性质和未来的人身危险性，不至于超过必要的限度。保安处分制度的这三个原则，区别于已经废除的劳教制度，使它具有限制国家随意运用保安处分的权力、防止保安处分的擅断和滥用与保障公民人权的机能。

此外，劳教制度针对的一部分对象是客观危害虽然不大、但屡教不改者，这一思路导致实践中刑法和治安管理处罚法过于偏重行为的结果而忽视行为人的主观恶性。但刑法学上的一个基本原则就是主客观要统一，即定罪量刑既要考虑行为的危害后果，又要考虑行为人的主观恶性，而我国刑法过于强调客观结果而忽视主观恶性，这样反过来又为劳教这样一种注重主观恶性的制度提供了契机。而现如今，刑法正朝着摆脱“唯结果论”的方向前进，如《刑法修正案（八）》对危险驾驶罪的规定也打破了原来刑法强调后果的立法传统。这样一来，刑法与治安管理处罚法的界限就不是那么清晰了。所以，确立重罪、轻罪、违警罪和保安处分的体系，才能实现刑事法领域的善治。[②]

第三，保安处分在法治实践中现实可行。一方面，据了解，国外大多数的刑法一定是刑罚和保安处分两个制度相辅相成的。正如学者所言：“在现代刑事政策研究方面的一个重大成就是，最终达成了这样一个共识：在与犯罪作斗争中，刑罚既非唯一的，也非最安全的措施。对刑罚的效能必须批判性地进行评估。出于这一原因，除刑罚制度外，还需要建立一套保安处分制度。”[③] 刑罚就是惩罚那些对自己的行为应当承担责任的正常人、成年人。可是另外一类人，像未成年人、精神病人、吸毒者，或是有其他严重人格障碍的人，对这些人施加刑罚的法律效果并不明显，当然在我国这类群体也不是治安管理处罚法的适用对

---

① 参见苗有水：《保安处分与中国刑法发展》，中国方正出版社2001年版，第63页。

② 参见刘仁文：《劳教制度的改革方向应为保安处分》，《法学》2013年第2期。

③ ［德］李斯特：《德国刑法的教科书》（修订译本），徐久生译，法律出版社2006年版，第22页。

象，但刑法等相关法律要维护社会的安全，保安就是保证社会的安全，刑法不能因为违法行为人不构成犯罪，或年龄太小，或为精神病人就可以继续实施犯罪而不受惩罚，这显然不合法理也不合情理。所以国家必须建立一项制度，能够将这样的一些人与社会隔离开，确保他们的病已经治好了，对社会没有威胁了，才能够回到社会中。国外这样的保安处分制度从性质和作用上看，某些程度上和我国已经废止的劳教制度有些类似，但又无劳教制度所存在的弊端，同时弥补了刑法及治安处罚法的一些法律空白。那么，从我国法治建设的大局和规律来看，劳教制度废除后，设立保安处分制度或者说是劳教制度的“保安处分化”具有一定的可取之处。

另一方面，法学界在我国引入保安处分理论和立法问题上有两个方面的忧虑：一是认为保安处分侵犯人权的风险不可低估，其规定的一些灵活做法，一旦失控极易走向反动，当年纳粹法西斯恶意利用保安处分就是明证；① 二是保安处分能否和我国现行的法律法规进行融合。实践证明，对于第一点，西方国家在确立保安处分制度、实行不定期刑、强调特殊预防的同时，并没有完全抛弃罪刑法定、限制刑罚权和保障人权的精神理念。在二战以后，各国的保安处分立法也产生了两个趋势：一为保安处分法治化，很大程度上限制法官的自由裁量权；二为保安处分功能趋向改善化，越来越多地关注改善处分者，突出保安处分的功能不仅在于保安，更重要的在于改善，而不是单纯防卫社会的消极危害。而对于第二点忧虑，保安处分对我国现行刑法的理论框架并不会有什么冲突，它的引入也无须使我国现有的刑罚和治安管理处罚两级制裁体系做出太大改变，所以保安处分与我国刑法和治安管理处罚法能够较好地融合于预防犯罪防卫社会的目的之中。在对保安处分人员的道德评价上，没有给他们贴上犯罪的标签，不存在像对待犯罪一样强烈的否定评价，也有利于保安处分人员更好地回归社会，符合我国的文化、道德传统。

3. “保安处分化”的立法构想

所谓“保安处分化”，就是保安处分制度的法制化、立法化。而是否应将废除后的劳教制度“保安处分化”至今没有定论。若某一天在中

---

① 参见苗有水：《保安处分与中国刑法发展》，中国方正出版社2001年版，第175页。

国的法治蓝图中有了保安处分制度，那么它该以怎样的形式“亮相”呢？保安处分在学理上有一元论和二元论之分。一元论认为，保安处分就是刑罚的一种，应当统一于犯罪的刑罚体系之中。二元论认为，保安处分不同于刑罚，在刑法中应当与刑罚地位相当，与刑罚为相对并立的独立体系。[①] 有关保安处分的学理划分对应为两种立法例。其一是德国式的刑法典方式，即把保安处分作为刑法制度，与刑罚制度并列地规定在刑法典中，[②] 正如当代著名德国刑法学者汉斯·海因里希·耶赛克曾明确指出的，德国现行刑法典中的保安处分与刑罚一起构成了“刑法的双轨制”，其中，刑罚的目的在于“罪责报应”，保安处分的目的则在“危险预防”。其二是韩国式的特别刑法的方式，即在刑法典外单独制定专门的保安处分法。面对国外可参考的两种立法例，我国又该何去何从呢？

笔者对我国学者的有关论述进行总结，发现我国大部分的学者在“保安处分化”的立法模式这一问题上并没有统一的答案，但现阶段大多比较倾向于德国式的刑法典方式，或者称作保安处分的刑法化。中国人民大学法学院时延安教授在这一问题上曾表示，“通过在刑法总则中设立专章的形式，将刑事法律中已规定的保安性措施和一些行政法律中所规定的具有同样性质的保安性措施予以统一规定，就是一种明确的法律表达，以此可以明示这些保安性措施的法律定位、性质，协调其与刑罚的关系，妥善处理其与刑事诉讼法相关制度和规范的关系。在刑法中设专章规定保安性措施，是彻底解决当前这类关系公民重大权益法律制度的一个最优路径，也是彻底解决目前刑事法律与行政法律之间、刑法与刑事诉讼法之间混乱局面的一个最佳选择。”[③] 当然，在“保安处分刑法化”的观点中，也有较为折中的提议，“最为理想、最完备的立法方式，当然应当是德国式的刑法典方式，即在刑法典中设立保安处分专章或专节，再制定一个保安处分执行法，达成形式与内容的统一，程序与实体的配合。但是我国刑法典刚修订不久，把新制定的保安处分立法直接纳入刑法典是不现实的。故先制定专门而统一的保安处分法，即保

---

① 参见陈兴良：《刑法哲学》，中国政法大学出版社 2004 年版，第 490 ~ 492 页。

② 参见徐久生：《德意志联邦共和国刑法典》，中国政法大学出版社 1997 年版，第 31 页。

③ 时延安：《保安处分的刑事法律化——论刑法典规定保安性措施的必要性及类型》，《中国人民大学学报》2013 年第 2 期。

安处分的特别刑法，就不失为一种可行的、容易被采纳的方式。”① 也有学者认为，现阶段立即起草制定一部《保安处分法》将刑法、行政法规的各种保安处分性措施囊括其中的做法有些操之过急，也确实很难付诸实施。

关于保安处分的适用方法，学者们的意见相对统一。如果涉及剥夺人身自由的处分，即刑罚类的保安处分措施，可以比照刑罚适用的办法，由公安机关侦查取证，人民检察院审查并提起建议，人民法院作出裁决。这有利于司法各部门之间互相监督制约，在制度上避免以前由劳动教养委员会独家包办而引起的弊端，有效防止保安处分的滥用。在执行方式上，保安处分的执行机关是公安机关、收容所、戒毒所、劳改机关、司法机关、工商行政部门等与执行项目相关的单位；监督方面，保安处分的监督机关是人民检察院；程序问题上，为了维护法律的尊严，切实维护公民、法人的合法权益，必须建立一套完整的申辩、裁决、上诉、申诉等程序，并对当事人在这些程序中的权利保障作出明确规定。

也有学者建议明确规定、细化此类保安处分措施适用的实体要件、司法程序和执行机构，使之成为具有中国特色的保安处分制度。如此类保安处分案件一般应由人民法院设立的“治安法庭”负责审理；审判适用简易程序；涉及其他罪案的，亦可由有管辖权的少年法庭或者刑事法庭一并审决。被告人享有辩护权和上诉权，实行二审终审制。保安处分的期限一般不宜太长（3 个月以上 2 年以下），但对于有证据表明具有特别人身危险性的被处分人，可依法适当延长执行期限；对于确有悔改或立功表现者，应依法予以减期或假释。保安处分的执行方式应当有别于监狱行刑方式，可视处分对象的具体情况，分类选择适用不同的执行方式，甚至包括某些开放式（如置于监督之下的“社区义务劳动”）和半开放式（如限制一定人身自由的“成人工读学校”）的执行形式。②

以上只是有关“保安处分化”如何实施、如何运用于我国法治建设

① 金昌俊：《浅谈我国保安处分的立法构想——兼谈保安性措施的刑法化改革》，《当代法学》2003 年第 12 期。

② 参见陈泽宪：《中国的劳动教养制度及其改革》，《环球法律评论》2003 年冬季号。

的构想，也许不够具体但也特色鲜明自成体系，更凸显出“保安处分化”一定的可取之处及我国学者对建立保安处分制度寄予的期望。

## 二　对保安处分化说的评价

1. 法学界对保安处分化说的评价

有学者认为“劳动教养制度的改革方向只能是保安处分制度”①，“如果说在整个的刑事法制领域还缺一个东西，那么就是缺保安处分，要将这个制度健全起来。我想不妨借劳动教养改革的契机，好好地将劳教制度转型到保安处分”②。具体而言，目前我国刑法典规定的犯罪行为由于有“情节严重”“后果严重”“数额较大”等定性之外的定量要求，因而基本上相当于国外刑法典中的重罪部分。劳教和治安处罚大体包括国外刑法典中的轻罪和违警罪以及部分保安处分措施。从长远看，应当实现刑法与治安管理处罚法的衔接，把劳教制度改造成为保安处分制度。

也有学者更进一步认为，就保安处分的性质而言，“国内外刑法学者虽对此见仁见智——有称其为行政罚的、有视其为刑罚的，但通说意见看来还是认可保安处分应为介乎于行政罚与刑罚之间的刑事制裁，属一种特殊的司法处分，与刑罚既有区别又有联系。现今各国关于保安处分的规定，虽然多置于刑法典之中，但又都置于‘刑罚’章节之外，大多特设专门的‘保安处分’章（如《意大利刑法典》）、节（如《德国刑法典》）。可见各国并不认可二者没有区别。此外，对保安处分的裁决，各国几乎均经法庭审决而非行政机关裁决，足见其绝非一般的行政处分。唯其如此，如将我国上述各类治安的、戒毒的、卖淫嫖娼的、轻微刑事犯罪的在教人员纳入专门的法律规定，并通过法庭审决送诸有关场所教养，就不会发生所谓‘未经法律审判而限制或剥夺公民人身自由’的违背公约规定并遭受国际人权非议的问题。”③

虽然保安处分措施有一定的积极作用，很多学者对此制度也持赞成态

---

① 刘仁文：《劳教制度的改革方向应为保安处分》，《法学》2013 年第 2 期。

② 刘仁文：《后劳教时代的保安处分构建》，凤凰网，http：//news. ifeng. com/news/opinion/shehuihuati/news？ aid =56105205&p =6，2015 年 8 月 3 日。

③ 屈学武：《我国劳动教养制度改革刍议》，《西南政法大学学报》2002 年第 5 期。

度，其中以刑法学者为主，[①] 但任何措施都可能存在一些弊端，将其完全取代先前的劳教制度也可能存在一些问题。如有学者认为我国施行保安处分存在六大不足：法定化不足；司法化不足；程序化不足；系统性不足；改善性不足；制约手段不足。此外，还有学者表示，保安处分措施并不能完全地适用于各类人群，“适用保安处分的最后条件是行为人的人身危险性已经达到了必须进行特殊的教育、矫正的程度，仅仅依靠行政处罚或刑罚已很难祛除”“如果行为人的人身危险性可用其他方法排除，就不应该适用保安处分。”[②]

2. 本文对保安处分说的评价

虽说目前法学界对劳教制度“保安处分化”有较为强烈的呼声，但笔者对此仍有一定的质疑。

第一，劳教制度和保安处分措施有一定程度的区别，由其完全代替难免有以偏概全之嫌。从存在基础看，保安处分以行为人的社会危险性为基础，劳教制度则立足于行为人的客观危害行为。从适用目的看，保安处分既不追求威慑目的，也不具有道德报应目的，它唯一的目的即避免将来发生新的犯罪行为。劳教则是通过限制或剥夺行为人人身自由，对其进行教育改造的措施，具有惩罚性和威慑性。从适用对象看，保安处分的适用范

---

① 如北京大学法学院储槐植教授曾提及，“劳动教养的出路在于将劳教纳入确立我国的保安处分制度，改变我国现行保安措施行政化的现状，实现保安处分制度的全面刑法化。依据这一方案，将我国现有的剥夺自由的保安措施，如收容教养、强制戒除、强制医疗和劳动教养；限制人身自由的保安措施，如收容教育；非人身强制的保安措施，如没收财物、吊销驾驶执照和禁止从业等全都改变为司法性保安处分，建立我国刑事保安处分体系，将其作为与刑罚并列的犯罪或者触犯刑法的不法行为的法律后果之一，纳入刑法典。并且他认为这一方案，在相当程度上符合经济全球化政治趋同化背景，将出现法律全球化的趋势”。参见梁根林《保安处分制度的中国命运——兼论劳动教养的出路》，《中外法学》2001 年第 6 期。又如，中国社会科学院法学所研究员陈泽宪主张，“借鉴外国保安处分制度的改革方案，将现行的劳动教养、强制戒毒、收容教养（对因不满 16 岁不予刑事处罚的行为人）、强制医疗（对造成危害结果的精神病人）、强制集中教育（对卖淫嫖娼者）、强制留场就业等具有保安处分性质的较长时间剥夺或限制人身自由的强制措施，统一规定于《治安司法处分法》（或称《保安处分法》）”。参见陈泽宪《中国的劳动教养制度及其改革》，《环球法律评论》2003 年冬季号。再如，中国社会科学院法学研究所研究员张绍彦在他的《中国劳动教养立法专题理论研讨会综述》中曾提到，“有的学者提出，应当将劳动教养收容的对象‘一分为三’，根据情况进行制度设计，分别实行行政化和司法化，针对常习性违法行为人处置的刑事保安处分化，对劳动教养人员中的常习性违法行为人，即‘屡教不改’者，纳入刑法上的保安处分措施”。

② 张桂荣：《行政性保安处分制度的构建——以改革劳动教养及相关制度为视角》，群众出版社 2010 年版，第 12 页。

围为有犯罪行为的人或者有犯罪嫌疑或者有人身危险性的人，包括精神病人、聋哑人、外国人等，且不要求行为人有责任能力。除了人之外，保安处分还可以对物适用。劳教主要是适用于那些尚不构成犯罪的、有劳动能力的人，且只适用于人身。①

第二，国外刑法上的保安处分与我国废除前的劳教制度在适用前提和运作机制上基本没有共同点，缺乏借鉴的客观基础。保安处分作为一种被广泛采用的、发展成熟的法律制度，特别是基于二元主义，承认其是独立于刑罚体系之外，对中国劳教制度废除后的路径选择具有很强的借鉴意义。但目前中国对保安处分的立法模式尚在理论研究阶段，中国是否存在设立保安处分的土壤，及设立保安处分的可操作性尚待商榷。完全仿效大陆法系国家，将劳教制度保安处分化，建立中国的保安处分制度的时机尚不成熟。

第三，保安处分本身也存在一些缺陷及不足。一是缺乏完整、科学的表现形式。从立法形式上看，我国的保安措施有的散见于刑法中；有的存在于立法机关颁布的法律中，如强制留场就业；有的则存在于党中央、国务院发布的文件中，如工读教育制度。而刑法中所规定的保安措施，其立法更为简要，其性质、地位、期限均未规定，在具体适用时无所适从。由于规定松散，各保安处分措施之间的交叉、不协调甚至矛盾在所难免，其不完备性不言而喻。二是我国实践中保安措施缺乏统一的指导思想和适用原则。对适用的条件、适用的方法以及适用的后果缺乏统一的规定，有的根本就没有这样的内容。不少保安措施目的和手段不相协调，从总体上看，这些措施都是从预防犯罪的角度出发，但每一项具体措施的侧重点又有所不同。在实践中，一些措施仍超不出两个方面，即剥夺、限制自由和劳动改造，这样就使得保安处分措施实际上成为变相的刑罚，与保安处分措施的初衷背道而驰。三是缺乏统一的程序和必要的法律监督。在列举的各种保安处分措施中，除了少数由人民法院依法决定之外，其余的各种措施均以非诉讼的简单行政程序作出，这十分不利于对受处分者各项权益的保护。在程序上对保安措施的正确适用无法保障表现如下：一是宣告的机关不统一。如劳动教养由行政性的劳教委员会决定；工读教育由公安机关和教育委员会联合决定；强制戒毒由公安机关决定等。二是有的保安措施没有宣告结束的程序，对保安措施启动后如何结束没有规定。如工读教

① 参见胡滢：《劳动教养替代制度的建构》，《长春理工大学学报》2013 年第 11 期。

育，学生教育好后是否仍可转入普通中学；强制留场处分决定后，无相对法定期限，又无定期考查制度，被宣告人对此有异议通过何种程序解决等。三是除了劳教在立法中明确规定由人民检察院实行监督外，其余措施均无明文规定，使得法律监督徒有虚名。没有监督，便没有制约，公正也是难以实现。

## 第四节　国家制裁体系一体化调整说及其评价

上文所提出的三种改革方案本质上都属于“分流说”，笔者认为上述方案均有不足之处，有的是理论上，有的是实践上。中国的劳教制度应当“向死而生”。先宣告劳教制度“死亡”。劳教制度“死”后，有三种“生的路径”：第一种路径是把原来的劳教对象予以二元分流，一部分归于治安处罚，一部分归于刑事处罚。第二种路径是重新启动违法行为教育矫治立法，用新法律代替旧制度，对现在的劳教制度从名称到内容、从对象到手段、从实体到程序予以彻底改造。第三种路径与第二种路径类似，主张颁布《违法行为教育矫治法》，但所不同的是教育矫治对象与第二种有所区别，该路径主张将之前的劳教对象，一部分留作教育矫治范围，一部分纳入治安处罚范围，一部分纳入刑事处罚范围。第一种路径选择可以解决“劳教非司法化”的现实问题，但是，随之而来的将是治安处罚中的拘留问题，并且与这种改革方法相配套的还要建立“治安法庭”、相应地修改刑法（对刑罚的种类予以调整，如把“治安拘留”改为“教育矫治”，将其作为刑罚的一种）、刑诉法（在刑诉法中增设“教育矫治程序”）等，这样的配套制度恐有扩大犯罪化之嫌。实施第三种方案需要同时制定和修订三部法律，立法成本较高，教育矫治的范围较小，也不尽如人意。而制定《违法行为教育矫治法》，相对简单便捷，“不需要扩大犯罪圈，并且直接用‘教育矫治制度’代替劳教制度，对于原来劳教的对象，除去特别需要调整的之外，全部纳入教育矫治法的调整范围”。[①] 与

① 参见冀祥德：《劳教制度废除后的立法模式选择》，中国法学网，http：//www.iolaw.org.cn/showArticle.asp？id＝3708，2015年8月3日。

前文的“分流说”相对比，这实际上就是国家制裁体系一体化调整说。

## 一　国家制裁体系一体化调整说

1. 概念

“国家制裁体系一体化调整说”也被称为“综合说”，其核心观点是通过颁布《违法行为教育矫治法》来构建“治安处罚—违法行为教育矫治—刑罚”三级制裁体系以及与之相配套的系列程序。“治安处罚—违法行为教育矫治—刑罚”三级制裁体系是指根据我国现有的法律体系，在劳教等制度关注的领域，对原有的劳教等制度进行改造，在治安处罚与刑罚之外建立以对违法行为的强制性教育矫治为手段的特殊治理模式，从而与治安处罚、刑罚一起构建中国特色社会主义社会法律制裁体系。

该学说改变以往“惩罚改造”理念，将“教育矫治”作为设立这项制度的基本宗旨。① 劳教制度经过50余年的发展，其“具有行政与刑事相互混合的非典型意义上的公法性质”。② 而违法行为教育矫治制度是脱胎于劳教制度，并且应当是取代劳教制度的，它同样是行政与刑事相互混合，应当注重的是其适用对象的被强迫矫治性、非社会危害性与惩罚性以及保安性。所以，应当明确，作为一种教育矫治措施，其目的本身不是为了惩罚，而是为了教育矫治，尤其是通过对其不良人格特征的矫治，可以使被教育矫治人员成为身心健康的人，这实际上是对其基本权利的保护。③

2. 《违法行为教育矫治法》制定概况

21世纪初，在相关部门大力推进劳教制度司法化改革的同时，制定一部《违法行为矫治法》以对劳教制度进行改革的观点也逐渐得到学术界及立法部门的重视。尤其是在劳教制度司法化改革未取得明显进展并处处碰壁之后，支持这一观点的鼓呼者一度甚多。

---

① 参见冀祥德：《劳教制度：向死而生》，《环球法律评论》2013年第2期。

② 参见李本森：《停止劳动教养制度的路径选择——以公法的强制性整体变迁为视角》，《中国法学》2013年第6期。

③ 参见储槐植、张桂荣：《关于违法行为教育矫治法立法中几个重大问题的思考》，《中国司法》2010年第7期。

2005年2月，第十届全国人大常委会宣布，用以取代劳教制度的《违法行为矫治法》已经列入当年的立法计划。该法由全国人大常委会法制工作委员会起草，计划于当年4月上会审议。《违法行为矫治法（草案）》增加了被劳教人员的申辩权，被公安机关决定劳教的人员，如果对决定不服可以到法院申诉，当事人还可以请律师辩护，还可以申请听证；其执行期限为半年到一年，最长不超过一年半；执行方式为半开放。所谓半开放，是指在矫治场所内部开放，对外不开放；矫治的对象在场所内可以自由活动，但不能离开矫治场所，矫治对象周末可以回家，平时也可以请假回家；被矫治对象还有接受教育的权利与义务，甚至有劳教场所学校化的趋势。但是，由于受到相关部门的反对，该草案未能如约被审议，于是草案便被搁置。2008年12月，第十一届全国人大常委会第六次会议通过《全国人民代表大会法律委员会关于第十一届全国人民代表大会第一次会议主席团交付审议的代表提出的议案审议结果的报告》，其中说明："关于制定劳动教养法的议案1件。按照将劳动教养制度改革为违法行为教育矫治制度的要求，拟制定违法行为矫治法。法制工作委员会已与中央政法委、最高人民法院、最高人民检察院、公安部、监察部等有关部门多次交换意见，还在进一步研究。"2009年3月，《全国人民代表大会法律委员会关于第十一届全国人民代表大会第二次会议主席团交付审议的代表提出的议案审议结果的报告》指出："关于制定违法行为矫治法的议案3件。议案提出关于改革劳动教养制度，制定违法行为矫治法，对社区矫治作出法律规定等建议。中央部署进行的司法体制和工作机制改革已明确提出'将劳动教养制度改革为违法行为教育矫治制度'。制定违法行为矫治法已经列入本届全国人大常委会立法规划。法制工作委员会将继续会同中央政法委、最高人民法院、最高人民检察院、公安部、司法部等有关方面调查研究，听取各方面的意见，做好法律草案的起草工作。"在2010年的全国人大报告中，吴邦国委员长提出，要将"研究制定违法行为教育矫治法"列入今后一年的工作任务。[①]

2011年，违法行为教育矫治进入地方试点阶段。最高人民法院等十个部委联合发布了《违法行为教育矫治委员会试点工作方案》，决定将兰

① 参见郭书原主编：《当代名家法治纵横谈》，中国检察出版社2011年版，第60～68页。

州、济南、南京、郑州四地作为试点城市开始试点工作。目前对于《违法行为矫治法》或《违法行为教育矫治法》的具体内容还没有达成共识，存在较大争议，对于其何时能出台还不明确。

3. 主要内容

（1）违法行为教育矫治的性质。关于违法行为教育矫治的性质，法学界的观点并不统一。有行政强制、作为强制性教育的独立处分、司法矫治处分、保安处分等多种说法。有学者认为，违法行为矫治法是脱胎于劳教制度，也是取代劳教制度的立法趋势的反映。它不是刑罚，所以不属于刑法范畴；也不是行政处罚措施，因此不属于行政处罚法领域；应当将其定性为行政强制措施，该法也应当被归纳为行政强制法的范畴。因为，违法行为矫治对象具有被强迫矫治的特性，但是，它又具有可诉性、非惩罚性以及保安性的特质。① 也有学者认为，违法行为矫治法规定的这种教育矫治是一种强制性的教育矫治，强制并不是为了进行惩罚，而是实现教育矫治目标的需要，强制是实现教育矫治的手段和途径，故应将其定位为强制性教育措施。② 有学者认为，强制性教育措施本质上是介于刑事处罚与行政处罚之外的一种独立的法律处分，这种处分具有司法性，是司法矫治处分。③ 也有学者认为违法行为矫治主要针对的是常习性等人员，鉴于其预防犯罪的价值取向，所以违法行为矫治应当是一种保安处分。④

（2）违法行为教育矫治的适用对象。作为劳教制度的替代措施，该法的适用对象，无疑应当包括之前劳教的对象，关于这一点法学界并没有争议。除此之外，还应当包括以下几类人员。

第一，被收容教育的人员。收容教育，是指对卖淫嫖娼人员集中进行法律教育和道德教育、组织参加生产劳动以及进行性病检查、治疗的行政强制措施。它是我国为惩治卖淫嫖娼现象而实施的一项行政强制措施。因

① 参见张亚平：《〈违法行为矫治法〉之性质解读》，《福建公安高等专科学校学报》2007 年第 5 期。

② 参见储槐植、张桂荣：《关于违法行为教育矫治法立法中几个重大问题的思考》，《中国司法》2010 年第 7 期。

③ 参见冯卫国：《劳动教养制度改革：路径选择与模式建构》，《山东警察学院学报》2011 年第 2 期。

④ 参见孙道萃：《改革行进中的劳动教养制度功能与性质之整合性思考》，《法治研究》2013 年第 10 期。

卖淫嫖娼活动违背我国相关法律以及善良风俗，并且卖淫嫖娼人员具有一定社会危险性，因此应当予以规制，对其进行收容矫治、强制治疗，防止对性病等传染性疾病的传播。而收容教育的价值背离及制度缺陷与劳教制度基本相同，因此，应当予以改革。另外，卖淫嫖娼行为的性质很难准确界定，其主观恶性相对较小，甚至有的是被引诱失足的，并且在犯罪学理论中，卖淫嫖娼被称为是没有被害人的犯罪。对卖淫嫖娼行为与其他违法犯罪行为一样实行处理是不恰当的。对卖淫嫖娼的处理应在方法、待遇、期限上都与其他违法行为的处理有所区别。所以，有学者主张，可以由违法行为矫治代替收容教育制度，将收容教育的对象纳入违法行为矫治的适用范围。

第二，被收容教养和强制医疗的人员。收容教养的对象是实施了犯罪行为，但因未达到刑事责任年龄而不负刑事责任的未成年人。它是一种刑罚替代措施，以强制收容、感化教育和特殊保护为基本内容。一般来说，不满 16 周岁的未成年人犯有严重罪错，应当责令其家长或监护人严加管教。只有在未成年人没有家长或监护人，家长或监护人缺乏管教能力或者未成年人所犯罪错极其严重的情况下，才能由政府强制收容教养。强制医疗的对象是不能辨认或者控制自己实施严重危害社会行为的精神病人，适用于无刑事责任能力或者限制刑事责任能力的精神病人。由于疾病的特殊性，强制医疗不宜规定期限，应采取不定期方式，强制医疗应在专门的精神病治疗机构内进行。对于这两类对象，他们或是因为尚未成年，或者因为其精神疾病，认识和意志能力还不健全，他们的行为都不具有刑法上的可责性，不构成犯罪，自然也不适用刑罚。但是，他们都具有人身危险性，有再次实施危害社会行为的可能性，如果没有外在力量加以干预和矫正，他们会在错误的道路上越走越远。因此，有学者主张违法行为矫治也应适用于这两类对象。

第三，针对吸食毒品人员。有学者主张违法行为矫治应当包括多次吸食毒品人员，也有学者认为鉴于对多次吸食毒品的人员，我国已颁行《禁毒法》来进行规制，所以违法行为矫治法中不需要关注该内容。

此外，有学者主张以“多次违法主观恶性较深”来进行兜底，因为强制性教育矫治制度是一项关注行为人主观恶习的措施，只有主观上具有违法恶习的人才可以适用这一措施。而主观的东西往往通过一定的外部行为特征反映出来，因此，对于主观恶习的判定，应当根据行为人的行为表现来判断，而非恣意妄断。具体而言，对于违法恶习的判定，应当从其违法行为的反复性来判断，要看行为人的违法处罚史，是否多次或者反复违法，是否经过了多次处罚仍继续实施违法行为，也就是要将“屡教不改”也作为其适用条件。

综上所述，学者对于我国《违法行为教育矫治法》所适用的对象的主张有“四类说”与“五类说”之区分，综合而言，对于多次违法、屡教不改、实施犯罪行为，现行《刑法》却无法追究其刑事责任的、应当被收容教育的人员及应当被收容教养和强制医疗的人员四类争议不大，对于多次吸食毒品人员是应当继续由《禁毒法》调整还是由《违法行为教育矫治法》调整则存在争议。

（3）违法行为教育矫治的程序问题。建立正当程序，决定机关的中立性至关重要。目前，关于决定机关中立性的问题，许多人提出了不同的方案。法学界统一认为，为了避免走劳教制度的老路，应当使程序“司法化”，即由人民法院通过公正的审判程序来决定。这一模式具体又包括三种方案：一是设立专门的治安法院，负责审理公安机关提请的违法矫治案件；二是由人民法院内设的刑事审判庭、行政审判庭负责审理违法矫治案件，在上述业务庭增设违法行为矫治审判合议庭，或实行审判独任制；三是在人民法院内部单独设立治安审判庭，专门负责审理违法矫治案件。①

对于程序的具体流程而言，有学者提出，可以由公安机关提出强制矫治意见书，法院（无论是治安法院还是违法行为矫治审判合议庭）对意见书进行实质性审查，如果没有质疑，可以出具决定书；如果对案情或者具体情节有质疑，可以驳回申请。公安机关收到法院的决定书，才能够对强制矫治对象予以执行；如果收到法院的驳回书，应立即停止一切对于强制矫治对象的措施。而法院的决定为终审决定，虽不得上诉，但无论在哪个流程都要为当事人提供辩解、辩护的机会，并要保证程序的公开性。此外，还有学者认为，正当程序的法律原则还要求对内的自我制约与对外的监督，所以在程序问题上，还需要采取以下措施：一是明确规定对执法、司法机关实施违反行为矫治，建立内部和外部的监督机制；二是要有对违法实施矫治措施的明确具体的法

① 参见赵秉志：《劳动教养制度改革的方向与方案》，《法学研究》2010 年第 1 期。

律责任。[①]

（4）关于违法行为教育矫治的执行方式问题。有学者认为，由于教育矫治制度的设置主要针对的是危害社会治安的行为人的主观恶习和不良习性，从执行角度看，在执行中如何充分体现教育性是其核心所在。通过道德、法律教育，生活和劳动技能的培养，心理治疗和矫治等多种方式对教养人员自身的生活习惯、行为准则、价值观念等进行重大调整，消除其反社会性，重塑健全人格，使其在思想、心理和行为习惯等方面接受并符合社会规范和社会的价值标准，以利于重新回归社会，更好地适应社会生活。学者们对于教育矫治的具体构想，在采取分类管理与矫治手段的综合运用方面基本达成共识，但在处遇方式上却存在一定的争议。如有学者提出，过去的劳教场所的管理基本上是封闭式的，而违法行为教育矫治的执行方式应当由封闭式到半开放式、开放式，由有形戒备到无形戒备，管理模式的重大变化将更有利于被矫治人员的人权保障，有利于对被矫治人员的教育挽救。[②] 与传统的封闭式处遇相比较，开放式处遇的优点主要体现在以下两个方面：一是被矫治人员经常与外界社会及家庭接触，有利于顺利回归社会；二是开放式处遇可以节省人力、物力、财力，明显比封闭式处遇更为经济，同时可以使矫治制度摆脱监禁化的社会效应和各种弊端。[③] 关于这一点认识上的差异，有学者就认为，引入半开放式和开放式的模式是可取的，但还应以“封闭式管理为基础，半开放式管理为主要模式，开放式管理被严格控制”这一理念作为进行矫治制度设计的基础。与其他两种类型的管理模式相比，它保留了封闭式管理模式，这是有必要的，其原因在于：一是对刚收容的被矫治人员进行短期封闭式管理，使被矫治人员尽快熟悉场所内的有关规章制度，养成良好的生活习惯是十分必要的；二是对部分严重违反所管秩序的被矫治人员，也需要进行一定期限的封闭式管理；三是对部分管理对象的治疗需要封闭进行，如患有传染性疾病的矫治对象、患有攻击型精神病的矫治对象等。

（5）关于教育矫治期限。对违法行为人的教育矫治应以多长时间为

① 参见李晓燕：《论劳动教养制度的废存及违法行为教育矫治法的制定》，《法学杂志》2013 年第 3 期。

② 参见夏宗素：《劳动教养走向违法行为矫治》，《中国司法》2005 年第 4 期。

③ 参见程书兵：《论我国劳动教养制度的教育矫治化——关于〈违法行为教育矫治法〉的立法思考》，《公安研究》2009 年第 5 期。

期限，这也是立法中的一个热门话题。当前，对期限的设计方案有多种，但有一个声音似乎是相同的，就是要比之前的劳教的期限大为缩短。很多学者都有这样一种观点，即劳教的期限长达3~4年，比短期自由刑还要长，也就是比最严厉的处罚——刑罚还严厉，据此认为劳教的期限不合理，应大幅缩短。因此，有的学者提出制定《违法行为教育矫治法》时应注意缩短矫治期限，但是不能太短，否则达不到消除社会危险性的目的，可以与刑罚衔接，将期限限定为3个月以上6个月以下，特殊情况依法决定，可以延长3个月。另外，对于吸毒成瘾人员、强制治疗性病的卖淫嫖娼人员和强制医疗精神病人的期限，应该与戒毒、治疗的需要相配合，不能一概而论。[①] 还有根据学者提出的应采纳多种执行方式，如封闭式、半开放式、开放式等，所以在矫治期限上也应有区分，如封闭式一般不超过15~30天，特殊情况“数错并罚，合并执行”不得超过45天；半开放式一般不超过1~3个月，特殊情况“延长”或“合并”执行不超过6个月；开放式一般不超过1年，“延长”或“合并”不得超过2年；等等。而具体期限的“设定”，是考虑了与刑法、行政处罚法、治安管理处罚法相关措施期限的协调与衔接。[②]

但也有学者表示，不能把违法行为矫治期限和刑罚的刑期作比较，违法行为矫治期限的长短是依据矫治对象人身危险性是否消除而确定的，绝非刑罚中以对社会造成的损害为标准所实施的罪责刑相适应。所以该学者认为，矫治期限的立法模式可以由最高期限和最低期限组成相对确定的时间段，而非十分确定的期限。由于违法行为矫治对象千差万别，人身危险性也不尽相同，法官可以依据人身危险性的不同来确定不同的矫治期限。矫治期限既然是相对确定的期间，它就会随着矫治对象人身危险性的消长而改变，如果矫治对象人身危险性增强可以延长其矫治期限，反之则予以缩短，若人身危险性消除则可提前解除矫治。这种动态的矫治期限更能真实地反映矫治对象的矫治情况。此外，为了防止弹性矫治期限被滥用，矫治期限变更的决定应由执行机关向法院提出申请，矫治期限变更的整个过程都应在检察机关的监督下进行，在此期间应充分听取矫治对象的意见和

---

① 参见应松年：《关于改革劳动教养制度的几点意见》，《刑事司法论坛》2008年第1辑。

② 参见张绍彦：《改革制度优化功能——十字路口的劳动教养叙说》，《法学家茶座》2012年第4期总第37期。

建议，对其进行人身危险性的科学评估，最终由法院作出延长或缩短矫治期限的决定。[①]

## 二　对国家制裁体系一体化调整说的评价

1. 法学界对国家制裁体系一体化调整说的评价

作为维护治安措施的劳教，本意旨在针对“行为违法但不构成犯罪，却屡教不改者”进行处分，其制度被废止之后，亟待解决的就是这类行为人的违法行为如何处理的问题。制定《违法行为教育矫治法》以代替劳教制度的方案之所以被较多的接受，正如有学者所言：“改革难度更小、功能更为灵活，恐怕是其更具有可接受性的重要原因”。[②]

支持该观点的学者评价道：“我国目前违法犯罪现象不断增多，就业、医疗、教育、交通、环境污染等各种社会问题日益突出，迫切需要国家采取积极主动的措施来进行干预，而这一要求和任务的实现最终要靠政府主动发挥其管理职能来实现。这是行政行为本质特征所决定的。作为行政行为与司法行为最大的不同就是，行政行为是为了实现国家目的而主动执行、适用法律的活动。而司法是追诉犯罪、裁判纠纷的被动适用法律的活动。”[③] 解决社会问题尤其解决犯罪问题，应当采取积极主动的事前行动，而不是消极的事后行动。强制性教育矫治措施，作为一种预防犯罪措施来说，应当是国家为了解决犯罪问题而主动行使行政职能的体现。所以，从教育矫治有效性的角度，更应选择行政性的程序，而不是司法程序。[④] 由此看来，不仅法学界的很多学者赞同此种改革方案，实务界等也有较强支持的呼声。但在实践中采取该方案，需要通过立法将行为的“危害性”“违法性”“违禁性”情形和行为人的“危险性”“屡犯性”和“矫治必要性”的特征结合起来加以规范。同时，需要

① 参见张昕航、何艳明：《〈违法行为教育矫治法〉立法中必须审慎处理的几个问题》，《中国司法》2005 年第 8 期。

② 参见熊秋红：《劳动教养制度改革的路径选择——以实证调研为基础的分析》，《法学家》2013 年第 5 期。

③ 王连昌、马怀德主编：《行政法学》，中国政法大学出版社 2007 年版，第 3 页。

④ 参见储槐植、张桂荣：《关于违法行为教育矫治法立法中几个重大问题的思考》，《中国司法》2010 年第 7 期。

将立法规定与司法判例相结合以尽可能明确《违法行为教育矫治法》的适用范围。

也有学者对此方案提出反对意见，主要集中在以下几个方面。一是《违法行为教育矫治法》迟迟得不到出台，集中反映出此方案的不成熟之处——该法存在的必要性还有疑问，该法在设立及以后实施过程中面临的困境和将产生的难题尚无法解决。二是《违法行为教育矫治法》的定性及实施方面本身也存在一定的可探讨之处。将其划归为行政法体系、刑法体系，抑或者自成体系、单独立法都有一定的理由，但同时也存在一定的不合理之处。同时，关于此法到底如何设立、如何实施，目前仍然处于不确定的状态，那么作为劳教制度废除后，要求可以立即被采纳并被运用于实践中的改革方案，《违法行为教育矫治法》显得并不特别切实可行。三是非司法化的违法行为矫治并不能解决之前劳教制度实施时所产生的问题，容易出现“人大的新瓶装公安的旧酒”的情况。四是就改革成本而言，将劳教制度废除而予以治安处罚化或轻罪化，自然能解决决定程序非司法性的问题。

2. 本书对处罚体系一体化调整说的评价

本文赞同构建“治安处罚—违法行为教育矫治—刑罚”三级制裁体系的说法。

第一，不论是收容还是教育矫治，在性质上，这些都是涉及剥夺或限制人身自由的强制措施。我国于 1998 年 10 月在联合国总部签署的《公民权利和政治权利国际公约》，其中第 9 条规定：“除非依照法律所规定的根据和程序，任何人不得被剥夺自由……”，第 14 条规定：“在判定对任何人提出的任何刑事指控或确定他在一件诉讼案中的权利和义务时，人人有资格由一个依法设立的合格的、独立的和无偏倚的法庭进行公正的和公开的审讯。”按照国际公约的精神，构建三级制裁体系是对人权的保护。

第二，这也是我国推进法治化建设的必然选择，“在适用和决定程序上，在中国社会实现法治化之前，司法化或准司法化应当是较长时间限制公民人身自由的法治化的底线。”①

① 张绍彦：《改革制度优化功能——十字路口的劳动教养叙说》，《法学家茶座》2012 年第 4 期总第 37 期。

第三，构建三级制裁体系，避免了犯罪不适当的扩大，对原有的劳教等制度进行改造，在治安处罚与刑罚之外建立以对违法行为的强制性教育矫治为手段的特殊治理模式。

第四，从劳教制度的立法初衷来看，该制度设立的目的之一是对一些尚不构成犯罪的刑法边缘行为进行必要的行为矫治与约束，改变以往“惩罚改造”理念，将“教育矫治”作为设立这项制度的基本宗旨。[①] 劳动教养制度经过50余年的发展，其“具有行政与刑事相互混合的非典型意义上的公法性质”。[②] 而违法行为教育矫治制度是脱胎于劳教制度，并且应当是取代劳教制度的，它同样是行政与刑事的相互混合，应当注重的是其适用对象的被强迫矫治性、非社会危害性与惩罚性以及保安性。所以，应当明确，作为一种教育矫治措施，其目的本身不是惩罚，而是教育矫治，尤其是通过对被教育矫治者不良人格特征的矫治，可以使被教育矫治人员成为身心健康的人，减少进行违法犯罪行为的可能，这实际上是对其基本权利的保护。[③] 尽量推行开放式的处遇制度，改变单一的封闭性的执行模式，这样不至于使被矫治人员由于被矫治而脱离社会，相反可以促进其回归社会，而且，开放式的管理模式还可以节省人力、物力、财力，是更为经济化的执行方式，避免了劳教制度存在的种种弊端。而半开放式的管理模式，既有利于保障社区、社会的安全，又有利于违法行为人的改造，使其尽快改变错误的价值观，融入社会，为社会的发展和自己的幸福而努力。

第五，保证实体和程序正义，推进依法治国进程。为了防止违法行为教育矫治法的程序再出现如劳教制度的行政化、随意化的缺点，进而走上劳教制度被彻底废除的老路，必须从根上杜绝任何可能影响程序正义和公正的因素、规定严格公正的司法程序。

具体内容，如实体与程序上的构建，可能性、必要性分析等详见后文，在此不做赘述。

---

① 参见冀祥德：《劳教制度：向死而生》，《环球法律评论》2013年第2期。

② 参见李本森：《停止劳动教养制度的路径选择——以公法的强制性整体变迁为视角》，《中国法学》2013年第6期。

③ 参见储槐植、张桂荣：《关于违法行为教育矫治法立法中几个重大问题的思考》，《中国司法》2010年第7期。

# 小　结

劳教制度设立时的目的与价值取向是维护社会秩序，其职能突出地表现为两个方面：犯罪控制与教化改造。这种职能通过对收容对象的政策性调控，具有很强的针对性。如针对犯罪临界行为和屡教不改者；针对游手好闲、违反法纪者等。劳教制度旨在创设一种正义的社会秩序，其目的和价值取向并不在于惩戒或排害，而是教育、矫治、保护和救助，其积极预防犯罪和有效矫治违法者的宗旨，彰显了中国传统文化渊源与社会主义特色。从法理上看，劳教制度也与国外及我国台湾、澳门地区的“保安处分”有许多相似之处，均是通过教育矫治违法人员，促使其增强法治观念，重新回归社会，从而预防违法犯罪行为的发生，维护社会秩序的和谐稳定。但是，要将这种认识理性转化为实践理性，需要通过立法对维护秩序与保障人权，这一涉及制度正当性的二维目标进行平衡。但劳教制度的发展史表明，其并未很好地平衡两者。劳教废除后的理论可谓是众说纷纭，但大部分构想都是基于上述劳教制度的目的与价值的再平衡的产物。

# 第五章　劳教制度废除前后社会治安状况实证研究

在2013年12月28日依法正式废除劳教制度之前，从2013年3月起，全国各地已基本逐步停止适用劳教。劳教制度停止适用并废除后，原属于应被劳教的对象并不会消失，其对社会的危害行为依然可能发生，对该种行为人如何管理、处罚？是扩大《治安管理处罚法》和《刑法》的适用范围，还是制定新法？抑或采取其他措施？劳教制度废除后社会治安状况有何变化？带着这些问题，笔者指导课题组深入华东某省D市（地级市）进行了实证调研。

D市位于我国华东某省西北部，地处大河故道，汉即置县，隋改为现名，是新石器时代文化的发祥地之一。D市境内东西宽200公里，南北长175公里，总面积逾1万平方公里，辖11县（市、区）和2个开发区派出机构。截至2013年年底，D市常住人口567.11万人，其中城镇人口270.74万人，农村人口296.37万人。2006年，D市被确定为全国交通运输主枢纽城市。2013年，D市实现地区生产总值2460.59亿元。

## 第一节　劳教制度废除前的适用情况

### 一　废除前的劳教适用状况

2012年至2013年，D市通过劳教方式处理相关各类违法人员920人，其中2012年劳教864人，2013年前2个月（2013年3月1日起，D市停止适用劳教）劳教 56 人。劳教人员中，18 周岁以下的未成年人占总人数的 2%，18 周岁至 40 周岁的被劳教人员占总人数的 75% 以上。无业人员占比超过总人数的 90%。小学和初中文化程度的人员占总人数的 85% 以上。有违法犯罪前科的人员占总人数的 38%。因盗窃、抢劫等侵财类违法行为被劳教的人员占总人数的 28%，因寻衅滋事被劳教的人员占总人数的 33%。

为了主动适应劳教制度废除后的社会治安管理形势，摆脱对劳教制度的依赖，在劳教制度正式废除前，D 市公安机关对劳教的适用数量已大幅减少。劳教制度废除前三个月，D 市仅决定劳教案件 8 类 52 起，如表 5－1 所示。

**表 5－1　D 市劳教制度废除前三个月劳教案件情况**

| 劳教人员行为类型 | 劳教案件数量（起） |
|---|---|
| 寻衅滋事 | 28 |
| 盗窃 | 11 |
| 聚众斗殴 | 4 |
| 聚众扰乱社会秩序 | 4 |
| 敲诈勒索 | 2 |
| 强迫交易 | 1 |
| 非法运输爆炸物 | 1 |
| 非法经营 | 1 |

劳教制度废除前，D 市中心城区 D 区每年有 540～550 人被处以劳教。同时，D 区每年在刑事诉讼程序中被正式批准逮捕的犯罪嫌疑人只有不到 180 名，约为被劳教人员数量的 1/3，而这其中最终被判处刑罚的只有 50 余人。总的来看，劳教案件和刑事案件数量比例约为 3∶1。

## 二　劳教适用情况分析

2013 年劳教制度停止适用及废除以前，劳教制度在维护社会治安方面发挥了重要作用。但因公安机关对劳教“独家经营”，对劳教的适用有较强的依赖，习惯于用劳教的手段处理各种轻微违法犯罪行为。劳教相比于一般刑事诉讼程序，无须经过逮捕等强制措施和法院依法审理等环节，处理速度快，打击力度大；劳教对证据的要求低，公安机关办案相对容易。加上一段时间以来社会管理有片面追求稳而快的倾向，因此公安机关内部对适用劳教有巨大惯性，很多案子证据不充分就“粗处理”——适用劳教。这必然造成了“小案子”程序性差、证据标准不严等不良情况，导致公安机关在侦办案件的过程中程序意识不足、证据意识偏弱、取证能力不强等问题无法得到根本解决。长此以往，执法质量的下降必然会影响到公安机关的打击效能和维护社会稳定的能力。

实证调研发现，劳教制度在D市的适用主要有以下三个特点：

第一，从适用事由上看，主要以盗窃、打架斗殴、寻衅滋事等行为类型作为适用的事实条件，并没有单纯以“非正常上访”为由的劳教案件。这与学者的估测以及全国一些地区的情况有一定差别。

第二，从适用对象特征上看，劳教对象主要是无业人员，并且前科率较高。这反映了劳教对象的特点，即“大错不犯，小错不断，气死公安，难死法院”，也反映了违法犯罪问题不仅仅是法律问题，更重要的是社会问题。

第三，从适用数量上看，劳教适用比例较高，明显多于刑事案件，这在一定程度上反映了劳教手段作为管理社会治安秩序的有用性，也反映了地方政府在社会管理中对于劳教制度的依赖。

虽然劳教适用量很大，且劳教实际执行的处罚措施较重，但劳教实施中的法律监督程序很不完善。劳教适用的申请者和决定者分别属于上下级公安机关，公安机关的法制部门是劳教的审批机构；审批程序中毫无被劳教者参与的机会，被劳教者虽然有行政复议、行政诉讼等救济手段，但收效甚微；尤其是行政诉讼的提起并不影响劳教决定的执行，属于事后司法救济，滞后而不充分。人民检察院的监所检察监督部门对劳教人员不服劳教决定向原审批机关申诉被驳回又向人民检察院申诉的，可予以受理；经复查确属错误劳教的，可提请原审批机关予以纠正；如原审批机关不予纠正，应报告上一级人民检察院，上一级人民检察院认为提出的纠正意见正确，应向同级的公安机关提出纠正；如公安机关仍不予以纠正，人民检察院就没有法定的后续监督手段了。由此可见，这种公安机关内部的错层监督，人民检察院错位监督的法律监督程序存在重大的程序缺陷。

## 第二节 劳教制度废除之初所现问题与被动应对

2013 年 3 月 1 日，劳教制度在 D 市全面停止适用。鉴于原劳教案件中主要处理的是社会危害性既不够刑事处罚又应当高于行政处罚的人员，所以在劳教制度停止适用后，D 市对于原本适用劳教的案件被动地向治安案件和刑事案件两个方向分流。在该时期内，社会治安情况没有发生明显变化，但是出现了一些新情况和新问题。

D 市基层公安机关在劳教制度废除之前，办案时对劳教措施的依赖较强，存在部分依法本应给予刑事处罚或行政处罚的案件最终决定劳教的现象。劳教停止适用之初，在办理盗窃等相对频发而又取证困难的案件时，由于取证等办案程序复杂而办案力量有限，警力捉襟见肘。

### 一 治安案件与刑事案件数量明显增加

调研发现，D 市治安案件和刑事案件在劳教停止适用后明显增加，这主要是因为原来适用劳教的案件被分流到了治安处罚程序和刑事诉讼程序。譬如，对于寻衅滋事行为，劳教制度停止适用前，D 市公安机关对较多的行为人采取了劳教手段；劳教制度停止适用后，D 市公安机关中有的办案机关则对寻衅滋事的现行犯或者重大犯罪嫌疑分子先采取刑事拘留的强制措施，经侦查尚不构成犯罪的，即转为治安处罚；也有的办案机关，先对寻衅滋事者作为治安案件立案查处，涉嫌寻衅滋事罪的再转为刑事诉讼程序。

### 二 刑事拘留人数下降、批准逮捕人数提高与拘役刑适用增加

调研发现，在劳教停止适用的最初两个月，刑事拘留人数出现下

降，而批准逮捕人数则明显上升。仅 2014 年 1 月，D 市 D 区检察机关的批准逮捕数就已经达到 2013 年全年批准逮捕数，140 余人。司法机关在司法实践中拘役刑的适用明显增加。而在劳教制度废除前，除了对醉酒驾驶机动车的行为人判处拘役以外，拘役刑适用很少。劳教制度废除后，拘役刑适用明显增加的主要原因是原本适用劳教的部分案件进入刑事诉讼程序。

但是，有的检察机关对于可能判处 3 年有期徒刑以下刑罚或涉案金额不足 3 万元的轻微刑事案件一般认为不符合逮捕条件，不予批准逮捕，要求公安机关直接移送审查起诉。这对 D 市公安机关对犯罪嫌疑人采取强制措施以及整个办案过程都有很大的影响。

从 D 市刑事案件归口移送同期对比分析表（一）（下表 5 – 2）中可以看出，劳教已经停止适用的 2013 年 10 月至 12 月与劳教依然在适用的 2012 年 10 月至 12 月相比，刑事拘留人数下降 13. 48%；批准逮捕人数大幅上升 50. 82%；刑拘转逮捕率上升 20. 37%；移送审查起诉人数大幅上升 86. 76%，其中，直诉人数更是急剧攀升 184. 21%。

从 D 市刑事案件归口移送同期对比分析表（二）（下表 5 – 3）所示中可以看出，劳教在 D 市已经停止适用后的 2013 年 10 月至 2014 年 9 月，与劳教仍在适用及刚停止适用的 2012 年 10 月至 2013 年 9 月相比，刑事拘留人数上升 14. 66%；提请批准逮捕人数相应上升 16. 85%；批准逮捕人数上升 32. 82%；批准逮捕率上升 8. 96%；人民检察院提起公诉的人数上升 27. 86%。

分析以上数据，结合上述的调研情况说明，D 市公安机关停止适用劳教后，原适用劳教案件中构成轻微犯罪的部分向刑事诉讼程序分流，使提请批准逮捕人数和批准逮捕人数有明显上升，其中批准逮捕人数在靠近劳教停止适用节点的短期时间段内更是上升超过 50%；刑事拘留人数总体上升也符合这一趋势，而其短期内的下降则与移送审查起诉人数，尤其是其中直诉人数的大幅攀升密切相关。从表 5 – 3 的较长期看，人民检察院提起公诉人数的增幅近 30%，也有较大幅度增加。这说明 D 市公安机关把原适用劳教的案件大量分流到了刑事诉讼程序中。

**表 5－2　D 市刑事案件归口移送同期对比分析表（一）**

| 内容 县（市、区） | 刑事拘留 | | | 批准逮捕 | | | 刑拘转逮捕率 | | | 移送审查起诉 | | | | | |
|---|---|---|---|---|---|---|---|---|---|---|---|---|---|---|---|
| | 本期刑拘 | 上年同期刑拘 | 同比升降（%） | 本期批捕 | 上年同期批捕 | 同比升降（%） | 本期刑拘转逮捕率（%） | 上年同期刑拘转逮捕率（%） | 同比升降（%） | 本期移送审查起诉 | | 上年同期移送审查起诉 | | 同比升降（%） | |
| | | | | | | | | | | 合计 | 其中直诉 | 合计 | 其中直诉 | 合计 | 其中直诉 |
| D 区 | 131 | 155 | －15.48 | 43 | 42 | 2.38 | 32.82 | 27.10 | 5.72 | 47 | 25 | 61 | 4 | －22.95 | 525.00 |
| J 开发区 | 66 | 54 | 22.22 | 21 | 7 | 200.00 | 31.82 | 12.96 | 18.86 | 49 | 28 | 6 | 3 | 716.67 | 833.33 |
| YH 开发区 | 29 | 40 | －27.50 | 7 | 6 | 16.67 | 24.14 | 15.00 | 9.14 | 19 | 8 | 15 | 5 | 26.67 | 60.00 |
| LX 县（后改为 LC 区） | 66 | 76 | －13.16 | 45 | 26 | 73.08 | 68.18 | 34.21 | 33.97 | 57 | 17 | 39 | 13 | 46.15 | 30.77 |
| P 县 | 52 | 39 | 33.33 | 16 | 11 | 45.45 | 30.77 | 28.21 | 2.56 | 44 | 5 | 9 | 0 | 388.89 | 500.00 |
| QY 县 | 72 | 66 | 9.10 | 43 | 34 | 26.47 | 59.72 | 51.52 | 8.20 | 67 | 31 | 58 | 25 | 15.52 | 24.00 |
| W 县 | 47 | 20 | 135.00 | 22 | 12 | 83.33 | 46.81 | 60.00 | －13.19 | 53 | 15 | 12 | 2 | 341.67 | 650.00 |
| X 县 | 31 | 39 | －20.51 | 14 | 15 | －6.66 | 45.16 | 38.46 | 6.70 | 32 | 10 | 24 | 5 | 33.33 | 100.00 |
| YC 市 | 54 | 87 | －37.93 | 47 | 17 | 176.47 | 87.04 | 19.54 | 67.50 | 44 | 9 | 20 | 2 | 120.00 | 350.00 |
| LL 市 | 103 | 104 | －0.96 | 52 | 30 | 73.33 | 50.49 | 28.85 | 21.64 | 77 | 37 | 20 | 9 | 285.00 | 311.11 |
| LY 县 | 63 | 163 | －61.35 | 28 | 20 | 40.00 | 44.44 | 12.27 | 32.17 | 89 | 58 | 32 | 7 | 178.13 | 728.57 |
| N 县 | 56 | 47 | 19.15 | 30 | 24 | 25.00 | 53.57 | 51.06 | 2.51 | 57 | 27 | 44 | 20 | 29.55 | 35.00 |
| QH 县 | — | — | — | — | — | — | — | — | — | — | — | — | — | — | — |
| 合计 | 770 | 890 | －13.48 | 368 | 244 | 50.82 | 47.79 | 27.42 | 20.37 | 635 | 270 | 340 | 95 | 86.76 | 184.21 |

注：1. 刑拘转逮捕率＝同年批准逮捕数/同年刑拘数
2. （刑拘、批捕、移送审查起诉）同比升降＝（本期数据－上年同期数据）/上年同期数据＊100%
3. （刑拘转逮捕率）同比升降＝本期刑拘转逮捕率－上年同期刑拘转逮捕率
4. 数据统一保留到小数点后两位，四舍五入
5. 统计区间为 2013 年 10～12 月（本期）、2012 年 10～12 月（上年同期）
6. 表中未注明的单位均为人

**表 5－3　D 市刑事案件归口移送同期对比分析表（二）**

| 内容 / 县（市、区） | 刑事拘留 | | | 提请批准逮捕 | | | 批准逮捕 | | | 批准逮捕 | | | 人民检察院提起公诉 | | |
|---|---|---|---|---|---|---|---|---|---|---|---|---|---|---|---|
| | 本期刑拘 | 上年同期刑拘 | 同比升降（%） | 本期提请批捕 | 上年同期提请批捕 | 同比升降（%） | 本期批捕 | 上年同期批捕 | 同比升降（%） | 本期批捕率（%） | 上年同期批捕率（%） | 同比升降（%） | 本期公诉 | 上年同期公诉 | 同比升降（%） |
| D 区 | 765 | 524 | 45.99 | 336 | 282 | 19.15 | 197 | 89 | 121.35 | 58.63 | 31.56 | 27.07 | 275 | 210 | 30.95 |
| J 开发区 | 304 | 246 | 23.58 | 130 | 130 | 0.00 | 80 | 56 | 42.86 | 61.54 | 43.08 | 18.46 | 121 | 94 | 28.72 |
| YH 开发区 | 169 | 171 | －1.17 | 56 | 84 | －33.33 | 35 | 27 | 29.63 | 62.50 | 32.14 | 30.36 | 52 | 50 | 4.00 |
| LC 区 | 299 | 410 | －27.07 | 165 | 101 | 63.37 | 147 | 86 | 70.93 | 89.09 | 85.15 | 3.94 | 266 | 136 | 95.59 |
| P 县 | 201 | 160 | 25.63 | 151 | 134 | 12.69 | 109 | 84 | 29.76 | 72.19 | 62.69 | 9.50 | 137 | 77 | 77.92 |
| QY 县 | 336 | 283 | 18.73 | 172 | 163 | 5.52 | 140 | 128 | 9.38 | 81.40 | 78.53 | 2.87 | 215 | 140 | 53.57 |
| W 县 | 121 | 104 | 16.35 | 98 | 87 | 12.64 | 84 | 77 | 9.09 | 85.71 | 88.51 | －2.79 | 93 | 89 | 4.49 |
| X 县 | 299 | 256 | 16.80 | 187 | 153 | 22.22 | 133 | 125 | 6.40 | 71.12 | 81.70 | －10.58 | 180 | 155 | 16.13 |
| YC 市 | 384 | 312 | 23.08 | 203 | 142 | 42.96 | 184 | 121 | 52.07 | 90.64 | 85.21 | 5.43 | 215 | 128 | 67.97 |
| LL 市 | 221 | 206 | 7.28 | 154 | 140 | 10.00 | 101 | 95 | 6.32 | 65.58 | 67.86 | －2.27 | 121 | 103 | 17.48 |
| LY 县 | 290 | 269 | 7.81 | 188 | 165 | 13.94 | 143 | 112 | 27.68 | 76.06 | 67.88 | 8.19 | 199 | 192 | 3.65 |
| N 县 | 267 | 205 | 30.24 | 167 | 152 | 9.87 | 141 | 133 | 6.02 | 84.43 | 87.50 | －3.07 | 178 | 165 | 7.88 |
| QH 县 | 278 | 285 | －2.46 | 191 | 148 | 29.05 | 145 | 101 | 43.56 | 75.92 | 68.24 | 7.67 | 206 | 227 | －9.25 |
| 合计 | 3934 | 3431 | 14.66 | 2198 | 1881 | 16.85 | 1639 | 1234 | 32.82 | 74.57 | 65.60 | 8.96 | 2258 | 1766 | 27.86 |

注：1.（刑拘、提请批捕、批捕、提起公诉）同比升降＝（本期数据－上年同期数据）/上年同期数据＊100%

2.（批捕率）同比升降＝本期批捕率－上年同期批捕率

3. 数据统一保留到小数点后两位，四舍五入

4. 统计区间为 2013 年 10 月～2014 年 9 月（本期），2012 年 10 月～2013 年 9 月（上年同期）

5. 表中未注明的单位均为人

## 三　部分案件处理困难

调研中发现，2014 年 2 月，在劳教制度废除后的第一个春节前后，原适用劳教处理的案件多发，D 市公安机关在办理此类案件时，有“无从处置”之感。这主要是尚未明确该类案件的处理政策，这些案件可能是治安案件，又可能是刑事案件，而公安机关、检察机关与审判机关对于该类案件性质的认识又难以统一。以伤害案件为例，在劳教制度废除前，D 市公安机关对故意伤害类案件，通常采取先鉴定伤情，然后根据伤情鉴定结果，在适用劳教、治安管理处罚、刑事诉讼程序之间予以选择。根据《公安机关办理伤害案件规定》，轻伤以下的伤害案件由公安派出所管辖；重伤及因伤害致人死亡的案件由公安机关刑事侦查部门管辖；伤情不明、难以确定管辖的，由最先受理的部门先行办理，待伤情鉴定后，再按规定移交派出所或刑侦部门办理。因而派出所受理伤害案件后，认为有的应该由刑事侦查部门管辖，自身调查取证不积极，造成很多案件失去了最佳取证时间，办理难度增大。以上原因导致案件处理时间长、进展慢，容易引发当事人因对处理情况有疑虑、不满或误解而上访。此类上访案件在 D 市全部上访案件中占有相当大的比例。同时，根据《刑法》《刑事诉讼法》《公安机关办理伤害案件规定》的规定，轻伤害案件属于自诉案件，被害人可直接向人民法院起诉。但在实践中，D 市公安机关反映，法院对此类自诉案件很少受理，大量轻伤害案件都集中在公安机关处理，而《公安机关办理伤害案件规定》指出，造成轻伤的伤害案件，有的可以按刑事案件办理，有的可以处以治安管理处罚，有的还可以调解处理，几种情况相互之间难以区分，公安机关的办案压力较大；且因当事人情绪激动等原因，公安机关依法调解处理的效果并不好，当事人有的经调解后未达成协议，或达成协议后又不承认调解结果拒不履行，进而上访要求对嫌疑人处以刑罚。在劳教制度废除以前，D 市公安机关对此类案件大多适用了劳教手段，但是多以寻衅滋事行为处理。在劳教制度废除后，法院依然极少以自诉案件受理，该类案件不得不进入刑事诉讼程序，而检察机关又很少认定此类案件性质为寻衅滋事，一般都认定为伤害，与公安机关的认识产生冲突，致使该类案件在办理中困难重重。

### 四　公安、司法机关压力增大，执法成本增加

调研访谈中，公安、司法机关人员均表示在劳教制度废除以后工作压力增大，主要是因为原来可以采取劳教手段处理的案件被分流至刑事诉讼程序。相比劳教程序，刑事诉讼程序在权力制约、被追诉人权利保障、司法公开等方面要求更高，直接导致公安司法机关压力增大，司法成本增加。

## 第三节　劳教制度废除后的主动作为

为了有效解决原适用劳教手段处理的案件分流至刑事诉讼程序后所导致的公安司法机关压力增大、成本增加，以及案件认定标准不统一、处理困难等问题，D市公安、司法机关结合当地实际情况，改被动应付为主动作为，先后出台《归口移送刑事案件工作机制》和《关于依法快速办理轻微刑事案件的实施意见》，大力推行归口移送（后改为“两统一”）和轻刑快审等应对举措，取得较好效果，积累了劳教制度废除后如何应对的地方经验。

### 一　“两统一”工作机制

“两统一”工作机制，即D市公安机关通过设立专职法制员工作机制，对其管辖的治安案件和刑事案件统一审查复核、统一归口移送的工作制度。

专职法制员工作机制是指根据公安部有关要求和D市所在省《公安机关法制员工作规定（试行）》，在县级公安法制部门设法制员办公室（法制员办公室与执法监督中队合署办公），由专职法制人员负责本级公安机关刑事、行政执法的法律审核、监督、指导和服务。归口移送刑事案件工作机制，是指市、县级公安机关法制部门负责本级公安机关刑事执法中与检察机关的对接工作。刑事办案部门、法制部门根据职责分

工，相互配合完成公安刑事执法阶段的案件侦查、预审、移送审查起诉等工作。这一机制确立了“两审查一复核”的工作模式，即由内部法制部门负责本级公安机关办理的刑事案件提请逮捕前的审查、提请逮捕；负责未提请逮捕而直接移送审查起诉前的案件审查、移送审查起诉；负责对批准逮捕后案件侦查程序、证据、定性、适用法律等全面复核、移送审查起诉。

1. “两统一”工作机制的形成过程

D市公安机关“两统一”工作机制是在不断总结积累的基础上渐进形成的，大致经历了三个阶段。

第一阶段，从2012年开始，在公安部执法规范化建设的新要求下，D市公安局对全市公安执法现状展开了全警种多层面的大调研，重点梳理、归纳出刑事案件办理出口多头、标准不一、出口不畅、执法监督缺位等问题，开始谋划加强公安法制队伍履职能力建设，强化公安法制人员专业法律审核职能，将各种案件质量控制统一归口于公安法制部门。

第二阶段，从2013年开始，针对新《刑事诉讼法》实施、劳教制度废除后面临的新形势，D市公安局按照公安部、D市所在省公安厅深化司法体制改革的要求，结合D市实际情况，立足于提高执法质量，提升打击与处理效能，畅通诉讼渠道，坚决避免冤假错案发生，进一步深化公安法制工作机制改革，于2013年4月27日下发了《关于建立“专职法制员工作机制”和“归口移送刑事案件工作机制”的意见》。这是“两统一”工作机制初步实施的阶段。

第三阶段，从2014年开始，在全面推进依法治国、建设法治中国的新要求下，公安工作机制改革要求要建立执法管理的长效机制，不断推动公安机关执法规范化建设，从根本上提升公安机关的执法质量和执法公信力，主动应对劳教制度废除后的社会治安需求。D市公安局总结专职法制员工作机制和归口移送刑事案件工作机制一年多的运行实践经验，经过修订完善，下发了《关于加强执法管理和监督的工作意见》，全面推动刑事执法的转型升级。这是“两统一”工作机制进一步完善的阶段。

2. “两统一”工作机制的主要内容

（1）专职法制员工作机制。专职法制员由法制部门派驻、管理，通过法制员专职化解决因办案、监督一体造成的监督不力的弊端。专职法制员以对口负责的形式，划定责任范围，一名专职法制员负责 2～4 个派出所和 1～2 个执法科、队，履行刑事、行政主要执法环节和执法行为的法律审核、监督、指导、服务职责。各科、所、队的兼职法制员负责所在单位的日常执法监督和法律服务，并与对口负责的专职法制员进行工作对接。专、兼职法制员工作适用 D 市《公安机关法制员工作暂行规定》。

（2）归口移送刑事案件工作机制。归口移送刑事案件工作机制，即市、县级公安机关法制部门负责本级公安机关刑事执法中与检察机关的对接工作。刑事办案部门、法制部门根据职责分工、相互配合完成公安刑事执法阶段的案件侦查、预审、移送审查起诉工作。

①法制部门工作。劳教制度废除前，法制部门近 80% 的精力放在劳教工作上。劳教制度被废除、“两统一”工作机制实施后，法制部门负责本级公安机关办理的刑事案件提请批准逮捕前的审查、提请批准逮捕；负责未提请批准逮捕而直接移送审查起诉前的案件审查、移送审查起诉；负责对批准逮捕后案件侦查程序、证据、定性、适用法律等全面复核、移送起诉。以上即“两审查一复核”工作模式。具体工作为受理办案部门所提交的《提请审查（XX）报告书》，经依法审查复核后作出《案件审查意见书》。

第一，负责本级公安机关办理的刑事案件提请批准逮捕前的审查。经审查符合提请批准逮捕条件的案件，制作《提请批准逮捕书》，提请检察机关批准逮捕；不符合提请批准逮捕条件的案件分别根据案件审查情况作出具体审查意见决定，自行启动处理程序或交办案单位办理。

第二，负责未经提请批准逮捕程序和已经提请批准逮捕但检察机关以无逮捕必要性不批准逮捕而需要直接移送审查起诉案件的审查。经审查符合直接移送审查起诉条件的案件，制作起诉意见书，移送检察机关审查起诉；不符合移送审查起诉条件的案件，分别根据案件审查情况作出审查意见，决定自行启动处理程序或交办案单位办理。

第三，负责对批准逮捕后案件的法律复核。对案件复核可采取书面审查、提讯犯罪嫌疑人、询问证人、调取证据、案件合议，指导或组织案件主证的查证和深挖余罪的调查等方式，对案件的侦查程序、证据、定性、适用法律等进行合面复核。经复核对案件犯罪事实清楚、证据确实充分、适用法律正确、定性准确、手续完备的，制作起诉意见书，移送检察机关审查起诉；不符合移送审查起诉条件需要继续侦查或直接处理的，按照《案件审查意见书》的要求自行启动处理程序或交办案单位办理。

第四，提前介入重大、复杂、疑难案件以及具有重大社会影响案件的侦查研究；提出及时串并案件或采取其他进一步措施的建议，由办案单位跟进侦查、收集证据或采取其他措施。

第五，负责对接检察机关并交付、督促相关办案单位执行。对检察机关的检察建议、监督意见和办案单位的执行情况进行总结、分析、研判，并制定相应措施，建立完善的执法监督工作体系。

②办案部门工作。刑事办案部门负责刑事案件前期侦查及后期跟进侦查工作，对具备提请批准逮捕或移送审查起诉条件的案件制作《提请审查（XX）报告书》，提交法制部门案审大（中）队审查；负责按照《案件审查意见书》的要求跟进工作。确保提请审查的案件事实清楚、证据齐全、适用法律正确、定性准确、手续完备，如有证据遗漏须侦查补充；对已发现并明确的案件线索，呈报前必须查证落实。

第一，负责刑事案件提请批准逮捕前和提请批准逮捕后检察机关以“证据不符合逮捕条件”不批准逮捕案件的侦查、收集证据；对经法制部门审查不符合提请批准逮捕条件的案件，根据《案件审查意见书》要求，跟进案件。

第二，负责未经提请批准逮捕程序和已经提请批准逮捕程序但检察机关以无逮捕必要性不批准逮捕而需直接移送起诉案件的侦查、收集证据；对经法制部门审查不符合移送审查起诉条件的案件，根据《案件审查意见书》要求，跟进工作。

第三，负责批准逮捕后至移送审查起诉前的跟进侦查、证据收集。案件复核期间，根据《案件审查意见书》的要求，跟进工作。

第四，负责法定期限内不能提请批准逮捕、移送审查起诉案件的继续侦查或转其他处理；根据法制部门提出的串并案件和采取其他进一步措施的建议，继续侦查、收集证据及时串并案件或采取其他措施。

第五，负责检察机关检察建议、监督意见及其他执法建议的落实。

为了归口移送刑事案件工作机制得以顺利运行，D 市公安机关建立了法制部门与侦查办案部门的衔接运行工作机制、公安机关与检察机关在刑事司法过程中的对接工作机制、法制部门内部工作机制和市级法制部门对县级法制工作的指导监督考核工作机制等四个保障机制。

（3）相应组织机构建设和人员配备。相应组织机构建设从规范法制部门机构设置，在市、县两级公安机关落实法制部门队伍建制改革入手，推动两个工作机制的建立、运行。

县级公安法制部门机构的设置。县级公安法制部门组建法制大队，下设“两队一室”，即案审中队、执法监督中队（加挂法制员办公室）和综合办公室。

案审中队负责履行归口移送刑事案件工作机制中法制部门“两审查一复核”的工作职责。案审中队的工作受执法监督中队的同步监督、考核，案审中队的工作从深挖余罪和起诉率两个方面进行考核。

执法监督中队按照公安部《公安机关内部执法监督工作规定》进行公安执法工作的日常考核；起草有关执法监督工作的规定，及时提出改进执法活动的措施和建议；落实执法责任制、执法质量考核制和违法责任追究制度。另外负责组织年度、集中、专项执法检查，执法规范化建设工作的落实、督导，行政案件的审核，行政复议、应诉工作，办理国家赔偿案件，受理涉法申诉事项，专、兼职法制员工作等。

综合办公室负责执法培训，公安法制信息工作，执法调研和其他公安法制基础工作及本级法制部门文秘工作、保密工作和行政事务工作等。

D市各级公安机关法制部门的人员配备，要求优先选调具有法律、公安侦查专业教育背景和侦查办案工作经历，基本素质高、业务能力强、责任心强的人员从事法制工作。市级法制部门的机构设置根据本级公安机关刑事执法的职责，设置相应机构、配备人员。

3.“两统一”工作机制的初步实施

2013年5月1日～5月31日为准备时期。县级法制部门人员配备、调整到位，就公安机关实行归口移送刑事案件工作机制向本级检察机关通报；D市公安局法制支队组织提请批准逮捕、移送审查起诉等相关业务培训；制订归口移送刑事案件工作机制运行的具体工作制度。

2013年6月1日～8月30日为试运行时期。D市公安局法制支队靠上跟进、及时总结，完善制度建设。并适时组织交流、总结，完善运行机制，同时修订相关规定。

2013 年 9 月 1 日 ~12 月 31 日为警务综合应用平台流程改造时期。完成警务综合应用平台“两审查一复核”运行流程改造，确保刑事案件审查监督全部实现网上办理。

2014 年 1 月 1 日起为初步正式运行时期。归口移送刑事案件工作机制在 D 市全市公安机关开始运行，随后进一步修订完善。

4.“两统一”工作机制的进一步完善

专职法制员工作机制和归口移送刑事案件工作机制初步建立并初步运行后，在实践运行中逐步总结经验、修订完善相关工作制度，最终通过文件形式形成了较为完善的“两统一”工作机制。

（1）完善体制机制。实行“两统一”工作，统一执法思想是“两统一”工作机制的首要问题。D 市公安局党委自 2013 年以来将“两统一”作为牵引公安执法改革的首要工程，多次专题研究打击处理和执法转型升级工作，并在全市下发了《关于建立“专职法制员工作机制”和“归口移送刑事案件工作机制”的意见》，对法制员工作和归口移送工作在职能分工、机构设置等各方面提出了总的要求。通过一年多的运行实践，于 2014 年对该机制进一步修订和完善，下发了《关于加强执法管理和监督的工作意见》，明确了法制部门与办案部门的职能分工，在“两审查一复核”工作模式的基础上进一步建立并明确了“三审查一复核”的工作流程，即立案审查、强制措施审查、案件处理审查和证据复核，明确了办案与监督相分离的工作原则及各项工作保障，正式建立起“两统一”工作体系。

（2）改进队伍建设。“两统一”文件下发后，D 市公安机关法制部门按照要求，进一步开展法制队伍建制改革，县级法制部门组建的法制大队由下设两队一室升级为三队一室，分别为行政执法监督中队、刑事执法监督中队、执法管理中队和综合办公室。刑事执法监督中队建成后，为了保证“三审一复核”工作流程的顺利推进，D 市公安局要求法制民警优先从具有法律、侦查专业基础和办案工作经历、业务能力强、责任意识强的民警中选配。D 市公安局各分局将刑事侦查、经济侦查等业务警种的部分业务骨干民警调至法制部门履行职能，为履行“两统一”职能提供了有力的人员支持。

（3）落实运行保障。为使“两统一”工作更具可操作性，能够有序顺畅运行，D 市公安机关在大量调研的基础上，制定并完善了四大运行保障机制，确保了“两统一”工作科学、有序、高效运行。

第一，建立并完善法制部门与侦查办案部门对接机制，确定法制部门与办案部门的职能定位。该机制明确了法制部门在刑事执法办案中全面履行监督职能，负责对接人民检察院，实行统一归口移送刑事案件；负责刑事侦查重点环节的审查；负责对案件主要证据、存疑证据、非法证据的复核。未经法制部门审查、复核的案件，本级公安机关负责人一律不得审批。刑事办案部门负责刑事案件的侦查、预审；负责补充完善证据，对案件线索查证落实，确保案件事实基本事实清楚、取证程序合法、证据具有较高证明力。法制部门与办案部门之间通过《提请审查（XX）报告书》和《案件审查意见书》明确法制部门与办案部门在不同刑事诉讼环节的工作责任。该机制理顺了侦查办案与监督管理的关系，规范了案件的交接流程，形成打击合力，切实保障了“统一审查”职能的履行。

第二，建立并完善公安机关与检察机关刑事司法对接机制，畅通统一出口渠道。该机制明确了法制部门负责与检察机关的对接、办案部门负责对检察建议等工作要求的落实。研究制定了提请批准逮捕等强制措施以及案件处理环节对接等 11 项程序。由法制部门将明显达不到法定条件或诉讼证据标准的案件全部退回办案单位继续侦办，直到符合条件为止，确保了向检察机关移送的案件法律文书齐全、案件事实清楚、证据确实充分，减轻了检察机关工作压力，提高了诉讼效率。公安法制部门单独对接检察机关，沟通协调更加便利，切实保障了“统一出口”职能的履行。

第三，建立并完善法制部门内部工作机制，强化内部工作的精细化、专业化和标准化。该机制明确了法制审查的 3 大类 18 小项内容的操作流程、具体要求、审核标准，确保了法制监督审核的质效。法制部门在审查过程中着力推行诉讼主导侦查模式，把侦查办案的每一环节与法庭审查标准相对应。特别是对突发事件、群体性事件、大要案（事）件，法制民警提前介入、第一时间出警，在初审初查阶段就进行非法证据排除，切实保障了案件质量，提高了案件办结率。

第四，建立并完善市级法制部门对县级法制工作的指导、监督和考核机制。该机制明确了市级法制部门对县级法制部门的指导原则、监督内容、考核标准。县级法制部门遇有重大、复杂、疑难案件时，市级法制部门可提前介入案件侦查、法律复核工作；对疑难案件组织相关部门进行研判分析，对存在的执法问题及时提出整改要求，在必要时可调集全市刑事执法监督警力实行异地监督审查及法律复核。

（4）调整技术支持。2013 年 10 月起，经过充分征集需求、制定方案、论证测试，报省公安厅有关部门批准，对警务综合应用平台刑事办案流程进行了 D 市本地化改造。先后历时 6 个月，进行了 8 次测试、2 次全警培训，切实保障了刑事执法网上办案要求。

5. “两统一”工作机制的实施效果

“两统一”工作机制的实行，使 D 市公安机关刑事执法管理更加专业化、标准化、明细化，促进公安执法队伍全面树立法治意识、证据意识、质量意识，激励民警多办案、办好案，整体执法能力和执法公信力明显提高。

第一，执法办案水平提高。通过该机制的运行，实现了以破案主导侦查向诉讼主导侦查执法理念的转变，实现了执法方式由粗放型向精细化的转变。特别是建立了刑事案件证据视图制度，要求侦查人员以犯罪构成为基础，对全案证据进行分析，形成证据视图。证据视图制度有效提升了民警的取证能力，从根本上防止了冤假错案的发生，劳教制度废除前 D 市公安机关存在的证据意识不强、取证能力欠缺等问题得到了有效解决。

第二，实现执法质量、打处效能与执法公信力的三提升。法制部门通过案件审查、复核，把侦查办案的每一环节与法庭审查标准相对应，促使侦查办案民警提高依法取证能力、公安机关整体打处效能切实提升，人民群众的公安机关满意度也随之攀升。2014 年 1 ~ 12 月，D 市公安机关共提请批准逮捕 1809 人，移送审查起诉 2537 人，与上年同期相比分别上升 27.65%、10.06%；批捕率达 82.59%，起诉率 99.32%，与上年同期相比分别上升 14.04%、12.46%。因执法问题引发的信访案（事）件大幅减少，执法公信力大大提高，群众安全感和满意度得到提升。在全市公安机关群众安全感和满意度电话调查中，对执法质量的满意度达 97.51%。“两统一”工作机制给 D 市公安机关“内功”水平带来的提升，是劳教制度废除后 D 市公安机关办案质量提高、执法公信力提升的重要原因。

第三，公安法制部门履职能力切实增强。通过该机制的运行，法制部门队伍建制改革全部到位，D 市法制民警由原来的 58 人增加到 175 人，法学专业毕业的民警人数超过法制民警总人数的 1/3，通过国家司法考试、取得法律职业资格的民警优先在法制部门履职，执法资格等级均达到中等以上，年龄结构以中青年为主，有效实现了法制工作的衔接，法制履职能力切实增强。

6. “两统一”工作机制的启示

第一，实行“三审查一复核”工作模式是当前执法管理和监督的需要，是法制部门深化监督的职能要求，是深化司法体制改革和推进执法规范化建设的重要举措，也是适应劳教制度废除后新形势、改进公安机关内部办案程序和办理机制、高质高效处理刑事案件的得力举措。实践证明，由法制部门直接承担案审职能，同在办案部门增设案审机构或在县级公安机关新设独立案审机构相比，其操作上更加科学有效，运行成本更低，实现了公正与效率的统一。

第二，在以劳教制度废除为代表的司法体制改革中，司法环境的变化倒逼证据意识的强化，证据意识的强化又必然带动监督意识的增强。D 市公安机关在办案流程中加入监督点、实行错位监督是公安体制改革的必然要求。D 市公安机关实行“办案部门负责履行侦查职能、是“生产员”，法制部门负责履行监督职能、是‘质检员’”的工作机制，办案与监督相分离，伴随办案流程同步监督，二者相互配合、相互制约，对于提高办案质量具有重要意义。

第三，要不断强化改进并依托信息化应用提高工作效能。D 市公安机关的经验还告诉我们，在公安体制改革中，要充分运用大数据、警务云计算技术等提高“两统一”工作机制运行的效率和质量，依托网上办案系统跟进分析研判，以信息化强化对刑事执法办案的管理和控制。

需要指出的是，D 市公安机关推行的“两统一”工作机制，还只是停留在公安机关内部工作机制改革层面，并未触及公安体制改革，尤其是没有从根本上解决劳教制度废除后原本适用劳教程序案件分流为治安案件和刑事案件的合法性问题。

## 二 “轻刑快审”工作机制

所谓“轻刑快审”工作机制，就是公安司法机关对于符合一定条件的轻微刑事案件实行快侦、快诉、快审、快结的机制。

在劳教制度废除、轻微刑事案件数量大增的背景下，这一10年前提出的机制更凸显了其存在的必要性。

2006年12月28日，最高人民检察院《关于依法快速办理轻微刑事案件的意见》发布。其中第1条规定，依法快速办理轻微刑事案件，是对于案情简单、事实清楚、证据确实充分、犯罪嫌疑人、被告人认罪的轻微刑事案件，在遵循法定程序和期限、确保办案质量的前提下，简化工作流程、缩短办案期限的工作机制。第3条规定，适用快速办理机制的轻微刑事案件，应同时符合以下4个条件：案情简单，事实清楚，证据确实、充分；可能判处3年以下有期徒刑、拘役、管制或者单处罚金；犯罪嫌疑人、被告人承认实施了被指控的犯罪；适用法律无争议。

《关于依法快速办理轻微刑事案件的意见》对于快速办理轻微刑事案件的部分期限作出规定：审查批捕时，犯罪嫌疑人已被拘留的，应当在3日内作出是否批准逮捕的决定；未被拘留的，应当在5日内作出是否批准逮捕的决定。审查起诉时，应当在20日内作出是否提起公诉的决定；办案任务重、案多人少矛盾突出的，应当在30日内作出决定，不得延长办理期限。

关于检察机关在快速办理轻微刑事案件时与公安机关和法院的配合问题，《关于依法快速办理轻微刑事案件的意见》中规定：对于侦查机关提请批准逮捕的轻微刑事案件，经审查认为符合快速办理条件的，在作出批准逮捕或者因无逮捕必要而作出不批准逮捕决定时，可以填写《快速移送审查起诉建议书》，建议侦查机关及时移送审查起诉；认为证据有所欠缺的，可以建议侦查机关补充证据后及时移送审查起诉。各地检察机关要加强与公安机关、人民法院的联系与配合，共同建立依法快速办理轻微刑事案件的工作机制。有条件的，可以与当地公安机关、人民法院等部门联合制定快速办案机制的规范性文件，以实现对轻微刑事案件在侦查、批捕、起诉、审判各个诉讼环节的依法快速办理。

2013年10月23日，最高人民法院院长周强在最高人民法院召开的党组会议上提出，各级法院要积极配合劳教制度改革，探索完善轻微刑事案件快审快结机制，大力推进社区矫正工作，有效延伸审判职能，帮助罪犯早日回归社会。[①] 这一表态加快了我国地方进行“轻刑快审”机制创新与完善的步伐。

1. D市“轻刑快审”工作机制的出台背景

（1）劳教制度废除等情况下公安机关执法的现实需要。D市公安机关在新《刑事诉讼法》实施和劳教制度废除的执法环境下，在办理刑事案件中，一度出现了多种问题，特别是在办理轻微刑事案件中存在降格处理、以保代处、强制措施滥用等乱象。一是少数人恶意制造“夹生”案件，以检察机关审查不予批捕为名，办人情案、金钱案，导致投诉、信访案件多发。二是有些办案单位以往把劳教作为解决疑难、不批捕案件的“撒手锏”，形成遇到侦查和执法困难就走劳教程序的惯例。劳教制度解决了部分刑事案件的出口问题，提升了案件处理率，也造成部分办案单位、办案民警对劳教的“依赖”。所以，面对劳教制度废除和新《刑事诉讼法》实施带来的司法要求一时无所适从；对可能判处3年有期徒刑以下刑罚的轻微刑事案件的打击力度弱化，不利于维护社会治安稳定。三是一线办案民警执法理念仍不符合新《刑事诉讼法》的要求，侦查能力、取证意识不强，在办理轻微刑事案件中普遍存在“从供到证”的取证意识，导致案件证据不扎实，削弱了公安机关打击犯罪的能力。四是新《刑事诉讼法》对批准逮捕、羁押犯罪嫌疑人的标准提高，报捕难、批捕难，使大量刑事案件特别是轻微刑事案件无法批捕，在原有工作机制下打击违法犯罪的效能大大减弱。

为有效控制犯罪，提高诉讼效率，对当前高发的轻微刑事案件形成有效打击，必然需要建立处理此类案件的有效工作机制。

（2）适应刑事司法形势的必然要求。公安机关在法律适用层面和执法实务层面未及时转变执法理念，建立切实可操作的、适应新的执法形势的工作机制。这是导致劳教废除后处理刑事犯罪遇到一些操作性问题的根本原因。“轻刑快审”机制能够对劳教废除初期公安机关在刑事执法办案中对新执法形势无法适从，处理刑事案件质量不高、批捕率起诉率下降，对轻微刑事案件打击力度弱化等问题的解决产生一定积极效果。

---

① 参见杨维汉：《最高法：配合劳教改革探索完善轻微刑案快审快结机制》，新华网，http：//news. xinhuanet. com/legal/2013－10/23/c_ 117844427. htm，2015年8月26日。

2006 年，最高人民检察院《关于依法快速办理轻微刑事案件的意见》明确了检察机关对轻微刑事案件简化工作流程、缩短办案期限、提高诉讼效率、节约诉讼成本，以及提高打击轻微刑事犯罪力度的要求。2013 年 10 月 23 日，最高人民法院院长周强提出，各级法院要积极配合劳教制度改革，探索完善轻微刑事案件快审快结机制，大力推进社区矫正工作，有效延伸审判职能，帮助罪犯早日回归社会。D 市公安机关“轻刑快审”机制完全符合最高人民法院、最高人民检察院的要求和刑事司法的发展趋势。

2. D 市“轻刑快审”工作机制的实施

为完善办案协作机制，有效遏制违法犯罪，提高诉讼效率，节约司法资源，适应劳教废除后轻微刑事案件增加的新形势，依法快速办理轻微刑事案件，根据《刑事诉讼法》、最高人民检察院《关于依法快速办理轻微刑事案件的意见》、公安部《公安机关办理刑事案件程序规定》，结合 D 市办理刑事案件工作实际，2013 年 8 月 28 日，D 市中级人民法院、D 市人民检察院、D 市公安局联合印发试行《关于依法快速办理轻微刑事案件的实施意见》，并于 2013 年 10 月 1 日起正式实施。

D 市实施的“轻刑快审”机制，主要就是对于案情简单、事实清楚、证据确实充分、犯罪嫌疑人、被告人认罪且可能判处 3 年以下有期徒刑、拘役、管制或者独立适用附加刑的轻微刑事案件，在遵循法定程序和期限、确保办案质量的前提下，简化工作流程、缩短办案期限的工作机制。

“轻刑快审”工作机制的实施遵从以下原则。一是严格依法原则。快速办理轻微刑事案件，必须严格执行法律规定的程序。快速办理可以简化内部工作流程，在遵守法定办案程序的前提下，缩短各个环节的办案期限。二是公正与效率相统一原则。快速办理轻微刑事案件，必须把公正与效率相统一原则贯彻始终，保证既好又快地办理轻微刑事案件。三是充分保障诉讼参与人诉讼权利原则。在快速办理轻微刑事案件过程中，必须充分保障法律规定的诉讼参与人特别是犯罪嫌疑人、被告人、被害人的诉讼权利，绝不能为了追求快速办理而忽视对诉讼参与人诉讼权利的保护。四是及时化解社会矛盾原则。把办理轻微刑事案件同解决社会矛盾紧密结合起来，通过建立快速办案机制，提高化解社会矛盾的效率。

（1）D市“轻刑快审”机制适用范围。一是常见的高发轻微刑事案件。包括交通肇事案（不包括已经提起附带民事诉讼的案件）；轻伤害等侵犯公民人身权利、民主权利案件；涉案数额小的盗窃、诈骗等侵财案件；情节较轻的妨害公务、寻衅滋事等妨害社会管理秩序案件。二是具有从轻或者减轻情节的案件。包括未成年人、在校学生以及七十岁以上老年人或者聋哑盲人犯罪案件；主观恶性较小的初犯或者过失犯罪案件；因亲友邻里等民间纠纷引发的刑事案件；当事人双方就民事赔偿、化解矛盾等达成和解的案件；犯罪嫌疑人具有自首、立功等其他法定或酌定从轻、减轻情节的案件。三是团伙犯罪中犯罪情节较轻且符合“轻刑快审”条件的案件。四是其他符合“轻刑快审”条件的案件。

（2）D市不适用“轻刑快审”机制办理的案件。一是犯罪嫌疑人系累犯的；二是涉嫌多起（三起以上）犯罪事实或者涉嫌两个以上罪名的；三是复杂的、涉案人数众多（三人及以上）的共同犯罪案件；四是涉及外国人的犯罪案件；五是危害国家安全、黑恶势力犯罪案件；六是重大、复杂案件。

（3）D市“轻刑快审”机制办案期限。D市公安机关对符合“轻刑快审”条件的案件应在立案后7日内侦查终结并移送审查起诉，检察机关应在7日内作出决定，法院一般应在10日内作出判决，特殊情况延长至15日。

（4）D市“轻刑快审”机制证据要求。D市公安机关对适用“轻刑快审”机制的案件，在案件移送时，应在确保事实清楚，证据充分的基础上，根据检察机关的要求提供同步录音录像。检察机关在案件审查中对需要公安机关补充侦查的事项、时限应明确告知，公安机关应及时补充侦查移送；人民法院要求补充侦查事项，检察机关应及时补充移送。

（5）D市“轻刑快审”机制运行流程。第一，D市公安机关在决定对犯罪嫌疑人采取刑事拘留措施时，认为应按“轻刑快审”程序办理的案件，应在案宗封首上加盖“快速办理”印章，作为公、检、法三机关启动“轻刑快审”程序办理的标志，5日内向检察机关通告案件情况，必要时，提请检察机关提前介入。对需要追究刑事责任的，应当自犯罪嫌疑人被采取强制措施之日起7日内，将案件材料移送检察机关审查起诉。对采取取保候审、监视居住强制措施，并符合“轻刑快审”条件的案件也可按照此规定执行。

第二，D 市检察机关对快速办理轻微刑事案件依法审查并在 5 日内向人民法院通告案件情况，应当在案件受理后 7 日内向人民法院提起公诉。对于需要补充侦查的，检察机关应当及时告知公安机关，公安机关应立即补充侦查并提交检察机关。

第三，D 市人民法院审理快速办理的轻微刑事案件，一般案件应当自受案之日起 10 日内审理完毕；特殊情况自受案之日起 15 日内审理完毕。案件审理期间，需要变更强制措施的，由人民法院依法作出决定，公安机关执行。

第四，“轻刑快审”案件办理过程中因案情变化需要转化为正常程序办理的，转为正常诉讼程序并由决定中止机关在卷宗封首上加盖“中止快速办理”印章，同时将中止原因通知上一办案机关（“快速办理”“中止快速办理”印章公检法三机关均保存备用）。

第五，适用“轻刑快审”机制办理的案件，公安机关在向检察机关移送审查起诉和检察机关向人民法院提起公诉时，应按规定办理换押手续。

（6）D 市“轻刑快审”机制运行保障。D 市人民法院、人民检察院、公安机关根据中央政法委关于落实办案质量终身负责制的要求，强化轻刑案件办案责任，确保轻刑案件质量。依照 D 市《关于依法快速办理轻微刑事案件的实施意见》制定本部门相关工作规定，规范工作流程，明确工作责任。工作中加强三机关联系与配合，注意发现和解决各自运行中所存在的问题。充分运用联席会议制度，对于县级联席会议不能解决的问题，应向各自的业务上级汇报，以便通过市级政法联席会议制度研讨解决，以保障“轻刑快审”机制的顺利、高效运行。

建立了“轻刑快审”机制的月会上通报制度。对全市“轻刑快审”机制落实情况实行每月一报制度，上报的工作情况及工作总结在全市范围内通报，并且按照上报情况进行研判，总结办案经验、调研存在的问题及不足，D 市公安机关同检察机关和法院一同研判完善轻刑快审机制的运行。

统一规范印章刻制。按照“轻刑快审”机制要求，启动轻刑快审以加盖“快速办理”印章为标志，公、检、法三机关对盖有快速办理印章的案卷应当按照实施意见要求进行快速办理，如在办理过程中发现不符合快速办理条件则加盖“中止快速办理”印章。因此D市公安局统一制作了“快速办理（D市公）”“中止快速办理（D市检）（D市法）”的印章模板，各县（市、区）公安局、检察院和法院在括号内注明其地域名简称，并统一刻制下发使用。

掌握运行技巧。运行中准确把握适用轻刑快审机制的条件；在案情查明后，D市公安机关及时与检察机关沟通，做到移送检察机关前将案情通告检察机关，有利于检察机关审查起诉效率的提高；公安机关快速办理轻微刑事案件一定要做到取证快而全，从受案开始将证据及时有效固定，使案件证据扎实，为快速办理打好基础。

3. D市公安局2014年和2015年轻刑快审工作情况统计

据调研，如表5－4所示，2014年全年，D市13区县共有40起案件、42名犯罪嫌疑人进入“轻刑快审”程序，案件性质包括盗窃、危险驾驶、故意伤害、交通肇事、过失致人死亡等。其中，2人分别被法院和检察院终止轻刑快审程序，40人被判处从罚金、拘役到有期徒刑3年，缓刑3年6个月不等的刑罚。大部分犯罪嫌疑人被取保候审。其中，39个有效样本显示，“轻刑快审”程序从启动到判决，最长185天，最短5天，平均约27.79天，中位数20天，众数20天。

如表5－5所示，2015年1～5月，D市13区县共17起案件、18名犯罪嫌疑人进入“轻刑快审”程序，案件性质包括故意伤害、交通肇事、诈骗、敲诈勒索等。其中，4人被法院终止轻刑快审程序，14人被判处从拘役2个月到有期徒刑3年，缓刑3年6个月不等的刑罚。犯罪嫌疑人全部被取保候审。其中8个有效样本显示，“轻刑快审”程序从启动到判决最长29天，最短12天，平均20.50天，中位数20天。

4. D市“轻刑快审”工作机制的实施效果

（1）破解执法难题，提高办案效率。“轻刑快审”机制不仅解决了劳教制度废除后产生的新问题，而且解决了轻微刑事案件处理中长期以来存在的问题。“轻刑快审”机制实施前，轻微刑事案件有的可采取取保候审的强制措施，但有的因为各种原因不能取保候审，而检察机关又很少批准逮捕，所以刑事拘留期限届满就要释放，不利于公安机关对此类案件的处理。D市实施“轻刑快审”机制后，轻微刑事案件的处理大大提速，最快的案件由公安机关3天侦查，检察院1天审查起诉，法院3天审判，仅

**表 5－4　D 市公安局 2014 年轻刑快审工作情况统计表**

| 县（市、区） | 犯罪嫌疑人 | 案件性质 | 强制措施 | 处理阶段 | | | | | | 备注 |
|---|---|---|---|---|---|---|---|---|---|---|
| | | | | 案件启动 | 移送检察机关 | 检察机关提起公诉 | 法院判决 | 处理天数 | 判决结果 | |
| D 区 | | | | | | | | | | 0 件 0 人 |
| J 开发区 | | | | | | | | | | 0 件 0 人 |
| YH 开发区 | | | | | | | | | | 0 件 0 人 |
| LC 区 | | | | | | | | | | 0 件 0 人 |
| P 县 | | | | | | | | | | 0 件 0 人 |
| QY 县 | 胡某某 | | 取保候审 | 12 月 8 日 | 12 月 8 日 | 12 月 14 日 | 12 月 27 日 | 21 | 有期徒刑 1 年，缓刑 1 年 | 13 件<br>13 人 |
| | 张某某 | | 取保候审 | 12 月 15 日 | 12 月 15 日 | 12 月 22 日 | 2015 年<br>1 月 4 日 | 20 | 拘役 3 个月 | |
| | 李某 | | 刑拘 | 11 月 6 日 | 11 月 6 日 | 11 月 13 日 | 11 月 29 日 | 23 | 拘役 3 个月 | |
| | 马某某 | | 取保候审 | 7 月 28 日 | 7 月 28 日 | 8 月 3 日 | 8 月 16 日 | 19 | 有期徒刑 1 年，缓刑 1 年 | |
| | 张某某 | | 取保候审 | 10 月 9 日 | 10 月 9 日 | 10 月 15 日 | 10 月 28 日 | 19 | 拘役 3 个月 | |
| | 卢某某 | | 刑拘 | 10 月 28 日 | 10 月 28 日 | 11 月 4 日 | 11 月 17 日 | 20 | 有期徒刑 1 年，缓刑 1 年 | |
| | 张某 | | 取保候审 | 11 月 13 日 | 11 月 13 日 | 11 月 19 日 | 12 月 3 日 | 20 | 拘役 6 个月 | |
| | 徐某某 | | 刑拘 | 11 月 4 日 | 11 月 4 日 | 11 月 10 日 | 11 月 24 日 | 20 | 有期徒刑 1 年，缓刑 1 年 | |
| | 付某某 | | 刑拘 | 10 月 20 日 | 10 月 20 日 | 10 月 25 日 | 11 月 6 日 | 17 | 有期徒刑 1 年，缓刑 1 年 | |
| | 李某某 | | 取保候审 | 12 月 2 日 | 12 月 2 日 | 12 月 9 日 | 12 月 20 日 | 18 | 有期徒刑 1 年，缓刑 1 年 | |

续表 5－4

| 县（市、区） | 犯罪嫌疑人 | 案件性质 | 强制措施 | 处理阶段 | | | | | | 备注 |
|---|---|---|---|---|---|---|---|---|---|---|
| | | | | 案件启动 | 移送检察机关 | 检察机关提起公诉 | 法院判决 | 处理天数 | 判决结果 | |
| QY 县 | 范某 | | 取保候审 | 12 月 5 日 | 12 月 5 日 | 12 月 10 日 | 12 月 23 日 | 18 | 拘役 3 个月 | |
| | 赵某 | | 取保候审 | 12 月 6 日 | 12 月 6 日 | 12 月 13 日 | 12 月 27 日 | 21 | 拘役 3 个月 | |
| | 李某 | | 取保候审 | 12 月 22 日 | 12 月 22 日 | 12 月 28 日 | | | | |
| W 县 | 葛某某 | 过失致人死亡 | 取保候审 | 2013 年 12 月 17 日 | 1 月 2 日 | 1 月 8 日 | 1 月 16 日 | 30 | 有期徒刑 1 年 6 个月，缓刑 2 年 | 4 件 4 人 |
| | 周某某 | 故意伤害 | 取保候审 | 2 月 3 日 | 2 月 7 日 | | | | | |
| | 姚某某 | 盗窃 | 取保候审 | 2 月 24 日 | 2 月 27 日 | 3 月 4 日 | 3 月 11 日 | 15 | 有期徒刑 10 个月，缓刑 1 年 6 个月 | |
| | 陈某 | 盗窃 | 刑拘 | 3 月 21 日 | 3 月 28 日 | 3 月 31 日 | 4 月 10 日 | 20 | 有期徒刑 6 个月 | |
| X 县 | 张某某 | 盗窃 | 取保候审 | 12 月 2 日 | 12 月 2 日 | 12 月 5 日 | 12 月 9 日 | 7 | 罚金 | 1 件 1 人 |
| YC 市 | | | | | | | | | | 0 件 0 人 |
| LL 市 | | | | | | | | | | 0 件 0 人 |
| LY 县 | 陈某某 | 危险驾驶 | | 2013 年 12 月 31 日 | 1 月 3 日 | | | | | 2 件 2 人 |
| | 孙某某 | 危险驾驶 | | 10 月 7 日 | 10 月 9 日 | 10 月 15 日 | 10 月 22 日 | 15 | 拘役 3 个月，并处罚金 5000 元 | |

**续表 5－4**

| 县（市、区） | 犯罪嫌疑人 | 案件性质 | 强制措施 | 处理阶段 | | | | | | 备注 |
|---|---|---|---|---|---|---|---|---|---|---|
| | | | | 案件启动 | 移送检察机关 | 检察机关提起公诉 | 法院判决 | 处理天数 | 判决结果 | |
| N 县 | 董某某 | 故意伤害 | 刑事拘留 | 3 月 14 日 | 3 月 14 日 | 3 月 17 日 | 3 月 20 日 | 6 | 有期徒刑 10 个月 | 9 件 9 人 |
| | 董某某 | 故意伤害 | 刑事拘留 | 3 月 14 日 | 3 月 14 日 | 3 月 17 日 | 3 月 20 日 | 6 | 有期徒刑 10 个月 | |
| | 冯某某 | 故意伤害 | 刑事拘留 | 4 月 21 日 | 4 月 21 日 | 4 月 23 日 | 5 月 29 日 | 38 | 有期徒刑 6 个月，缓刑 1 年 | |
| | 苑某某 | 故意伤害 | 取保候审 | 6 月 4 日 | 6 月 4 日 | 6 月 25 日 | 12 月 6 日 | 185 | 有期徒刑 1 年 6 个月，缓刑 2 年 | |
| | 班某某 | 危险驾驶 | 刑事拘留 | 6 月 5 日 | 6 月 5 日 | 6 月 10 日 | 6 月 10 日 | 5 | 拘役 2 个月，缓刑 1 年 | |
| | 孙某某 | 故意伤害 | 刑事拘留 | 6 月 6 日 | 6 月 6 日 | 6 月 9 日 | 6 月 24 日 | 18 | 有期徒刑 8 个月，缓刑 1 年 | |
| | 孙某某 | 故意伤害 | 刑事拘留 | 6 月 6 日 | 6 月 6 日 | 6 月 9 日 | 6 月 24 日 | 18 | 有期徒刑 8 个月，缓刑 1 年 | |
| | 刘某某 | 交通肇事 | 刑事拘留 | 7 月 29 日 | 7 月 29 日 | 8 月 11 日 | 11 月 9 日 | 103 | 有期徒刑 1 年 6 个月，缓刑 2 年 | |
| | 李某某 | 故意伤害 | 取保候审 | 8 月 7 日 | 8 月 7 日 | 8 月 12 日 | 11 月 11 日 | 96 | 有期徒刑 10 个月，缓刑 1 年 | |
| QH 县 | 陈某某 | 故意伤害 | 监视居住 | 6 月 10 日 | 6 月 16 日 | 6 月 20 日 | 7 月 4 日 | 24 | 有期徒刑 3 年 | 11 件 13 人 |
| | 曲某某 | 故意伤害（轻伤） | 取保候审 | 7 月 17 日 | 7 月 21 日 | 7 月 25 日 | 8 月 6 日 | 20 | 有期徒刑 1 年，缓刑 1 年 | |

**续表 5－4**

| 县（市、区） | 犯罪嫌疑人 | 案件性质 | 强制措施 | 处理阶段 | | | | | | 备注 |
|---|---|---|---|---|---|---|---|---|---|---|
| | | | | 案件启动 | 移送检察机关 | 检察机关提起公诉 | 法院判决 | 处理天数 | 判决结果 | |
| QH 县 | 孟某某 | 交通肇事 | 取保候审 | 7 月 18 日 | 7 月 21 日 | 7 月 25 日 | 8 月 10 日 | 23 | 有期徒刑 3 年，缓刑 3 年 6 个月 | |
| | 宰某某 | 故意伤害 | 取保候审 | 8 月 1 日 | 8 月 7 日 | 8 月 14 日 | 8 月 26 日 | 25 | 有期徒刑 1 年，缓刑 1 年 | |
| | 赵某某 | 故意伤害 | 取保候审 | 8 月 1 日 | 8 月 7 日 | 8 月 14 日 | 8 月 25 日 | 24 | 有期徒刑 1 年，缓刑 1 年 | |
| | 田某 | 盗窃 | 刑拘 | 8 月 12 日 | 8 月 18 日 | 8 月 24 日 | 9 月 3 日 | 22 | 单处罚金 3000 元 | |
| | 石某某 | 盗窃 | 刑拘 | 8 月 12 日 | 8 月 18 日 | 8 月 24 日 | 9 月 3 日 | 22 | 单处罚金 2000 元 | |
| | 姜某 | 盗窃 | 刑拘 | 8 月 11 日 | 8 月 18 日 | 8 月 25 日 | 9 月 4 日 | 24 | 拘役 3 个月，缓刑 6 个月，并处罚金 4000 元 | |
| | 张某 | 盗窃 | 刑拘 | 8 月 11 日 | 8 月 18 日 | 8 月 25 日 | 9 月 4 日 | 24 | 拘役 3 个月，缓刑 6 个月，并处罚金 4000 元 | |
| | 张某 | 盗窃 | 取保候审 | 8 月 28 日 | 9 月 3 日 | 9 月 9 日 | 9 月 14 日 | 17 | 单处罚金 5000 元 | |
| | 王某某 | 盗窃 | 取保候审 | 8 月 27 日 | 9 月 3 日 | 9 月 10 日 | 9 月 15 日 | 19 | 有期徒刑 1 年，缓刑 1 年 6 个月，并处罚金 15000 元 | |
| | 庞某某 | 交通肇事 | 取保候审 | 9 月 16 日 | 9 月 22 日 | 9 月 27 日 | 10 月 13 日 | 27 | 有期徒刑 1 年 6 个月，缓刑 2 年 | |
| | 王某 | 交通肇事 | 取保候审 | 11 月 5 日 | 11 月 10 日 | 11 月 17 日 | 11 月 20 日 | 15 | 有期徒刑 1 年，缓刑 1 年 | |

注：日期未注明年份的均为 2014 年

**表 5－5 D 市公安局 2015 年轻刑快审工作情况统计表（1～5 月）**

| 县（市、区） | 犯罪嫌疑人 | 案件性质 | 强制措施 | 处理阶段 | | | | | | 终止轻刑快审 | | | 备注 |
|---|---|---|---|---|---|---|---|---|---|---|---|---|---|
| | | | | 案件启动 | 移送检察机关 | 检察机关提起公诉 | 法院判决 | 处理天数 | 判决结果 | 终止时间 | 终止单位 | 终止原因 | |
| D 区 | | | | | | | | | | | | | 0 件 0 人 |
| J 开发区 | | | | | | | | | | | | | 0 件 0 人 |
| YH 开发区 | | | | | | | | | | | | | 0 件 0 人 |
| LC 区 | 秦某某 | 交通肇事 | 取保候审 | 2 月 3 日 | 2 月 4 日 | 2 月 10 日 | | | | 2 月 17 日 | 法院 | 期限不足，无法办理 | 4 件 4 人 |
| | 于某某 | 交通肇事 | 取保候审 | 2 月 3 日 | 2 月 4 日 | 2 月 11 日 | | | | 2 月 17 日 | 法院 | 期限不足，无法办理 | |
| | 崔某某 | 交通肇事 | 取保候审 | 3 月 3 日 | 3 月 3 日 | 3 月 10 日 | | | | 3 月 17 日 | 法院 | 期限不足，无法办理 | |
| | 于某某 | 交通肇事 | 取保候审 | 5 月 11 日 | 5 月 11 日 | 5 月 15 日 | | | | 5 月 20 日 | 法院 | 期限不足，无法办理 | |
| P 县 | | | | | | | | | | | | | 0 件 0 人 |
| QY 县 | 侯某某 | 一般刑事案件 | 取保候审 | 1 月 7 日 | 1 月 7 日 | | | | | | | | 7 件 8 人 |
| | 郑某某 | 一般刑事案件 | 取保候审 | 1 月 13 日 | 1 月 13 日 | | | | | | | | |

**续表 5 – 5**

| 县（市、区） | 犯罪嫌疑人 | 案件性质 | 强制措施 | 处理阶段 | | | | | | 终止轻刑快审 | | | 备注 |
|---|---|---|---|---|---|---|---|---|---|---|---|---|---|
| | | | | 案件启动 | 移送检察机关 | 检察机关提起公诉 | 法院判决 | 处理天数 | 判决结果 | 终止时间 | 终止单位 | 终止原因 | |
| QY 县 | 赵某 | 一般刑事案件 | 取保候审 | 2 月 3 日 | 2 月 3 日 | 2 月 10 日 | 3 月 4 日 | 29 | 拘役 4 个月，并处罚金 2 万元 | | | | |
| | 张某某 | 一般刑事案件 | 取保候审 | 3 月 3 日 | 3 月 3 日 | | | | | | | | |
| | 侯某某 | 一般刑事案件 | 取保候审 | 4 月 14 日 | 4 月 14 日 | | | | | | | | |
| | 高某 | 一般刑事案件 | 取保候审 | 5 月 8 日 | 5 月 8 日 | 5 月 13 日 | 5 月 20 日 | 12 | 拘役 2 个月 | | | | |
| | 郭某某<br>丁某某 | 一般刑事案件 | 取保候审 | 5 月 7 日 | 5 月 7 日 | 5 月 13 日 | | | | | | | |
| W 县 | | | | | | | | | | | | | 0 件 0 人 |
| X 县 | | | | | | | | | | | | | 0 件 0 人 |
| YC 市 | | | | | | | | | | | | | 0 件 0 人 |
| LL 市 | | | | | | | | | | | | | 0 件 0 人 |
| LY 县 | | | | | | | | | | | | | 0 件 0 人 |

**续表 5－5**

| 县（市、区） | 犯罪嫌疑人 | 案件性质 | 强制措施 | 处理阶段 | | | | | | 终止轻刑快审 | | | 备注 |
|---|---|---|---|---|---|---|---|---|---|---|---|---|---|
| | | | | 案件启动 | 移送检察机关 | 检察机关提起公诉 | 法院判决 | 处理天数 | 判决结果 | 终止时间 | 终止单位 | 终止原因 | |
| N 县 | 郑某某 | 故意伤害 | 取保候审 | 1 月 12 日 | 1 月 12 日 | 1 月 15 日 | 1 月 30 日 | 18 | 有期徒刑 1 年 6 个月，缓刑 2 年 | | | | 1 件 1 人 |
| QH 县 | 孙某某 | 交通肇事 | 取保候审 | 1 月 14 日 | 1 月 19 日 | 1 月 22 日 | 1 月 29 日 | 15 | 有期徒刑 1 年 6 个月，缓刑 2 年 | | | | 5 件 5 人 |
| | 沈某某 | 交通肇事 | 取保候审 | 1 月 14 日 | 1 月 19 日 | 1 月 22 日 | 2 月 2 日 | 19 | 有期徒刑 1 年，缓刑 1 年 | | | | |
| | 李某某 | 诈骗 | 取保候审 | 1 月 12 日 | 1 月 19 日 | 1 月 22 日 | 2 月 2 日 | 21 | 有期徒刑 6 个月，缓刑 1 年，并处罚金 5000 元 | | | | |
| | 韩某某 | 交通肇事 | 取保候审 | 3 月 16 日 | 3 月 19 日 | 3 月 26 日 | 4 月 8 日 | 22 | 有期徒刑 3 年，缓刑 3 年 6 个月 | | | | |
| | 高某 | 敲诈勒索 | 取保候审 | 4 月 12 日 | 4 月 19 日 | 4 月 26 日 | 5 月 10 日 | 28 | 有期徒刑 6 个月，缓刑 1 年 | | | | |

注：日期未注明年份的均为 2015 年

7 天就完成了从案发到宣判的全过程，不超过刑事拘留期限。“轻刑快审”机制的建立，实现了劳教制度废除后公安机关及与司法机关案件处理程序的有序衔接，畅通了诉讼渠道，有效解决了一段时间以来轻微刑事案件久拖不决、“捕不了诉不出”等执法难题。同时，节约了司法成本，提高了办案效率。

（2）形成公安司法合力，提高刑事诉讼效率。截至 2014 年 8 月 1 日，D 市全市适用“轻刑快审”机制办理轻微刑事案件 16 起，其中，轻伤害案件 4 起，危险驾驶案件 8 起，盗窃案件 3 起，寻衅滋事 1 起。从公安机关启动“轻刑快审”机制办理开始至法院依法作出判决均在 1 个月内完成，其中 1 起危险驾驶案件从立案到判决仅用 4 天。适用轻刑快审机制办理的 16 起案件中，7 起案件已作出判决，1 起已移送起诉至法院，尚未作出判决，8 起在检察机关审查起诉中决定中止快速办理。“轻刑快审”机制的实施解决了公安机关客观存在的执法难题。通过直诉渠道避免与检察机关因案件是否符合逮捕条件发生争议，有效提高了检察机关的诉讼效率。法院对轻微刑事案件依法“放开”刑罚，合理增加适用拘役刑，切实提高了打击轻微刑事犯罪的效能。

（3）凸显综合效果，符合社会民意。适用“轻刑快审”机制办理轻微刑事案件在社会上形成了较强震慑力，醉酒驾驶、轻伤害、盗窃等多发性危害社会治安行为得到有效控制，有力维护了人民群众的生命和财产安全，法律效果显著。由于办案效率高，避免了办案环节中外界因素干扰，法律的公平正义更易被群众感知；“轻刑快审”机制更有利于社会矛盾的化解，避免当事人之间的矛盾纠纷因法律处理的滞后性而激化，化解了上访和群体性事件发生的诱因，有力提升了政法机关的公信力。

D 市公安机关、检察机关、人民法院三机关适用“轻刑快审”机制办理轻微刑事案件起到了执行法律效能不减、社会秩序持续稳定和人民群众切实受益的效果。同时，调研情况说明，三机关还需进一步统一思想和步调，分别制定并强化配套制度，并为“轻刑快审”机制的更好运行提供必要的人力、物力保障和支持。

综上所述，D 市公安机关及检察机关、法院的实践经验说明，“轻刑快审”工作机制简化了轻微刑事案件处理流程，较好地解决了劳教制度废除后轻微刑事案件分流到刑事诉讼程序所带来的压力。但是，笔者认为，“轻刑快审”工作机制只是劳教制度废除后、新的制裁体系尚未建构前的“应景”之举。该类轻微刑事案件在公安司法机关之间转换，决定强制措施的主体是否需要变更，以及羁押性质等，都有法律根据不足、甚至是违法之诟病。

必须看到，劳教制度废除初期暴露出的治理问题，即公安机关以及整个司法系统在处理原适用劳教的严重违法但又不构成犯罪或仅构成轻微犯罪的案件时遇到的棘手之处，主要源于自身内部办案程序和办理机制的不完善，而这些不完善在很大程度上还是从劳教停止适用及废除前延续下来的，劳教手段的取消只是使原本存在的问题更突出地暴露出来。“两统一”工作机制和“轻刑快审”工作机制只是在现有国家制裁体系框架内解决这些原有问题的有益尝试，值得在一定时期内坚持完善并推广适用；这两个制度最大的积极意义是为公安司法系统内部改进工作方式、提高办案效能、合理配置资源进行了有益探索。但站在国家制裁体系的高度看，这两个或其他类似的工作机制并不具有最终升级为制度的条件。比如，“轻刑快审”工作机制，虽然有效，但仍是在刑罚范围内处理违法和轻微犯罪人员，还是更多强调惩罚的目的，无法很好地实现教育、帮助、矫治、感化行为人，以有利于其改掉恶习、回归社会的教育矫治作用。

## 小　结

随着我国法治进程的日益推进、人权理念的深入人心，新一届中央领导集体深刻认识到法治的重要作用。中共十八大报告中提出，法治是治国理政的基本方式。提高领导干部运用法治思维和法治方式深化改革、推动发展、化解矛盾、维护稳定的能力。十八届三中全会首次将“法治中国”写入的党的公报，并提出建设法治中国，必须深化司法体制改革，加快建设公正高效权威的社会主义司法制度，维护人民权益。要维护宪法法律权威，深化行政执法体制改革，确保依法独立公正行使审判权、检察权，健全司法权力运行机制，完善人权司法保障制度。全面依法治国的战略布局也在十八届四中全会上得到展开，全面依法治国的总目标就是建设中国特色社会主义法治体系，建设社会主义法治国家。2013 年劳教制度的废除可以说是我国法治进程中的又一个里程碑，对于建设中国特色社会主义法治体系与建成社会主义法治国家具有重要意义。但是，法学界与法律界对于后劳教制度时代的路径选择可谓是众说纷纭。劳教制度的废除并不意味着原来的那些违法行为实施者就可以逍遥法外，其应当依法受到更有效、更文明的治理和矫正。虽然我国刑法和行政处罚法、治安管理处罚法对此有一个二级制裁体系，但从违法行为的教育矫治看，单纯的处罚并不能解决公共治理的深层次问题，也不符合推进国家治理体系和治理能力现代化的要求。而之前劳教制度的一大作用即在刑事处罚和行政处罚之间进行衔接，实现对二者中间地带行为的制裁。若劳教制度废除后制度衔接出现真空，就可能会给刑事处罚适用和行政处罚适用造成负面影响，或惩罚失衡，或秩序危险，或公共治理缺憾。

课题组对D市的实证研究结果说明，劳教制度在我国的确对维护社会秩序发挥了一定作用。在劳教制度废除后，自然分流的做法并不可取，劳教制度不能一废了之。在后劳教时代的制度设计上，应当秉承人权保障与犯罪控制并重的基本价值追求，在具体制度设计上坚持司法化原则并兼顾效率。D市公安机关的“两统一”工作机制和公安、司法机关的“轻刑快审”工作机制就是一个有针对性的路径选择。在劳教制度废除后，新的国家制裁体系调整之前，“两统一”工作机制和“轻刑快审”工作机制的实施，对于解决“应景”问题的效果是比较明显的。但是，“两统一”工作机制只是公安机关内部的一项人员调整与分工的整合，并未解决劳教制度废除后案件分流为治安案件和刑事案件的合法性问题；“轻刑快审”工作机制实践运行还是在现行法律体系的缝隙中游走，其合法性问题备受质疑。笔者认为，D市的经验具有解决劳教制度废除后引发问题的有用性，然而是否具有可借鉴性与推广性，还有待进一步研究探索；D市“两统一”工作机制和“轻刑快审”工作机制实施中的法律“硬伤”，只有通过国家制裁体系统一重构解决。

# 第六章　劳教制度废除后国家三级制裁体系重构

在劳教制度的存废之争中，法学界保留论、改良论、废除论众说纷纭，从具体方式上来说有司法化、行政化、刑事化、保安处分化等多种观点。① 随着劳教制度的被废除，上述一些观点的基础不复存在，但是，法学界与法律界对于后劳教制度时代的路径选择可谓是见仁见智，有轻罪化、保安处分化、治安处罚化等观点。关于这些观点的介绍与评价，上文已经做过分析，此处不再赘述。新中国成立，特别是改革开放以来，中国法治建设走过曲折道路的实践证明，脱离中国实际，选择走任何一个国家的道路都是错误的；解决中国问题，还是要靠中国理论、中国制度，要走中国道路。笔者认为，劳教制度废除后，解决遗留问题以及新产生问题的路径选择，就是要以中国特色社会主义法治体系理论为指导，立足中国国情，重构国家制裁体系，即构建“治安处罚—违法行为教育矫治—刑罚”三级制裁体系以及与之相对应的执法与司法程序。

## 第一节　劳教对象类型化分析

劳教制度自 1955 年建立以来，由于其“与生俱来的难以剥离和更改的内生‘基因’，即，它是处理中国社会彼时政治问题的斗争工具和行政手段，这使它根本有别于属于司法范畴的刑事处罚。而这也正是劳动教养

① 参见李晓明：《尴尬与困境中的抉择——我国劳教立法改革再研究》，《法商研究》2003 年第 6 期。

在其后来的演进过程中，特别是在近30年中国社会法治化进程中，始终面临司法化瓶颈的根本之所在”①。劳教制度在适用过程中灵活而不稳定的特性决定了其在实践中适用对象的广泛性。可以说，劳教制度自诞生到滥用并最终被废止的过程，总体上就是劳教对象不断扩张的过程。另一方面，劳教的对象之所以被不断扩张，追本溯源是由劳教的制度性质所决定的。因此，为了正确把握后劳教制度时代的改革路径，有必要结合劳教的性质对劳教对象进行类型化分析。

应当说，尽管法学界一般认为，“现行劳教法律法规对收容对象条件的规定过于宽泛，既没有定性，也没定量，形成了社会治安的‘大口袋’‘垃圾桶’的现状”②，但自改革开放后，劳教适用对象在基本面上保持着统一。而对于劳教对象的类型化分析进而选择劳教制度改革路径是法学界长期使用的方法。因为废除前的劳教制度，对象繁杂，性质不一，放在一起就使劳教成了一个处理治安问题的“大箩筐”，凡是用另外手段难以解决的治安问题，便诉诸劳动教养手段，这也是造成劳教在实践中适用混乱和出现种种不合理现象的一个重要原因，也对公安机关执法办案质量的提升造成了负面影响。因此，如果要重构后劳教制度时代的国家制裁体系，就应首先对劳教的对象进行分类，再按照不同性质，采取不同的手段处理。

## 一　按照劳教适用的事实条件分类

在21世纪初就有学者主张，将劳教的对象分为三类：吸毒、卖淫、嫖娼人员，常习性违法行为人和轻微犯罪人。对吸毒、卖淫、嫖娼人员，可以通过制定《中华人民共和国收容处遇法》，建立行政性的保安处分，实现对其处置的正当化；对常习性违法行为人，即屡教不改者，可以考虑制定《中华人民共和国教养处遇法》，实现刑事保安处分的正当化；对轻微犯罪人，可以考虑将刑法中处3年以下有期徒刑的犯罪规定为轻罪，适用简易程序，实现对其处置的刑法化。③ 也有学者称劳教对象可以分为两

① 张绍彦：《改革制度优化功能——十字路口的劳动教养叙说》，《法学家茶座》2012年第4期总第37期。

② 姜金方：《劳动教养立法争议的由来、问题及出路》，《法学》2001年第5期。

③ 参见陈兴良：《劳动教养制度与中国法制建设问题研讨（一）》，《法学》2001年第5期。

类：一类属于运用刑罚手段来制裁可能显得过重，运用治安处罚手段又显得较轻的违法行为；另一类属于特殊主体，如吸毒成瘾者、卖淫嫖娼者。[①]

实际上，自从《治安管理处罚法》颁布之后，对于一般的吸毒、卖淫、嫖娼人员应当处以一般的治安处罚。尤其是在《行政强制法》颁布之后，明确定义了行政强制措施和行政强制执行。行政强制措施，是指行政机关在行政管理过程中，为制止违法行为、防止证据损毁、避免危害发生、控制危险扩大等情形，依法对公民的人身自由实施暂时性限制，或者对公民、法人或者其他组织的财物实施暂时性控制的行为。行政强制执行，是指行政机关或者行政机关申请人民法院，对不履行行政决定的公民、法人或者其他组织，依法强制履行义务的行为。而劳教最长期限可达四年，内容包括强制劳动，不符合行政强制措施暂时性限制的性质，也不符合设立强制措施的“制止违法行为、防止证据损毁、避免危害发生、控制危险扩大”的行为目的。与此同时，中央要求各部门、地方清查与《行政强制法》《治安管理处罚法》相违背的法律文件并做好落实的工作。如2011年11月25日，重庆市第三届人民代表大会常务委员会第二十八次会议修正了《重庆市查禁卖淫嫖娼条例》，将其中的第8条“有下列行为之一的，按照国家规定采取强制性教育措施，并由公安机关处五千元以下罚款：（一）因卖淫、嫖娼被公安机关处理，执行期满三年内又卖淫、嫖娼的；（二）因引诱、容留、介绍他人卖淫被依法判处刑罚，执行期满后五年内又引诱、容留、介绍他人卖淫，尚不够追究刑事责任的；（三）引诱、容留、介绍他人卖淫受过行政处罚或者被予以劳动教养，执行期满后三年内又引诱、容留、介绍他人卖淫，尚不够追究刑事责任的”，修改为：“有下列行为之一的，按照《中华人民共和国治安管理处罚法》的规定处理：（一）因卖淫、嫖娼被公安机关处理，执行期满三年内又卖淫、嫖娼的；（二）因引诱、容留、介绍他人卖淫被依法判处刑罚，执行期满后五年内又引诱、容留、介绍他人卖淫，尚不够追究刑事责任的；（三）引诱、容留、介绍他人卖淫受过行政处罚或者被予以劳动教养，执行期满后三年内又引诱、容留、介绍他人卖淫，尚不够追究刑事责任的”。《重庆市人民代表大会常务委员会关于修改部分地方性法规中有关行政强制条

① 参见熊秋红：《劳动教养制度改革的路径选择——以实证调研为基础的分析》，《法学家》2013年第5期。

款的决定》中对此修改所作出的说明是:“取消下列地方性法规中设定的限制人身自由的强制措施。”重庆市人大常委会法工委主任蔡开文作出进一步说明:《重庆市查禁卖淫嫖娼条例》于1997年制定,2006年11月修订,主要依据是《治安管理处罚法》和《关于严禁卖淫嫖娼的决定》。2011年修正之前,第8条规定的“强制性教育措施”主要指劳动教养,主要依据是国务院《劳动教养试行办法》第10条第3项,且第3项只作了原则性规定:卖淫,不够刑事处罚的,收容劳动教养。而《治安管理处罚法》对卖淫嫖娼行为规定的是拘留的强制措施。根据新法优于旧法原则,修改为按照《治安管理处罚法》的规定处理。①

正如1998年司法部在向全国人大和国务院法制局提出的《劳动教养法立法的请示》中称,劳教适用对象主要分为两种类型:“一是严重违反社会治安管理,适用治安管理处罚不足以惩戒,又不构成刑事处罚的(即通常所说的‘大法不犯,小法不断;气死公安,难死法院’);二是轻微犯罪,可以不给予刑事处罚,符合劳动教养条件的。”前种类型表明,劳教已经超出了社会治安处罚的界限,非其限度所能容纳。后者则明确了劳教对象的轻罪性质。这是劳教对象行为——罪错性质的基本构成。

因此,对于劳教事由中的下列行为:以营利为目的,为赌博提供条件的,或者参与赌博赌资较大的,屡教不改的;因卖淫、嫖娼被公安机关依法予以警告、罚款或者行政拘留后又卖淫、嫖娼的;吸食、注射毒品成瘾,经过强制戒除后又吸食、注射毒品的。一方面,《治安管理处罚法》第66条、67条、70条对类似行为作了规定;但是另一方面,我国《治安管理处罚法》又规定:“有本法第六十七条、第六十八条、第七十条的行为,屡教不改的,可以按照国家规定采取强制性教育措施。”而过去针对赌博、卖淫、嫖娼和吸毒人员所实施的劳教措施,正是我国《治安管理处罚法》第76条所言的“屡教不改”的情形。

同时,我们也可以看出,劳教事由中又的确存在不少已经构成《刑法》规定的行为类型而只是不满足相应罪量要素的违法行为。这些行为具有一定的社会危害性,行为人也具有一定的人身危险性。因此对于这些人员,也应当采取必要措施,对其进行更大力度的教育、预防、矫正和挽救。例如危害国家安全,情节显著轻微,尚不够刑事处罚的;结伙

① 参见张维:《重庆对卖淫嫖娼者不再劳动教养》,《法制日报》2012年5月29日第6版。

杀人、抢劫、强奸、放火、绑架、爆炸或者拐卖妇女、儿童的犯罪团伙中，尚不够刑事处罚的；制造恐怖气氛、造成公众心理恐慌、危害公共安全，组织、利用会道门、邪教组织、利用迷信破坏国家法律实施，聚众斗殴，寻衅滋事，煽动闹事，强买强卖、欺行霸市，或者称霸一方、为非作恶、欺压群众、恶习较深、扰乱社会治安秩序，尚不够刑事处罚的等。

## 二　按照所受劳教性质分类

法学界对于劳教对象的类型化分析通常是按照上述方法进行的，然而我们发现从劳教对象所受劳教性质上来进行分类将更有助于我们认清劳教制度的定位，以及帮助我们厘清后劳教制度时代制度改革重构的方向。

劳教的性质一直是饱受争议的话题，这不仅体现在法律规定上的前后矛盾，也体现在理论界对此的莫衷一是、争论不休。在劳教制度建立之初，劳教既是对被劳动教养的人实行强制性教育改造的一种措施，也是对他们安置就业的一种方法。但在劳教制度恢复重建后，删去了其安置就业的功能，而是将其定义为“对被劳动教养的人实行强制性教育改造的行政措施，是处理人民内部矛盾的一种方法”。1981 年 7 月 6 日《最高人民法院关于劳动教养日期可否折抵刑期问题的批复》在回答安徽省高院“关于劳动教养与刑期是否可以折抵”的请示时规定：“如果被告人被判处刑罚的犯罪行为和被劳动教养的行为系同一行为，其被劳动教养的日期可以折抵刑期；至于折抵办法，应以劳动教养一日折抵有期徒刑或拘役的刑期一日，折抵管制的刑期二日。”既然劳教与刑期可以折抵，而且“劳动教养一日折抵有期徒刑或拘役的刑期一日，折抵管制的刑期二日”，由此可见，劳教在这里被当作了刑事处罚，并且其对人身自由的限制程度超过作为限制自由刑的管制刑。此后，国务院又认定：“劳动教养所是国家治安行政处罚的执行机关。”① 这实际上重申了劳教是一种教育改造措施，并将劳教定性为治安行政处罚。

在法学界，早期有人认为，如果以行政处罚的定义和特征来看，劳教是对违法行为的事后制裁，符合行政处罚的特征，但是《行政处罚法》

① 国务院《关于进一步加强监狱管理和劳动教养工作的通知》（1995 年），第 1 条。

没有将其列入。后来又有人将其认定为行政强制措施，但《行政强制法》颁布后，这一理论也站不住脚。此后，也有学者将其认定为区别于行政处罚与刑罚之外的独立措施。①

劳教的性质之所以如此复杂，就在于劳教对象的多样性。对于其中符合《公安机关办理劳动教养案件规定》第 9 条规定情形的对象进行劳教，主要是出于行为社会危害性的考虑，侧重其当责性。此时，劳教出发点以及作用包括其内在逻辑类似于治安处罚与刑罚。但同时，对于具有①以营利为目的，为赌博提供条件的，或者参与赌博赌资较大的，屡教不改的；②因卖淫、嫖娼被公安机关依法予以警告、罚款或者行政拘留后又卖淫、嫖娼的；③吸食、注射毒品成瘾，经过强制戒除后又吸食、注射毒品等情况的行为人进行劳教时，则侧重对其主观恶习的强制矫治。因为普遍来看，吸食毒品、卖淫嫖娼一般并不构成犯罪，“卖淫嫖娼与吸毒一样，被认为是一种恶习，它们的出现有着复杂的心理、生理和社会原因，甚至在一定程度上是不可避免的”②。此种情况下，劳教的作用类似于保安措施。这一点在《治安管理处罚法》与《禁毒法》相继颁布过程中也得到体现。劳教只是之前一段时期内强制教育矫治的一种手段。

因此，从劳教对象的类型化分析可以看出，劳教制度废止后，新制度建设的方向应该是合法合理地处理上述群体，既要注重国家制裁体系的周密性，又要保障相应群体的合法权利，同时还要实现制裁程序和措施的高质高效。为此，我们主张国家制裁体系的一体化调整，在实体上建构“治安处罚—违法行为教育矫治—刑罚”三级制裁体系。

## 第二节 实体构造：三级制裁体系

我国既往的制裁体系可谓是争议颇多，有学者并不承认劳教在制裁体系中的地位与作用。笔者认为，应当秉承实事求是的态度认识劳教，不能

① 参见储槐植、张桂荣：《关于违法行为教育矫治法立法中几个重大问题的思考》，《中国司法》2010 年第 7 期。

② 熊秋红：《劳动教养制度改革的路径选择——以实证调研为基础的分析》，《法学家》2013 年第 5 期。

因为其局限性而否定其曾经的地位和作用。因此，在劳教废除之后，应当通过制定《违法行为教育矫治法》和修改相关法律，进一步完善我国制裁体系，以代替劳教实现社会治理功能。

## 一　“治安处罚—违法行为教育矫治—刑罚”三级制裁体系

1. “治安处罚—劳动教养—刑罚”三级制裁体系的弊端

对于我国存在的制裁体系，有学者认为由《治安管理处罚法》（2006年之前为《治安管理处罚条例》）和我国《刑法》两者共同构建完成，其依据《治安管理处罚法》第2条规定：“扰乱公共秩序，妨害公共安全，侵犯人身权利、财产权利，妨害社会管理，具有社会危害性，依照《中华人民共和国刑法》的规定构成犯罪的，依法追究刑事责任；尚不够刑事处罚的，由公安机关依照本法给予治安管理处罚。”（之前的《治安管理处罚条例》也有类似规定，其中第2条：“扰乱社会秩序，妨害公共安全，侵犯公民人身权利，侵犯公私财产，依照《中华人民共和国刑法》的规定构成犯罪的，依法追究刑事责任；尚不够刑事处罚，应当给予治安管理处罚的，依照本条例处罚。”）而我国《刑法》则在第13条规定：“一切危害国家主权、领土完整和安全，分裂国家、颠覆人民民主专政的政权和推翻社会主义制度，破坏社会秩序和经济秩序，侵犯国有财产或者劳动群众集体所有的财产，侵犯公民私人所有的财产，侵犯公民的人身权利、民主权利和其他权利，以及其他危害社会的行为，依照法律应当受刑罚处罚的，都是犯罪，但是情节显著轻微危害不大的，不认为是犯罪。”

通过分析，持该观点者认为，在语言逻辑上，治安处罚与刑罚已经非常恰合，完整地构成了我国的制裁体系。另外，从惩罚机制上来说，治安处罚与刑罚所建构的惩罚体系涵盖了从24小时到无期徒刑，乃至死刑的几乎所有幅度：行政拘留为1到15天，最多不超过20天；刑法规定的拘役为1个月到6个月，有期徒刑为6个月以上，直至无期徒刑和死刑，此外还有管制以及附加刑、缓刑等。劳教则在这个二级惩罚体系中显得多余，从而处于尴尬地位。[①] 然而，这一观点却遭受到了比较大的质疑。有

---

① 参见李晓燕：《论劳动教养制度的废存及违法行为教育矫治法的制定》，《法学杂志》2013年第3期。

学者认为，“治安管理处罚和刑罚之外尚有两块领域专属劳动教养。其一是，多次违反治安处罚条例，屡教（屡罚）不改，治安管理处罚不足以惩戒，刑法上又没有相应罪名的情形。例如吸毒，可予治安管理处罚（15 日以下拘留）；吸毒成瘾的强制戒毒；强制戒毒后又复吸的处以劳动教养。其二是，刑法边缘行为，即形式上符合某一罪名但构不成刑法上的罪名，所谓‘大法不犯、罪错不断、危害治安、公众憎恶、法院难办’的一类刑法边缘族，法院对这类人所以感到难办，是因为其行为虽危害治安公众憎恶，但在刑法上对客观恶行不重而主观恶习较深者无法入罪”①。从实际角度来看，该观点更具有合理性。从上文的分析中，我们得出了和前文一样的结论，劳教的对象一般就可以划分为这两种类型。应当说，在劳教制度废除之前，“治安处罚—劳动教养—刑罚”三级构成了我国实然的制裁体系。

当然，判断这一体系是否合理以及怎样评价这一制裁体系等也是值得探讨的问题，例如，劳教制度废止前，有学者认为：“这种所谓三级制裁体系，一不符合现代国家机关职能的划分，二缺乏监督，三适用上随意性大，最终不利于人权保障。在世界人权日益发展的今天，尤其是在我们人民民主专政的社会主义国家，应尽早废除这些不利于人权保障的制度，以促进我国法制的不断健全。”② 但是另一部分学者认为：“劳动教养应当成为一种独立于现有纯粹的行政和刑事之外的一项法律制度。并且我认为这非但没有否定其处罚对象轻罪行为的性质，而是比较科学、合理地适应了其对象的这一特点。”③

笔者认为，三级制裁体系的存在，与我国《刑法》对犯罪的特殊规定密切相关。我国《刑法》对一些犯罪构成要件界定除了规定定性因素外，还规定了定量因素，相当一部分犯罪有数额、情节的限制。有学者在比较、研究世界各国的犯罪概念定义后称：“犯罪概念的定量因素是我国刑法的创新。”④ 这种立法模式的优点在于尽量缩小了犯罪圈，避免更多的人被贴上犯罪的标签；但客观上造成了我国犯罪预防体系的复杂化。⑤

---

① 储槐植：《议论劳动教养制度改革》，《中国司法》2005 年第 5 期。

② 李居全：《也论我国刑法中犯罪概念的定量因素——与储槐植教授和汪永乐博士商榷》，《法律科学》2001 年第 1 期总第 108 期。

③ 张绍彦：《劳动教养立法需要创新》，《法学》2001 年第 5 期。

④ 储槐植、汪永乐：《再论我国刑法中犯罪概念的定量因素》，《法学研究》2000 年第 3 期。

⑤ 参见张昕航：《试论社区矫正适用对象的完善——以劳动教养为视角》，《中国司法》2006 年第 2 期。

正如部分学者所言，我国刑法体系强调社会危害性，相比西方国家而言是小刑法，只规定重罪。[①] 因为现代西方国家的刑法典一般都将犯罪分为多个层次的内容，如违警罪、轻罪、重罪等，这种犯罪分层的做法起源于19世纪末，至20世纪末逐渐成为大多数国家刑法的通例。实行犯罪分层，“是为了更好地在严重犯罪和轻微犯罪之间合理分配司法资源，集中大部分资源来对付那些严重犯罪，而对轻微犯罪采取宽松的政策和更为快捷的处理机制，从而以最少的刑罚资源投入达到最大的控制和预防犯罪的效果”[②]。这是与第五章里D市经验之一的“轻刑快审”制度基本一致的目的。

而我国现有成形的法律体系的结构设计却使得一部分违法行为一方面在社会危害性上重于《治安管理处罚法》中所描述的行为，另一方面虽然满足《刑法》中的行为构成要件但是又尚未达到《刑法》所规定的罪量要素。从而在刑罚与治安处罚之间存在“中间地带”，正如某些学者所说，劳教对象的违法犯罪行为是“刑法边缘行为”“亚犯罪行为”或“准犯罪行为”。[③] 可见我国刑罚与治安处罚本身并不能完全契合，这些中间地带正是劳教制度赖以存在的理由和土壤。

2. 违法行为教育矫治与劳教

劳教制度立法计划早已有之，但因为多方面原因一直被搁置。后来，由于其自身种种长期积累、难以克服的弊端而被质疑，政府开始筹划改革乃至废止劳教制度。2005年4月，全国人大法工委将《违法行为矫治法（草案）》提请全国人大常委会审。全国人大常委会将《违法行为矫治法》列入2005年度立法规划。之后，媒体广泛刊登此则消息，称“我国劳教制度面临变革，将订违法行为矫治法”[④]，从而使得“违法行为矫治”一时之间成为街头热词。但此后，该法案一直未被通过。直至2009年8月，全国人大法工委在前几年工作的基础上，提出了

① 参见储槐植：《我国刑法中犯罪概念的定量因素》，《法学研究》1988年第2期。

② 熊秋红：《劳动教养制度改革的路径选择——以实证调研为基础的分析》，《法学家》2013年第5期。

③ 参见司法部研究所劳动教养性质课题组：《论劳动教育的性质问题》，《犯罪与改造研究》1990年第1期。

④ 廖卫华：《我国劳教制度面临变革 将订违法行为矫治法》，新华网，http：//news. xinhuanet. com/legal/2005－03/02/content_ 2636013. htm，2014年2月27日。

《违法行为教育矫治法（草案）》（征求意见稿）。草案暂时绕开了上一草案的司法化之争，建议由政府有关部门组成一个相关委员会，由该委员会行使违法行为教育矫治措施的决定权。但由于种种原因该草案再一次被搁置。但此后，“违法行为教育矫治”取代之前的“违法行为矫治”成为讨论的重点。

虽然违法行为教育矫治是在讨论取代劳教制度中所使用的概念，但是其与劳教还是有着比较大的不同。在内容上，除了传统的劳教对象被纳入以外，[①] 还应当将因未满16岁而不予刑事处罚的人强制收容的等被采取相应强制性措施的人员纳入。在判断标准上，违法行为教育矫治将重点关注行为人是否具有主观上的恶习，一般而言，实践中通过行为人实施违法行为的反复性来推断行为人的主观恶性。[②]

3. “治安处罚—违法行为教育矫治—刑罚”三级制裁体系的构想

“治安处罚—违法行为教育矫治—刑罚”三级制裁体系是指根据我国现有的法律体系，在劳教等制度原来关注的领域，进行相关的制度改造，在治安处罚与刑罚两者之间建立以对违法行为进行强制性教育矫治的特殊治理模式，从而与治安处罚、刑罚一起构建中国特色社会主义法律制裁体系。关于劳教制度废除后的三级制裁体系的重构，课题组建议取消《治安管理处罚法》中行政拘留的处罚方式，把以前适用行政拘留进行处罚的行为，由《违法行为教育矫治法》进行规范；同时《刑法》中的一部分轻罪行为，也应当纳入《违法行为教育矫治法》，即形成“治安处罚—违法行为教育矫治—刑罚”三级递进式的国家制裁体系，这是社会治理结构发生变化的必然产物。《违法行为教育矫治法》中关于行为规制、处罚方式以及作出处罚决定的制度设计和程序构建，都使得劳教制度的非诉讼化和非司法化弊端得以解决，保证了法律适用过程中的能动性、合理性和精确性。本次三级制裁体系重构中，其目标的设定、内容的确定及方法的选择都是在借鉴了法治文明的共同成果基础上，与我国司法运行过程中存在的问题相结合，并予以理性的分析、界

---

① 关于是否应当将传统的劳教适用对象全部纳入违法行为教育矫治还存在争议，因为随着时代的发展，一些行为人可以做治安处罚或者轻罪化分流。这与第五章中在D市的调研情况也是基本符合的。

② 参见储槐植、张桂荣：《关于违法行为教育矫治法立法中几个重大问题的思考》，《中国司法》2010年第7期。

定和规划，三级制裁体系的主体运行框架和运行程式才得以准确凸显和有效厘清，并最终形成了具有中国特色的国家制裁体系。正如有学者在之前分析劳教制度改造路径时，认为应当“废除制度”，因为劳教制度是“侵犯公民权利的制度”；但同时要“保留功能”，即“保留合理的维护社会秩序的功能”。因为“劳动教养针对的对象除了部分不应当羁押的人员以外，对于轻微违法犯罪、吸毒、卖淫等，任何一个国家、任何一个社会都会面临同样的问题，对于这样一些人、这样一些行为、这样一些问题，都会有相应的、合理的、合乎价值原则的规则和办法。……这种功能，这种社会需要是客观存在的”。[①] 这一点也体现在《违法行为教育矫治法》的起草过程中。全国人大代表、全国人大常委会法制工作委员会副主任李飞在介绍《违法行为教育矫治法》的有关情况时向媒体表示：“该法主要是对有违法行为，特别是一些屡教不改，但是又不是按照刑法进行处罚的，针对特定的情况，采取教育矫治的办法，使他们能够改变自己过去的一些屡教不改行为，减少和预防犯罪。特别是维护社会的治安秩序，维护更多人的正常生活和安全秩序。”[②] 应当说在我国目前的情况下，通过《违法行为教育矫治法》的出台，建构“治安处罚—违法行为教育矫治—刑罚”三级制裁体系是必要的，也是可行的。

## 二 三级制裁体系建构的必要性

1. 治安处罚与刑罚衔接不恰合性

劳教制度客观存在的50余年历史也恰恰说明了我国法律体系中的确存在一部分行为游离于一般治安处罚与刑罚制裁体系之外，这就是治安处罚与刑罚衔接不恰合性导致的。比如轻微犯罪行为。“所谓轻微犯罪者，即其本身的违法行为已经构成犯罪，理应由刑法管辖，但考虑到年龄或其他因素，如青少年犯罪、偶犯或失手致人轻微伤害者，实施刑罚会带来其他副作用，弊大于利，而采取较为缓和的强制教育矫治措施

① 参见张绍彦：《劳动教养的轨迹及去向》，《法学论坛》2008年第4期。

② 朱鹏英：《〈违法行为教育矫治法〉正起草 将改革劳教制度》，中国新闻网，http：//www.chinanews.com/gn/news/2010/03－10/2161451.shtml，2014年2月27日。

即能更好地达到惩治及教育目的者，则适用不完全限制其人身自由的强制教育矫治措施”[①]。

2. 主观恶习的客观存在性

刑罚和治安处罚作为制裁方式，其适用的主要依据是客观的行为及其实害，而劳教则可以适用于那些行为实害可能不大，但人身危险性较大的对象。在这一点上，劳教对刑罚和治安处罚也可以发挥弥补的功能。[②] 如惯犯、累犯、职业犯等多次聚众打架斗殴、多次卖淫嫖娼者，或造成严重交通事故逃逸者，或以迷信邪教等扰乱社会秩序者，以及吸毒成瘾严重影响家庭及社会安定者。这类人的违法行为，“容易造成人心惶惶和导致社会不安，对其实施刑罚畸重而治安处罚又不足以对其形成威慑，所以，需要采取一定的强制措施，限制其一定程度的人身自由，对其恶习进行强制教育矫治”[③]。

3. “完全分流”做法的不完善性

有观点认为，在劳教制度废止之后，应当对原来的劳教对象予以二元分流，一部分归于治安处罚，一部分归于刑事处罚，将劳教适用对象中尚不够刑事处分的违法行为纳入行政处罚体系；将那些较为严重的违法行为纳入刑事处罚体系。[④] 该路径可以解决“劳教非司法化”问题。但会随之产生一些新问题。并且从第五章的实证研究可以看出，由于这些问题来源比较复杂，它们不只源于治安处罚与刑罚的制裁范围衔接方面，还源于处理轻微刑事案件时对公安司法机关有序相互协调、提高诉讼效率、节约司法资源、有利于被告人、体现公平正义、提升综合效果等方面的要求，因此，从目前司法实践来看，“轻刑快审”等机制并不能最终妥善地解决下列问题。

其一，治安处罚中的行政拘留问题，无论是《治安管理处罚法》中原有的行政拘留，还是新增设的对原来部分劳教对象的行政拘留，依然存在行政机关用行政方式限制人身自由的诟病。其二，归于刑事处罚者，一方面需要修改刑法，对刑罚的种类予以调整，如增加“教育矫治”作为刑罚的一种；另一方面，在现行《行刑事诉讼法》的“特别程序”一编

① 王公义：《论〈违法行为教育矫治法〉的立法理念及原则》，《中国司法》2005 年第 7 期。
② 参见魏晓娜：《走出劳动教养制度的困局：理念、制度与技术》，《法学》2013 年第 2 期。
③ 王公义：《论〈违法行为教育矫治法〉的立法理念及原则》，《中国司法》2005 年第 7 期。
④ 参见赵秉志：《劳动教养制度改革的方向与方案》，《法学研究》2010 年第 1 期。

中增加设置“教育矫治程序”一章，这样做可能会使犯罪圈扩大，[①] 甚至需要我国犯罪定义体系进行结构性的变迁，而且会大量增加司法成本。[②] 其三，“轻刑快审”等新机制的建立虽然有效，但仍是在刑罚范围内处理“轻微刑事案件”，一方面需要在刑事诉讼程序中制定特别的程序规定、调拨专门的人力物力财力，与刑事诉讼一般程序争夺司法资源；另一方面虽然大部分处以的是拘役等轻刑，但仍属于刑罚，无法很好地实现有利于被告人改掉恶习、有利于被告人回归社会的教育矫治作用。综上所述，由于该方案不能彻底地解决我国实际问题，并且改革成本较高，长期的结果也难以预计。因此，“完全分流”的方案不具有制度层面的可操作性。

## 三　三级制裁体系建构的可能性

1.《治安管理处罚法》与刑事法律的修改

2005 年全国人大常委会通过的《治安管理处罚法》，其中取消了《治安管理处罚条例》中有关劳教的规定，只是在第 76 条规定：“有本法第六十七条、第六十八条、第七十条的行为，屡教不改的，可以按照国家规定采取强制性教育措施。”

2011 年 2 月 25 日中华人民共和国第十一届全国人民代表大会常务委员会第十九次会议通过《刑法修正案（八）》，并自 2011 年 5 月 1 日起施行。2012 年 3 月 14 日第十一届全国人民代表大会第五次会议通过《关于修改〈中华人民共和国刑事诉讼法〉的决定》，对刑事诉讼法进行了大规模的修改。这次刑事法律的修改使得刑法正在朝摆脱“唯结果论”的方向前进。[③] 比如，《刑法修正案（八）》对盗窃罪的规定就不再单纯强调数额，而是规定“多次盗窃、入户盗窃、携带凶器盗窃、扒窃的”，不论数额多少，都可以构成犯罪。同时，在原有的具有保安处分性质的措施，如《刑法》第 17 条第 4 款关于对实施了危害社会行为的无责任年龄人必要时由政府“收容教养”的规定，《刑法》第 18 条关于对实施了危害社会行为的无责任能力的精神病人应责令其家属或监护人“严加看管和医疗”

---

① 参见冀祥德：《劳教制度：向死而生》，《环球法律评论》2013 年第 2 期。

② 参见屈学武：《“轻罪”之法价值取向与人身权利保护》，《河北法学》2005 年第 11 期。

③ 参见刘仁文：《劳教制度的改革方向应为保安处分》，《法学》2013 年第 2 期。

的强制性规定等条款的基础上，《刑法修正案（八）》规定“判处管制，可以根据犯罪情况，同时禁止犯罪分子在执行期间从事特定活动，进入特定区域、场所，接触特定的人”。《刑事诉讼法》也增加了一系列特别程序，包括未成年人刑事程序、强制医疗程序、强制没收程序等具有保安处分性质的措施。

上述方面的修改体现了刑法与治安管理处罚法这两个我国制裁体系中的两极都开始关注那些需要实施保安处分性质的措施和强制性教育性措施的中间地带行为，从而为违法行为教育矫治介入两个制裁方法之间，成为第三种制裁方法提供了空间，为“治安处罚—违法行为教育矫治—刑罚”三级制裁体系的建构提供了法律制度整体结构上的可能。

2. 社区矫正制度的试点与推广

我国于2002年8月开始实行社区矫正试点工作，2002年10月由司法部预防犯罪研究所的研究人员组成的司法部社区矫正制度研究课题组向司法部提交《关于改革和完善我国社区矫正制度的研究报告》。2003年7月，最高人民法院、最高人民检察院、公安部、司法部联合起草并下发《关于开展社区矫正试点工作的通知》，标志着我国社区矫正工作的开端。

根据《关于开展社区矫正试点工作的通知》第2条规定：“根据我国现行法律的规定，社区矫正的适用范围主要包括下列5种罪犯：1. 被判处管制的。2. 被宣告缓刑的。3. 被暂予监外执行的，具体包括：（1）有严重疾病需要保外就医的；（2）怀孕或者正在哺乳自己婴儿的妇女；（3）生活不能自理，适用暂予监外执行不致危害社会的。4. 被裁定假释的。5. 被剥夺政治权利，并在社会上服刑的。在符合上述条件的情况下，对于罪行轻微、主观恶性不大的未成年犯、老病残犯，以及罪行较轻的初犯、过失犯等，应当作为重点对象，适用上述非监禁措施，实施社区矫正。”2005年1月31日，最高人民法院、最高人民检察院、公安部、司法部联合下发《关于扩大社区矫正试点范围的通知》，决定将河北、内蒙古、黑龙江、安徽、湖北、湖南、广东、广西、海南、四川、贵州、重庆12个省（区、市）列为第二批社区矫正试点地区，进一步扩大社区矫正试点工作的开展。2012年1月，最高人民法院、最高人民检察院、公安部、司法部联合印发了《社区矫正实施办法》，明确社区矫正的适用对象，全面规范社区矫正从适用前调查评估、交付与接收、矫正实施到解除矫正的整个工作流程，细化对社区矫正人员的监管措施。

同时，此前刑事法律的修改也都贯彻了这一做法。《刑法修正案（八）》第2条规定："原第二款作为第三款，修改为：'对判处管制的犯罪分子，依法实行社区矫正。'"第17条规定："将刑法第八十五条修改为：'对假释的犯罪分子，在假释考验期限内，依法实行社区矫正，如果没有本法第八十六条规定的情形，假释考验期满，就认为原判刑罚已经执行完毕，并公开予以宣告。'"修改后的《刑事诉讼法》第258条也规定："对被判处管制、宣告缓刑、假释或者暂予监外执行的罪犯，依法实行社区矫正，由社区矫正机构负责执行。"这使得刑事法律体系与之前的社区矫正相关规定相统一，明确了社区矫正的对象，有利于社区矫正工作的开展。

社区矫正在我国已经被大规模推广，从目前数据来看，对于教育矫治犯罪人取得了非常良好的成绩。截至2011年年底，全国97%的地（市、州）、94%的县（市、区）和89%的乡镇（街道）已开展社区矫正工作；累计接收社区矫正人员88万余人，累计解除矫正88万余人，现有社区矫正人员40万人，社区矫正人员重新犯罪率一直控制在0.2%左右。①

一方面，社区矫正要求法院大量地适用管制、缓刑、剥夺政治权利等非监禁刑，这实际上是国家降低一部分刑事犯罪的起刑点，原来判监禁刑的改为非监禁刑，这与劳教的适用范围在一定程度上出现重合。另一方面，社区矫正工作的试点与推广为违法行为教育矫治提供了宝贵的经验，证明了非监禁化的教育矫治的事实上的可行性。

3. 违法行为教育矫治立法工作的开展及相关试点工作的开展

为了改革劳教制度，适应现代法治化发展趋势，全国人大于2004年将制定《违法行为矫治法》列入五年立法规划。2004年，中共中央在批转的《中央司法体制改革领导小组关于司法体制改革和工作机制改革的初步意见》中正式确认，将劳教制度改革为违法行为教育矫治制度。2009年8月，全国人大法工委在前几年工作的基础上，提出了《违法行为教育矫治法（草案）》（征求意见稿）。草案暂时绕开了上次草案的司法化之争，并建议政府有关部门组成一个相关委员会，由该委员会行使违法行为教育矫治措施的决定权。关于委员会设立的基本框架是：设市以上各

---

① 参见徐昕、黄艳好、卢荣荣：《中国司法改革年度报告（2012）》，《政法论坛》2013第2期。

级政府设立教育矫治委员会，成员由本级政府、公安、司法行政、教育、人力资源和社会保障部门有关负责人担任。教育矫治委员会的主要职责是：根据公安机关的提议，审议决定是否对具有违法行为的人予以教育矫治。2010 年，时任全国人大常委会委员长吴邦国则在全国人大的工作报告中再次将《违法行为教育矫治法》列入立法计划。① 此外，2011 年最高人民法院等十部门下发《违法行为教育矫治委员会试点工作方案》，将南京、郑州、兰州、济南四市列为违法行为教育矫治试点地区，以“违法行为教育矫治”取代劳动教养。据报道，“2011 年 11 月 8 日，被列为违法行为教育矫治试点地区的南京市政府下发通知，决定成立违法行为教育矫治委员会试点工作领导小组。小组组长由南京市公安局局长担任，成员包括法院、检察院、政府法制办、教育局、民政局、司法局、人力资源与社会保障局、共青团、妇联等机构负责人。领导小组下设办公室，办公地点设在市公安局，由公安局副局长担任办公室主任。”②

从时间和内容上来看，违法行为教育矫治立法工作的开展早在 10 年前就开始正式启动，并且在 2009 年时已经有草案出现，说明违法行为教育矫治立法已经有一定基础并且初具成效。同时，地方已经开始试点违法行为教育矫治委员会工作，为今后的违法行为教育矫治工作的开展提供了宝贵的试点经验。

## 四　违法行为教育矫治的具体内容

1. 性质与定位

在定位上，应当改变以往“惩罚改造”理念，将“教育矫治”作为设立这项制度的基本宗旨。③ 劳教制度经过 50 多年的发展，其“具有行政与刑事相互混合的非典型意义上的公法性质。”④ 而违法行为教育矫治制度

① 参见黄秀丽：《违法行为矫治法将有望取代劳动教养》，《南方周末》2010 年 3 月 11 日第 8 版。

② 宋识径：《四市试点劳动教养制度改革》，新京报网，http：//www. bjnews. com. cn/news/2012/08/29/219561. html，2014 年 2 月 23 日。

③ 参见冀祥德：《劳教制度：向死而生》，《环球法律评论》2013 年第 2 期。

④ 李本森：《停止劳动教养制度的路径选择——以公法的强制性整体变迁为视角》，《中国法学》2013 年第 6 期。

可以填补劳教制度废除后的空白，它同样是行政与刑事相互混合，应当注重的是其适用对象的被强迫矫治性、非社会危害性与惩罚性以及保安性。所以，应当明确，作为一种教育矫治措施，其目的本身不是为了惩罚，而是为了教育矫治，尤其是通过对其不良人格特征的矫治，可以使被教育矫治人员成为身心健康的人，这实际上是对其基本权利的保护。[①]

2. 适用对象

从基本面来说，违法行为教育矫治的适用对象应当继受劳教制度的适用对象，包括严重违法者与轻微犯罪者。严重违法者，指的是多次严重违犯治安管理法规和有关法规而屡教不改，对社会治安造成严重危害的人，如惯犯、累犯、职业犯等多次聚众打架斗殴、多次卖淫嫖娼者；轻微犯罪者，即其本身的违法行为已经构成犯罪，理应由刑法管辖，但考虑到年龄或其他因素，如青少年犯罪、偶犯或失手致人轻微伤害者。[②]

3. 适用措施

就目前来看，我国劳教及相关类似性质的措施大概处理如下四类行为：传统劳教处理的严重治安违法行为，即处于刑法和治安管理处罚之间危害社会的行为，实际上属于轻微犯罪行为但因我国刑法中犯罪的定量因素未将其纳入作为犯罪处罚的；初次吸毒者的强制戒毒和针对两次以上复吸者的强制隔离戒毒；因行为人未成年而没有给予刑罚处罚的犯罪行为，即对未成年违法犯罪的收容教养；具有精神病及特定情况下的特定传染疾病，即对具有社会危害性的和危险性疾病的人员进行强制医疗。[③] 因而，可以将违法行为的矫治种类设计为四类：强制教养；社区矫正；强制戒毒；强制治疗。有学者主张引进西方的社区服务令措施作为一种治安管理处罚手段，[④] 但是，笔者认为，将其作为一种社区矫正的手段则是更为合适。

4. 整体结构

为了防止违法行为教育矫治被滥用从而重走劳教制度的老路，必须设

---

① 参见储槐植、张桂荣：《关于违法行为教育矫治法立法中几个重大问题的思考》，《中国司法》2010 年第 7 期。

② 参见王公义：《论〈违法行为教育矫治法〉的立法理念及原则》，《中国司法》2005 年第 7 期。

③ 参见张绍彦：《我国劳教之社会化处遇制度构想》，《中国社会工作》2013 年 8 月上。

④ 参见李本森：《停止劳动教养制度的路径选择——以公法的强制性整体变迁为视角》，《中国法学》2013 年第 6 期。

立严格的司法化的决定程序。因此笔者建议，应立法规定，公安机关认为符合教育矫治条件的，应当写出教育矫治意见书，移送人民检察院；人民检察院经审查认为符合教育矫治条件的，应当向人民法院提出申请，由人民法院作出决定；同时，规定人民法院受理教育矫治申请后，应当开庭审理。被申请教育矫治人及其亲属有委托辩护人的权利。对决定不服的，可申请复议。

同时，应当以此为契机，对我国的制裁方式进行彻底梳理与重建。将我国《刑法》《行政处罚法》和《治安管理处罚法》之外的限制和剥夺公民人身自由的措施，包括已经废除的劳教、针对卖淫嫖娼的收容教育、未成年人违法犯罪的收容教养、强制戒毒、强制医疗程序等进行梳理，纳入国家统一的法律调整之下。

因为，在性质上，这些都是涉及剥夺或限制人身自由的强制措施，不论是收容还是教育矫治。我国于1998年签署的《公民权利和政治权利国际公约》第9条规定："除非依照法律所规定的根据和程序，任何人不得被剥夺自由……"，第14条规定："在判定对任何人提出的任何刑事指控或确定他在一件诉讼案中的权利和义务时，人人有资格由一个依法设立的合格的、独立的和无偏倚的法庭进行公正的和公开的审讯。"按照国际公约的精神，应对上述非刑事化事由剥夺公民人身自由的措施进行统一司法化建构。

同时，这也是我国推进法治中国建设的必然选择。"在适用和决定程序上，在中国社会实现法治化之前，司法化或准司法化应当是较长时间限制公民人身自由的法治化的底线"[①]。所以，我们主张在程序上构建制裁体系一体化诉讼结构。

## 第三节　程序构造：制裁体系一体化诉讼结构

前文中我们已经对违法行为教育矫治立法的性质、适用对象、适用措施等实体内容进行了探讨，并系统地阐述了构建"治安处罚—违法行为

① 张绍彦：《改革制度优化功能——十字路口的劳动教养叙说》，《法学家茶座》，2012年第4期总第37期。

教育矫治—刑罚”三级制裁体系的必要性和可能性。然而，仅此是远远不够的，还需要构建科学、正当、合理的程序。因为程序公正是实现实体公正的基本保障。如何根据法治的一般理论，遵循法治的基本规律，构建完善的国家制裁体系是目前立法和司法工作的核心愿景。

权力应当如何配置、具体的程序结构应如何构建是劳教制度废除之后国家制裁体系重构的重中之重。在我国，劳教制度备受诟病的原因是其并未经过严格缜密的诉讼化程序即对人身自由进行限制，以及其在实施过程中的异化对人权的侵犯，这与《公民权利和政治权利国际公约》第9条之规定“除非依照法律所规定的根据和程序，任何人不得被剥夺自由”是极大地违背与偏离，并严重阻碍了法治社会中保障人权目标的实现。《治安管理处罚法》中的行政拘留取消之后，这些原本由公安机关依据《治安管理处罚法》直接进行处罚的行为，现在由《违法行为教育矫治法》进行规范，换言之，在作出处罚决定前必须由法院进行审理和判决，增加了司法化和诉讼化的程序审查和构建，保证了诉讼程序和结果的公正合理实现。关于劳教制度废除后国家三级制裁体系重构的基本范畴研究，课题组经过调研，在相关实证研究的基础上，建议在《违法行为教育矫治法》中构建一种全新的诉讼化程序结构。

## 一　构建诉讼化程序结构

### 1. 诉讼化程序结构

所谓诉讼化，是与行政化相对应的概念，其基本含义是，按照诉讼的特点来构建审判程序，法院不告不理，控辩双方平等、充分地对抗，法官按照一定的既定规则居中裁判。在诉讼化的审判程序中，控辩双方的地位是平等的；法官居中审判而不主动干涉案件的发展，不告不理，公正公平地审理案件，始终保持中立的地位。诉讼化程序结构不仅强调了案件的审理解决要通过正规的裁判机构，更主要强调了控辩审三方的地位及法律关系。在这个结构中，控审分离、审判中立、控辩对抗，控、辩、审三方形成一种等腰三角形的关系结构，法官作为中立的第三方则处于等腰三角形的顶点，在查清案件事实的前提下，作出最后的判决。诉讼化最标准的特点无疑就是三方结构，其本质就是在中立的第三方的主持下，解决控辩双方的争议。在这个过程中法院不能偏袒控辩双方中的任何一方，控辩双方应当处于一种相对“平衡”的地位。[①] 这也是诉讼化程序与司法化、行政化等非诉讼化程序最大的区别。

在已经废除的劳教制度中，行政化特征尤为明显。劳教制度，是一个缺乏监督的、随意性很大的行政化决定，完全由公安机关一个部门主导，缺乏权力之间的相互制约，无法实现对被劳教者的权利保障。其后的诸多学者对劳教制度的改革建议中，也多是对其进行去行政化，同时进行司法化的改革，这些改革只能试图改变其单方权力机关拥有决定权的局面，在一定程度上可以保障违法行为人的权利。但我们应当看到，无论司法化还是行政化，其本质上只是体现了决定权被移交给了另一个主体，仅仅体现了“分权”的意识，并没有体现出各机关之间的“制衡”。虽然司法化实现了将决定权交给法院的目标，但是由于并没有凸显司法要通过什么样的构造来作出决定，法院审判仍然可能沦为一种形式化的过场，原因是很多制度的设计者宁可恢复劳教管理委员会的职能，并使其实体化，也没有给拥有法律监督权的检察机关“安排任何角色”，[②] 所以，笔者认为在违法行为教育矫治立法中确立一种诉讼化的程序结构是当下最为理想的选择，不仅可以有效地保障违法行为人的权利，在当下中国法治化的环境中，也有其实现的现实和理论基础。

## 二 诉讼化程序结构的必要性

### 1. 诉讼化程序结构的法理基础

从国际法上看，我国已经在1998年签署了《公民权利和政治权利国际公约》，该国际公约第9条规定：“除非依照法律所规定的根据和程序，任何人不得被剥夺自由。”从国内法上看，我国《宪法》和《立法法》也分别作出了规定。《宪法》第37条规定，中华人民共和国公民的人身自由不受侵犯；任何公民，非经人民检察院批准或者决定或者人民法院决定，并由公安机关执行，不受逮捕；禁止非法拘禁和以其他方法非法剥夺或者限制公民的人身自由，禁止非法搜查公民的身体。《立法法》第8条规定，对公民政治权利的剥夺、限制人身自由的强制措施和处罚只能制定

---

① 参见陈守一：《法学研究与法学教育论》，北京大学出版社1996年版，第4页。

② 参见汤海军、张长和：《我国劳动教养法律制度的未来走向》，《河南社会科学》2008年第4期。

法律。由此可见，在我国，能够确立剥夺公民政治权利、剥夺或者限制公民人身自由的规范性文件只能是法律，能够决定剥夺或者限制公民人身自由的国家机关只能是人民检察院和人民法院。①

所以，笔者建议出台《违法行为教育矫治法》，提升法律的层级效力，同时构建诉讼化的程序，通过控、辩、审三方充分地参与到争讼的解决过程中，司法机关依法履行侦查、法律监督、审判、执行等职责中，尊重和保障诉讼参与人的合法权益，才能最终实现程序的公正。

2. 诉讼化程序结构的性质、目的

在前文中我们已经就违法行为教育矫治法的性质做了分析，并且三级制裁体系由“治安处罚—劳教—刑罚”变为“治安处罚—违法行为教育矫治—刑罚”，其中，治安处罚是由公安机关决定的案件，刑罚则是由法院通过一定的司法程序进行判决，而违法行为教育矫治法由于其也是涉及限制人身自由且重于治安管理处罚轻于刑罚，所以其程序适用应当符合国际法和国内法关于人身自由保护的规定，避免重走劳教制度的行政化、随意化的老路，同时也要注意不能“陷入刑事司法程序的窠臼”。

从目的方面来说，原本劳教制度确立的“教育、感化”的目的需要有代替制度加以延续和实现，新设立的违法行为教育矫治法的目的正是坚持了“教育性”的本质特征与核心价值，彻底摒除实践中劳教制度偏离立法目的，以创立高利润的劳教经济为追求的做法。② 然而，要想延续和实现“教育性”的本质，除了实体方面加强立法之外，更应该从程序上加以严格限制，我们所提倡的诉讼化程序结构正是从程序上最大限度地保障了实现“教育性”的可能性。所以，我们应该顺应违法行为教育矫治法的立法性质与目的，创设一种特殊的诉讼化结构程序，从内部优化权力配置权力，通过权力制约权力、权利制约权力，最终实现对违法行为人的教育改造。

## 三　诉讼化程序结构的具体制度设计

针对劳教制度程序上的种种缺陷，违法行为教育矫治在程序上必须按

① 参见陈彦羽：《我国劳教制度改革之路》，《湖北警官学院学报》2013 年第 5 期。

② 参见姚佳：《“改头换面”还是“脱胎换骨”——从劳动教养制度的停用谈起》，《北京警察学院报》2013 年第 3 期。

照正当的、严格的、合法的法律程序来构建，但是在具体程序的设计上存在着“准司法化”、完全司法化、不完全司法化等观点。法学界的共识是，决定权归法院、司法权应当介入到违法行为决定的过程中，但是关于如何介入以及介入的程度，却有不同的观点和主张。

1. “司法化”之主张

有学者提出，由于违法行为的特殊性质，其既不属于《刑法》管辖的范围，又不属于行政处罚范围，即《治安管理处罚法》，所以在决定程序上应该至少“准司法化”。而“准司法化”是指是否属于违法行为教育矫治，由行政机关决定，如果拟被强制教育矫治者对行政决定不服的，可以申请复议，依然不服的，可以提起行政诉讼，以简易程序一审终审方式进行结案。[①] 另外，还存在着完全司法化和不完全司法化之争。完全司法化是指由公安机关申请、人民法院裁决的模式；不完全司法化是指公安机关决定，被决定人员不服，可以到人民法院申诉，由法院最终决定是否采取教育矫治措施。笔者认为，其中“准司法化”和不完全司法化的本质上存在一定的相似性，选择这种做法也是有一定原因的，有些学者考虑到公安机关以及法院的工作量已然很庞大，审案期间本来就不长，再将违法行为的决定权由公安机关放到法院，将进一步加大两个机关的工作任务，使得司法效率得不到保障；同时，延长羁押的期限，更不利于保护被羁押人的权利。

这种想法是可以理解的，但是我们应当看到我们的司法队伍正在不断壮大，这就为我们的改革奠定了基础，更为重要的是我们不能为了追求司法效率而牺牲了司法公正和程序正义。这两种做法都是先由行政机关决定，如不服才可以起诉到法院，其实质是延续了劳教制度由公安机关独断决定的做法，没有摆脱“行政化”的思维，没有克服“劳教制度的影响”，虽然可以提高效率，但是行政化的弊端已经清晰可见。在实践中，这种由法院对不服的被矫治人员的决定的方式很容易流于形式，很可能是原机关怎么决定，法院也就不经调查而直接书面决定，有“新瓶装旧酒”之嫌，所以，相比之下，“准司法化”和不完全司法化是不可取的，而决定权完全司法化模式相反则更能满足程序正义、人权保障以及法治化的要求。

---

① 参见王公义：《论〈违法行为教育矫治法〉的立法理念及原则》，《中国司法》2005 年第 7 期。

完全司法化就是将侦查权和决定权分离，由法院来行使决定权，本质上和诉讼化是有相似性的，但是诉讼化程序结构则更加注重从诉讼的构造上来强调控、辩、审三方的参与以及控辩平等对抗和法院的居中裁判，所以诉讼化程序结构有更大的优越性。

2. *治安法庭之否定*

现在，法学界对于程序问题大多数已经同意司法化或者诉讼化，只有极少数学者还有着“行政化”的观点，但是关于是否要设立专门的法庭进行审理，依然还有不同的观点。

其中一种代表性的观点是，在司法程序的框架下（违法行为矫治诉讼不同于已有的刑事、民事、行政三大诉讼，无法适用三大诉讼的原有程序规则，必须针对其特殊性就有关程序问题在立法上作出规定，其处罚决定的程序应当比治安管理处罚及一般的行政处罚更为严格），实现调查、申请、决定、处理（审理、裁判）和执行等多个环节的活动和机关分立，形成分工负责，互相制约、制衡，合理、有效的行政强制措施或者强制教养、教育（矫治）司法体制，由公安机关（内设的法制部门或治安部门）行使控诉权，以警察起诉的诉讼发动模式强调诉讼的经济性，并兼顾效率，向基层人民法院设立的矫治审判庭或者治安审判庭提起矫治司法审查之诉，将业经调查的全部卷宗材料移送人民法院，由人民法院作出是否进行矫治以及矫治年限的裁定或判决。人民法院对此类案件实行其他类型诉讼通行的“二审终审”。[①] 这就是其他国家设立的“治安法庭”，但是其他国家的“治安法庭”管辖的都是轻微的违法（犯罪）行为，其社会危害性尚不及我国的治安管理处罚行为，而学者想要引进“治安法庭”来处理的行为要比其他国家危害性更大。这其中还涉及我国刑法上的犯罪概念，我国刑法上的概念兼具定性与定量的双重限制，而犯罪的定量限制导致形成了其他国家所没有的刑法结构性的空缺，使得治安法庭由于处理对象发生变化而失去其原来的功能。设立“治安法庭”将会涉及多个部门的设置、人员配置、制度建立等，必然会牵一发而动全身，不仅需要从立法方面进行改革，还要从机构设置、人员配备等多个方面进行通盘考虑，从而加大司法的负担，造成不必要的支出。另外，任何改革总是在大量

---

① 参见程书兵：《论我国劳动教养制度的教育矫治化——关于〈违法行为教育矫治法〉的立法思考》，《公安研究》2009 年第 5 期。

的、慎重的调查研究、论证的基础上才能获得成功。一部《刑事诉讼法》的修改，我们等待了16年，劳教制度的“向死而生”也是需要时间来磨砺和完善的。况且，劳教制度的“向死而生”涉及的问题很多，无论是理论设想还是实际操作更为慎重也是应当的。[①] 所以，笔者认为我国当前不可能立即引进“治安法庭”的模式，因其在一定程度上无法保证罪责刑的相适应，以及合理地实现对违法行为的分流规制。

3. 检察机关职责

对于在整个诉讼化的程序中是否有检察机关的“角色任务”，在这个问题上也有不同的观点。

其中，第一种观点是，改革之后的程序并不归属于三大诉讼程序，而是一种特殊的司法程序，公安机关认为符合条件的，可以不必经过人民检察院直接向人民法院提出意见书，经过公开举证和质证过程，在双方均无异议的情况下，由独任的法官经由简易程序当场作出决定；如果出现重大争议，则由当事人起诉，经行政诉讼程序按上诉审判裁决。第二种观点是，违法行为教育矫治的决定权应当归于法院，但是决定程序应属于独立的、特殊的司法程序，区别于现行的刑事诉讼程序。承办案件的公安机关认为需要适用教育矫治的，有权向人民法院提出审查申请，当事人有辩护权，人民法院以简易程序作出是否适用教育矫治的决定，当事人对决定不服的，应享有上诉权。[②] 第三种观点是，公安机关负责立案侦查，侦查终结之后将材料呈报检察机关，若公安机关认为应进行违法行为教育矫治的应将材料转至法院，为便于检察机关监督应向其移送副本，基层人民法院有裁判的权力，作出裁判时应当全面听取双方的意见，人民检察院应当派员出席监督，当事人不服裁判，可以在一定期限内向法院提起诉讼。[③]

这三种观点中，前两种观点都是直接由公安机关向法院申请，法院决定，并没有将检察机关纳入这个程序之中，这可能是考虑到检察机关的职责。在刑事诉讼中，检察机关只负责对公诉案件进行审查，符合审查条件的向法院提起公诉，然后在整个诉讼程序中充当公诉人的角色；

① 参见冀祥德：《劳教制度：向死而生》，《环球法律评论》2013年第2期。

② 参见姚佳：《“改头换面”还是“脱胎换骨”——从劳动教养制度的停用谈起》，《北京警察学院报》2013年第3期。

③ 参见魏霞：《〈违法行为矫治法〉的立法构思》，《民主与法制》2013年第3期。

同时，检察机关只负责对部分案件的侦查和对某些案件的补充侦查，而违法行为并没有达到刑事犯罪的程度，不符合检察机关的管辖范围。另外，为了提高司法效率而方便快捷地终结案件可能也是持前两种观点的人考虑的一个原因。但是笔者认为一种没有检察机关参与的诉讼化、司法化的程序是不完整的，具体原因如下：首先，诉讼化的程序结构要求控、辩、审三方的参与，只有这样才能保证这个“等腰三角形”的平衡。在前两种观点中，都要求公安机关向法院提起申请，这种申请在实质意义上可以被看作是广义上的提起诉讼。在传统的观念里，公安机关则是负责侦查、调查案件基本情况的机关，提起诉讼的机关一般都是检察机关，检察机关的存在就像一个“过滤器”，将那些不符合起诉条件的案件发回重新侦查，这样不仅是对公安机关的一种法律监督，而且可以避免对法院司法资源造成浪费，同时也提高了诉讼效率。而那些认为检察机关的“过滤”作用只是一种没有必要的、会延长案件期限的观点，是不可取的。要想提高诉讼效率、发挥法律监督的作用以及保持诉讼结构的平衡，必须有检察机关的介入，使整个“流水线式”的过程顺利运作。上文中的第三种观点虽然提到将审结的材料移交检察机关，但是并没有承担起审查并提起诉讼的“权力”，只是在履行法律监督的职责，也是不彻底和不可取的。但其观点中检察机关应派员出庭的建议值得借鉴，所以笔者建议规定：公安机关认为符合教育矫治条件的，应当出具教育矫治意见书，移送人民检察院。人民检察院经审查认为符合教育矫治条件的，应当向人民法院提出教育矫治的申请，由人民法院作出教育矫治的决定。[①] 不仅这样，检察机关应该对违法行为教育矫治的提请、判决和执行等过程实行全程监督。检察机关对公安机关提交的材料主要审查事实和证据两方面的内容，即事实是否清楚，证据是否充分；对人民法院的判决认为有误的，可以按审判监督程序提出抗诉；审查变更处分期间是否符合法定程序和条件，并向人民法院提出建议，人民法院必须重新审理；检察机关可以随时对执行情况进行检察，对矫治中存在的问题提出意见。

在第一种观点中，公安机关提请法院之后，在没有异议的情况下就可以当场作出决定，前提是案件事实清楚、证据确实充分，但是在无此前提

① 参见冀祥德：《劳教制度：向死而生》，《环球法律评论》2013 年第 2 期。

的情况下，我们还是应当按照诉讼化程序结构来解决争讼，而且诉讼化的程序结构既灵活又稳定。灵活性表现在如果案件特别简单，不需要太过繁琐的反复举证、质证，则可以适当减少不必要的诉讼环节，但是程序的减少需要征得当事人的书面同意；稳定性表现在控、辩、审三方充分参与，缺一不可，坚决避免以前的简易程序中检察机关可以不派员在场的情况，并且，无论是初级审判还是终极审判，只要没有当事人同意的情况，就需要按照一般的程序进行，不能随意简化程序，更不能由法院单方作出简化程序的决定。

4. 诉讼化程序的结构

在整个诉讼化的进程中，考虑到我国的司法资源等现实情况，笔者不建议设立专门的治安法庭对案件进行审理。笔者建议：公安机关进行的侦查活动，就由以前负责侦查劳教人的工作人员负责，但是要切记防止其成为不构成刑事犯罪的“收容器”，即只要没有达到刑事犯罪的行为都构成教育矫治，而是应当从犯罪对象、性质、是否有人身危险性以及危险性的大小方面进行严格的限制；公安机关侦查终结并移送检察机关的公诉部门，由公诉部门派专人进行审查核实，如果程序正当、侦查行为合法、符合应当进行教育矫治的行为，要以教育矫治起诉书的方式，附送至法院；人民法院应当建立一种特殊的诉讼程序对此类案件进行审判，但是引进“治安法庭”又不符合我国的实际情况，将引起我国法律体系尤其是刑事司法体系的重大改变，所以在这里，我们先在试点的南京、天津等城市建立一种“挂靠”制度，就是先将违法行为案件“挂靠”在刑事庭下进行处理，等时机成熟或者在实践中总结出更好的经验时，再予以单独确立。另外，在法院审理的程序适用上，当事人应当有选择程序的权利，检察机关必须派员出庭，法院则应当保留开庭审理以及举证、质证等环节。

对于整个案件中的期限问题，笔者建议如下：关于公安机关方面，①一般情况下是5日以内决定是否立案；重大、复杂的案件，经县级公安机关负责人批准，立案期限可延长至10日；特别重大、复杂案件，经县级公安机关负责人批准，立案期限可延长至15日。②上级公安机关指定的管辖或者书面通知立案的，应当在指定期间内立案。③人民检察院进行立案监督的案件，接到人民检察院要求立案否认通知后，应当在5日内决定立案；侦查期限一个月比较合适，情况复杂的经本级公安机关负责人批准可以延长至一个半月。关于检察机关方面，在提起教育矫治诉讼的环节中，由于检察机关的工作量以及工作难度不是很大，不需要太长时间，所以笔者建议检察机关的提起公诉期间为半个月较为合适。关于法院方面，审理期限建议为20日内，但是情况复杂需要跨地区侦查的或者有其他特殊情况的可延长至一个半月。

## 四　违法行为教育矫治的执行和监督

拉丁法谚云“执行乃法律之终局及果实”，精辟地道出执行的重要性，[①] 忽视执行环节，无异于或者更甚于农夫只求选种、播种，却全然忽略或者放弃了田间管理，也就难以有任何收获。执行是将一个书面式判决或者决定付诸实践施行，并由此达到一定法律、社会、政治秩序效果的行为或者阶段，由此也可以看出执行重要性和价值。

1. 违法行为教育矫治的执行制度

（1）劳教制度执行方式的弊端。福柯在论证教养制度的哲学基础时指出，教养制度是一种面向未来的机制，处遇全过程应伴随教育矫治措施，处分的核心是回归社会目标下的因人而异的改造方法。[②] 这样的评价是基于劳教制度的立法初衷以及“教育、感化和挽救”的执行政策，但是在实际执行中却完全背离了这样一个价值取向，劳教的执行完全成为一个什么都能包括的“大口袋”，成为各种没有达到刑事处罚却有犯罪嫌疑的人的“收容器”，在具体的执行中更是混乱不堪，弊病丛生。

劳教执行方式上的问题主要是：劳教与劳改管理体制上的分立并未改变劳教区别于劳动改造的执行模式，[③] 劳教制度基本上是以监管改造罪犯的刑罚执行制度作为参照系，以限制人身自由以及劳动作为教育手段，[④] 将劳教人员关在一个封闭的、有高墙电网、哨岗林立的监狱式的劳教所里。首先，管理模式单一化，劳教所大多数采取同监狱相似的管理模式，

① 参见周红梅：《刑罚执行论》，辽宁人民出版社1994年版，第49页。

② 参见程书兵：《论我国劳动教养制度的教育矫治化——关于〈违法行为教育矫治法〉的立法思考》，《公安研究》2009年第5期。

③ 参见于鹏飞：《简论劳动教养执行中的相关问题》，《山西省政法管理干部学院学报》2012年第1期。

④ 参见方明、王振：《劳动教养及其监督机制完善问题研究》，《西南政法大学学报》2009年第5期。

虽然不是完全地剥夺劳教人员的人身自由，但也是完全处于社会隔离的状态中。将劳教人员关押在一个封闭的场所，强制进行劳动、教育，其处遇与监狱服刑人员差别不大，导致社会上将劳教人员与监狱服刑人员等而视之，混淆了劳教与监狱服刑的界限。[①] 其次，忽视教育目的，由于劳教所的财政拨款不足，导致劳教制度体系内部追求经济效益，当经济效益成了生产活动的主要目标时，就会不顾劳教养人员的应有权利，强制其超时、超体力劳动，这也是劳教制度无法与劳改制度区别的重要原因。再次，缺少相应的对接机制，由于只注重劳动而忽视教育、感化以及劳教人员回归社会的需要，使得劳教人员不能学到一技之长，再次融入社会成为了劳教人员的一大障碍，最后导致恶性循环。最后，由于实际情况的限制，在劳教执行过程中的分类关押执行得并不彻底，劳教制度的个人化和针对性比较欠缺，容易出现交叉感染等不良情况。综上所述，劳教制度在我国的执行没有达到劳教制度立法的宗旨以及教育感化的目的。

（2）违法行为教育矫治的原则。面对在执行中出现的问题，笔者认为必须先确立一套完整的执行原则，树立正确的、合目的性的执行原则，以此来指导我们的执行活动，来逐步改变劳教制度的“二劳改”现象。笔者认为执行原则应当包括法治原则、合目的性原则、人道主义原则、行刑社会化原则和行刑个人化原则。

一是法治化原则。在建设社会主义法治国家的大背景下，法治化是制度设计中首先要坚守的基本原则，也是必须达到的最低目标。所谓法治化，并非通过立法实现制度形式意义的合法化，而是以法治的要求审视制度的正当性问题。制度设计必须要遵循法定原则、必要性原则等原则，这也是公法领域的“黄金条款”。

二是合目的性原则。是指教育矫治的执行要合乎立法的目的，即教育、感化、挽救的宗旨，合乎改造违法行为人的目的，合乎使其更好地融入社会的目的，所有的执行措施和手段的确立，都必须要能反映立法的原意。

三是人道主义原则，指教育矫治制度的确立与适用应当立足于人性，与人的本性相符合，可归结为以下几点：要关心和改善教育矫治人员的物质生活以满足其生物性需要；要尊重教育矫治人员的人格以满足其社会性

---

① 参见戴群策、陶文辉：《劳动教养制度的改革设想》，《政法学刊》2005 年第 1 期。

需求，教育矫治人员同样拥有人格的尊严，对于教育矫治人员的任何非人对待都是不人道的；要在管理教育过程中注重改善教育矫治人员的人格，以实现其作为人的价值，这也是一种特殊的人道要求，是人道要求的最高层次。

四是行刑社会化原则，是指在教育矫治的过程中要注重让违法行为人比较多地接触社会，施行“半开放化”或者“开放化”的管理模式，给予违法行为人在矫治期间更多的接触社会的机会，在社会中达到矫治成功的目的。

五是行刑个人化原则，是指要根据违法行为人不同的人身危害性、恶性以及违法行为的严重程度，甚至根据不同违法行为人的不同违法原因，制定不同的矫治方案，这样对症下药，不仅可以提高矫治的效率，而且更有利于违法行为人的改造。

在进行违法行为教育矫治中，这几个原则均应该一以贯之，要彻底改变劳教制度的“二劳改”现象，在违法行为教育矫治方式上体现“教育、感化、挽救”的宗旨。同时，一定程度上的人身强制是必要的，但是应该把握好分寸，矫治的场所应该是学校式的，在保障人权、提倡法治的基本原则下，必须对劳教制度执行中的种种弊端进行逐一的、彻底的变革，以符合正义的基本要求。

（3）违法行为教育矫治探索中的变革。在司法实践中，现行的执行机关的管理模式主要存在“封闭式”“半开放式”和“开放式”三种管理模式。其中“封闭式”的管理是基础，比如监狱；“半开放式”是主要的模式；“开放式”管理被严格控制。所谓“半开放式”管理，即被矫治人员除了按照规定完成学习任务和劳动任务之外的自由支配时间内，其个人在场所内的行动应当是相对自由的，对其自由的限制只能是场所的限制，即不能随意走出矫治场所，出所要经过严格的审批程序，但是其在场所内应该是相对自由的；所谓“开放式”管理即被矫治对象不仅在场所内是相对自由的，而且可以经批准出所工作、学习或休息。在法学界主张对被教育矫治人员推行开放式的管理模式的学者已有很多，笔者同样也同意这种观点。

之所以应对被矫治对象主要采取开放式或者半开放式的管理模式，首先是由教育矫治法的性质决定的，被矫治对象不是犯罪而是有违法行为的普通公民，法律并没有剥夺他的人身自由，而只是对其人身自由进行了一定的限制，所以教育矫治的执行不能过轻也不能过重，应当坚持责罚一致的原则；其次，开放式或半开放式的管理模式符合了上述在执行中应当坚持的原则，同时也适应了国际法和国内法中对保障人权的要求，给予被矫治人员相应的自由，改变了劳教制度中封闭式的管理模式，这种管理模式也是对劳教制度成功经验的吸收；再次，由于教育矫治主要针对的是危害社会治安的行为人的主观恶习和不良习性，在执行中如何充分体现教育性是核心所在，而开放式的管理模式正适应了一个要求。通过道德、法律教育、生活和劳动技能的培养、心理治疗和矫治等多种方式对教养人员自身的生活习惯、行为准则、价值观念等进行重大调整，消除其反社会性，重塑健全人格，使其在思想、心理和行为习惯等方面接受并符合社会规范和社会价值标准，以利于重新回归社会，这种开放式或半开放式管理模式更加突出医疗救助（生理方面）和教育矫治（心理和行为方式方面）的功能，并体现科学化、个性化、人道化的处遇标准和人文关怀，让被矫治人员更好地适应社会生活。

所以，面对我国的实际国情，我们主要采取开放式或半开放式管理模式，以顺应我国深化司法体制改革的要求。同时，我们也应当注意在实践中经常出现的特殊情况，比如吸毒人员、精神病人员等，对于这些特殊人员可以采取特殊的封闭式的强制教养措施进行教育改造。

在开放式或半开放式管理模式的引导下，许多学者已经提出：在处遇方式上，在身体条件许可的情况下，我们主张以更多的社区矫治来替代而今通行的隔离矫治甚至强制劳动改造等，[①] 但同时也有不同的观点。

社区矫正是被西方国家大范围适用的非监禁刑的主要措施，包括宣告的非监禁刑的社区执行、审判之前不进行刑罚处罚的社区处遇措施，在我国的适用范围也在逐步扩大。笔者认为，社区矫正应当成为违法行为教育矫治的主要措施，理由如下：其一，虽然社区矫正在我国的适用历史不长，但是我国社区矫正已经成为法定的处罚方式，从 2003 年开始试点工作之后，我国的社区矫正从实践中吸取教训，并不断完善，从而实现了从无到有的跨越，2012 年新《刑事诉讼法》在试点的基础上，明确“被判处管制、宣告缓刑、假释或者暂于监外执行的罪犯，依法实行社区矫正”，这就为我们适用社区矫正制度提供了法律保障。其二，社区矫正制

① 参见屈学武：《“轻罪”之法价值取向与人身权利保护》，《河北法学》2005 年第 11 期。

度并不存在与违法行为教育矫治法在适用对象上的不接洽，违法行为教育矫治法主要是针对一些严重违法与轻微犯罪者。而社区矫正则虽是针对不致再危害社会、人身危险性很小的罪犯才适用，但是与违法行为教育矫治法中的对象本质上是一样的，都是对一些违法或者轻微犯罪人的行为和思想进行教育改造，以利于其重新社会化，所以说两者本质上是一样的。其三，社区矫正制度的灵活性以及社会性使得社区矫正成为违法行为教育矫治措施不二的选择，社区矫正的矫治措施灵活多样，比如有医疗教育、心理疏导、集中教育、集中劳动等多种多样的矫治手段和措施，这使得社区矫正更具有针对性，也取得了不错的效果，社区矫正充分利用社区资源，吸纳广泛的社会力量，重视非政府组织、社会团体的作用，为被矫治人员的社会性提供了有利的条件。

所以，笔者建议将社区矫正制度打造成与违法行为教育矫治法相衔接的执行制度，除此之外，我们还要重视像强制教养、强制戒毒、强制治疗等特殊执行措施的完善。

（4）违法行为教育矫治法执行的具体内容。对于违法行为教育矫治中严重违法和轻微犯罪等适用对象，笔者建议用强制教养、社区矫正、强制戒毒和强制医疗四种措施构成一整套的违法行为教育矫治的执行制度。

强制教养、强制戒毒、强制医疗，这三种强制措施是针对特定的被矫治人员进行的特定的措施，如戒毒主要针对吸毒人员进行的，强制治疗只要是针对有特定医疗需要的被矫治人员进行的。鉴于主流观点是对违法行为人进行较轻的处罚，所以，我们建议对这种有着特殊情况的违法行为人员进行“半开放式”的管理模式：其一，对强制戒毒人员的教育矫治应当依照《禁毒法》的相关规定，同时在规定的期间内对其进行社区矫正的教育和疏导，这种措施主要是针对吸毒成瘾的人员进行，除了对其进行强制戒毒，更多的要注重对其进行道德、法律、价值观等方面的教育，让其认识到毒品的危害性，并疏导他从根本上脱离对毒品的依赖，并感受到人间温暖，从而加快矫治进程。其二，对于强制医疗人员，首先要进行必要的医疗矫治，通过心理疏导、心理教育等方式，使其可以正常的生活；其次在进行医疗矫治的过程中，也要穿插着对其进行教育矫治，学习一技之长、培养自理能力，在条件允许的情况下参加社会活动，加强和社会的沟通，避免其自我封闭。最后，强制教养的人员主要是对特定的对象，比如有屡教不改、卖淫嫖娼等及多次、严重性违法行为，但是不构成犯罪的人进行“半开放式”的管理模式，这样既有利于保障社区、社会的安全，又有利于违法行为人的改造，使其尽快改变错误的价值观并融入社会，为社会的发展和自己的幸福而努力。

至于强制矫正的期限问题，就要视不同情况来决定，比如强制医疗，需要一定的医疗期间以保障治疗效果的实现，但是总的来说不能超过矫治期限。并且，在进行治疗期间，尽量避免采取全封闭式的强制教养、强制戒毒、强制治疗，对什么情况下可以外出，哪些活动必须在矫治场所进行应作出详细的规定。

在违法行为教育矫治法中的社区矫正是以现行的社区矫正制度为基础的，但是，面对违法行为的特殊性质，我们应该进一步作出完善。

完善分类制度，可以将违法行为按照执行期限分为几个等级：轻微违法、一般违法、严重违法。分类也要涉及居住场所和处遇方案的变化。另外，由于社区矫正本来是对有犯罪行为但是有悔改表现且不致再危害社会的人提前“释放”，让他们接触社会或者不至于太长时间脱离社会，并更好地融入社会的措施；而违法行为毕竟不是犯罪行为，这两者在性质上是有差异的，所以，我们在对违法行为进行教育矫治的时候要区别于缓刑、假释等矫治，采取分类化措施，这样既可以防止交叉感染，也更加有利于违法行为人的分类矫治。

通过审前对违法行为人的调查预计危险性评估，确定个性化的矫治方案，同时综合运用多种矫治手段，针对共同的问题共同进行解决。针对违法行为的多样性和个体差异性，制定个性化的矫治方案，因地制宜地采取相应的措施，在保留原有社区矫正和科学合理的改造劳教制度的基础上，强化对教养人员的心理矫治和行为指导。

尽量推行开放式的处遇制度，改变单一的封闭性的执行模式，这样不至于使被矫治人员由于被矫治而脱离社会，相反可以促进其回归社会。而且，开放式的管理模式还可以节省人力、物理、财力，是更为经济化的执行方式，避免了劳教制度存在的种种弊端。

关于社区矫正制度的基本规定，笔者建议采取所有被矫治人员都定期进行思想汇报、参加公益活动、集中教育，监督人定期走访、反馈的矫正措施，这样可以随时监管、帮扶被矫治人员，具体来说：①行为监管中包括守法行为的监管、日常行为的监管、会客监管、请假监管、迁居监管等行为，监督的方式有走访、约谈、电话、信息、电子监控等；②公益劳动主要包括社区的公共卫生、城市绿化等，执行方式就是组织被矫正人员积极参加此项活动；③教育方面包括思想教育（包括观念、道德、法制、前途）、文化技术教育（包括基础文化知识、职业职能）、生活教育（生活礼仪、人际关系等）。

2. 法律监督

（1）对违法行为教育矫治监督的必要性。实践中表明，在劳教制度中，法律监督是一个相当薄弱的环节，就是因为缺少必要的法律监督，才使得劳教制度被无边的滥用，最终走上了废除的道路。在法律监督方面，劳教制度主要存在的问题是缺乏对劳教审批工作的监督，缺乏行之有效的监督手段。[①] 鉴于此，在进行违法行为教育矫治时要有全过程、全方位的法律监督。

一方面，检察机关的法律监督符合我国人民代表大会关于国家权力制约的机理。[②]《宪法》第 129 条规定："中华人民共和国人民检察院是国家的法律监督机关"，第 135 条规定："人民法院、人民检察院和公安机关办理刑事案件，应当分工负责，互相配合，互相制约，以保证行之有效地执行法律。"这些规定确定了检察机关作为我国法律监督机关的宪法地位，要求检察机关在办理案件时要与人民法院分工负责、相互配合、相互制约，并对法律的统一正确施行行使法律监督权，以保证法院公正、合理、合法的履行审判职责。也就是说宪法从国家宪政体制的高度赋予了检察机关对侦查、审判等活动的监督职责，这是检察机关对违法行为教育矫治进行监督的基本宪法依据。违法行为教育矫治法，严格地来说虽然不是属于刑事法律的范畴，但是有其性质决定了其进行的完全是一套"准刑事化"的完整过程，由公安机关立案、侦查，检察机关在符合一定条件的情况下向法院提起诉讼，法院用特殊的程序对这种案件作出决定或者判决，这种诉讼化的程序结构，使得检察机关必须从头到尾的进行监督以保障人权，同时保证案件的公正。

另一方面，检察机关的法律监督是保障司法公正、保障人权的必然要求，同时也是落实中央关于司法体制改革重要决策的需要。从保障人权的角度讲，在每一司法环节中，都有可能出现侵害人权的行为，而这

① 参见戴群策、陶文辉：《劳动教养制度的改革设想》，《政法学刊》2005 年第 1 期。

② 参见万春：《死刑复核法律监督制度研究》，《中国法学》2008 年第 3 期。

种对被侵害人造成重大影响的事件已经屡见不鲜，由于违法行为教育矫治也涉及对人身自由的限制，所以，建立完备的法律监督体制是必不可少的。从保障司法公正的角度讲，检察机关的法律监督会起到一种发现错误、及时纠正的作用，并且不会影响到法院和其他司法机关的独立性。从司法改革角度看，现阶段我们要加强对权力的制约和监督，加强对执法、司法活动的监督，完善检察监督体制，完善检察机关对公安机关、人民法院刑事工作的监督制度，充分发挥法律监督的职能作用，保证公安司法部门的权力受到有效的监督和制约。

（2）对违法行为教育矫治监督的原则。违法行为教育矫治的法律监督原则是贯穿于违法行为从立案到执行的全过程和指导法律监督行为的行为准则，根据检察机关的法律监督特点，应当坚持的原则有很多，在违法行为教育矫治法中主要应当包括依法监督、人权保障、相互制约三个原则。

第一，依法监督。依法监督是指检察机关对违法行为教育矫治进行监督时，要依照法律进行，不能超越法律的界限。进行任何法律监督行为都必须要有法律依据，否则，法律监督将无法进行，鉴于此，在此次违法行为教育矫治立法中应当明确规定检察机关对违法行为教育矫治的监督。

第二，人权保障。在如今这个人权备受重视的时代，每走一步法律程序都必须同步思考如何保障人权，为了与世界同步，同时改善我国对人权保障的现状，在违法行为教育矫治立法中，我们更应该着重保障人权，把人权保障原则作为一个根本原则加以规定。违法行为教育矫治的适应对象主要是一些多次违法、恶性难改、存在一定人身危险性的人员，矫治手段可能会限制其一定的人身自由，若运用不当将直接侵害行为人的合法权益，所以检察监督的主要目的就是保障被矫治人的合法权益。

第三，相互制约。违法行为教育矫治的主体是公安机关、人民法院、司法行政机关，检察机关在其中只是发挥监督、纠错的任务，所以，在监督的过程中应当依法监督、严格监督。

（3）违法行为教育矫治具体制度内容。第一，监督主体。违法行为教育矫治的专门监督主体应当是检察机关。笔者建议根据案件审级的不同，应当由上级以及同级检察机关进行监督，这是因为每一个违法行为诉讼的提起都是要经过检察机关审查的，所以同级检察机关对案件的侦查、审判活动应该比较了解，这也是节省司法资源、就近解决的表现；同时上级检察机关认为下级检察机关的提起诉讼或者发现有其他错误的，可以要求同级检察机关进行改正。笔者建议还是应当由公诉部门承担监督的任务，这是因为公诉部门是连接公安机关侦查行为和法院审判行为的中间桥梁和纽带，公诉部门在收到公安机关提交上来的材料之后，由其进行审查，并决定是否提起诉讼；在法院进行审判作出判决时，检察机关的公诉部门是要派员出庭的，公诉部门的工作人员可以全方位的掌握整个案件的侦查、审判活动的详细情况，所以，应当由公诉部门承担监督的职责。

第二，监督客体。检察机关监督的客体很明确，应当是公安机关的立案、侦查活动和法院的审判活动，还有对司法行政机关执行的监督，具体来说就是：其一，对公安机关的立案活动进行监督，检察机关认为应当立案而公安机关没有立案的或者控告人对公安机关的不予立案不服向检察机关提起申请的，检察机关可以要求公安机关说明理由；理由不成立的，检察机关可以要求公安机关在一定期限内予以立案。其二，对侦查行为的监督，检察机关对公安机关在侦查的过程中的侦查行为进行监督。其三，对法院审判的监督，在法院的审判过程中，检察机关派员出庭参加诉讼；在此过程中，对审判的整个过程进行监督，如有违法行为，检察机关可以提出建议。第四，在案件进入执行阶段，检察机关对社区矫正的整个执行过程进行监督，可以通过实地走访以及抽样调查等方式发现问题，发现问题之后可以以建议书的形式，要求改正。

第三，监督方式。监督方式是指检察机关通过什么样的形式来实现对上述活动的监督，[①] 在违法行为教育矫治立法中，笔者建议增加以下内容：其一，在公安机关侦查终结之后将案件移送检察机关时，检察机关要对案件进行备案，以便监察；其二，调卷审查，检察机关发现对违法行为的侦查、审判等环节存在问题时，可以调阅有关卷宗，相关机关应当予以配合；其三，列席聆听开庭及审批会议，决定机关依法召开聆讯会议，或者案件重大、疑难需要召开审批会议时，应当通知检察机关，检察机关应当派员参加；其四，有受理控告、申诉和举报的权利，当事人对司法机关的行为不满，可以向检察机关提出控告、申请，检察机关认为合理的，予以受理，并在一定期限内作出决定；其五，定期走访、回访、抽样调查

① 参见李春华：《违法行为教育矫治之检察监督》，《人民检察》2009 年第 7 期。

（主要适用于执行的过程中），检察机关可以对司法行政机关的执行活动进行监督，尤其是在违法行为教育矫治中，因为这里的执行并不是像监狱一样的执行，而是将大部分违法行为人放在社区这样特殊化的“社会”中，违法行为人有较多的自由，而且管理难度比较大，这就更加需要检察机关来监督司法行政机关在执行中的问题，以达到良好的社会、法律效果。

第四，走访内容。首先由检察机关的违法行为教育矫治组工作人员任意选定一个矫治社区，选定方法可以是抽签决定，也可以是按地区确定；其次到选定的矫正社区进行走访，走访的主要工作就是了解矫正社区的概况、被矫正人员的类别情况、被矫正人员的思想情况、被矫正人员的教育情况以及对个别被矫正人员进行专门探望，详细了解整个矫正社区发展状况；走访完后，五日之内将矫正社区的情况，写成汇报材料，整理入档；对发现问题的矫正社区，应该下发改正通知书，提出改正建议，并要求其合理期限内改正；在一个月内（假定一个月走访一个）反复走访，搜集反馈意见。

第五，监督程序。检察监督的程序应当以违法行为的进程为依托，但是也须有自己的一套基本程序，主要包括受理、审查和决定。

受理。受理就是违法行为教育矫治过程中当事人或者有关人员对公安机关的立案、侦查中的问题向检察机关提出申请，或者在法院决定过程中检察机关自己发现错误，都将会启动检察机关对违法行为教育矫治的监督，这就是检察机关的受理程序的启动。

审查。无论哪个机关收到材料，都是要进行审查的，这个审查既包括实体上的也包括程序上的，检察机关在违法行为中的审查主要包括：公安机关的立案、侦查活动是否合法；证据是否确实充分；定性是否合理；公安机关的提请和法院的决定以及司法行政机关的执行是否合法；整个过程是否对当事人的合法权益进行了保障，如当事人聘请律师的权利、当事人在整个过程中的知情权、陈述权、申辩权等是否顺利行使。

决定。检察机关在经过上述程序后，应当根据不同情况作出处理决定：属于公安机关应当立案而不立案的情况，检察机关可以要求公安机关说明相关理由；不立案不能成立的，检察机关应当发出纠正违法通知书，通知公安机关在合理的时间内立案。关于这个合理期限，笔者觉得应该是在公安机关收到立案通知之日起的5日内立案，如果不立案理由成立，则向控告人说明理由，并记录在卷；属于公安机关侦查行为侵害当事人权益的情况，应当要求公安机关改正；在法院和执行过程中发现司法不合法的行为，检察机关应当下达纠正违法通知书，要求相关机关在合理的期限内纠正；检察机关在法律监督的过程中，发现有关人员确有违法行为，依法移送有管辖权的纪检、检察部门处理，涉嫌渎职的犯罪，依法立案侦查。①

## 第四节　执行配套机制：社区矫正及社会制度保障

配套的社区及社会制度是辅助违法行为教育矫治的必要制度。一方面，这一制度的完善与否将直接关系到违法行为教育矫治法的实施效果，这是因为教育矫治是以社区为依托、以社会制度的完善为前提的。另一方面，违法行为教育矫治也将对社区和社会制度产生相应的影响。例如，将违法行为教育矫治的被矫治人员放在社区进行矫正，将会增加所在社区的人数，使社区和社会的危险指数增加、管理难度增大，同时也使社会制度的原有漏洞更加明显地暴露出来。所以应强化社区职能，健全安全风险评估与防范体系，合理执行惩罚性的矫正措施，加强矫正力量社会化建设，使社区真正成为教育矫治的理想场所。而在相应的社会帮扶保障制度方面，笔者认为主要应完善对于教育矫治人员的帮扶保障机制，并营造有利的社会帮扶环境，以使教育矫治人员最终顺利回归社会。

### 一　社区矫正制度

社区矫正是以社区为依托的新型的矫正制度，它是在社区自治发达、功能完善的环境里成长起来的矫正制度。完善而健全的社区功能才是社区

① 参见周金明、贾再亮、李林：《对违法行为教育矫治的检察监督制度研究》，《兰州大学学报（社会科学版）》2010 年第 51 期。

矫正实施的关键。虽然改革开放以来，我国的社区性质发生重大变化，功能逐步得到完善，但我国社区矫正制度建立时间较晚，经验严重不足，直接影响了社区矫正工作的实施效果和质量。现代社区缺乏熟人社会的教化功能，很多情况下，大部分社会成员没有参与到对服刑人员的教育矫治过程中，加之人们对服刑人员有种种偏见，服刑人员甚至觉得比在监狱里更缺乏与他人沟通的渠道。久而久之，其将会产生更多的反社会情绪，这样更不利于服刑人员的再社会化。① 因此，笔者认为，亟须从建立和完善相关制度或机制入手，着眼于加强基础性、细节性、个性化管理，突出改造与帮助相结合，使社区矫正真正实现刑罚目的。

1. 健全安全风险评估与防范体系

社区矫正对象的情况十分复杂，他们的矫正难度和重新犯罪的可能性也大小不一，这就要求在社区矫正过程中，对社区矫正对象应当给予不同程度的关注。目前我国社区矫正工作中，风险评估工作还有待加强。风险评估工作是通过运用统计学，将社区矫正对象重新违法犯罪的可能性转化为直观的数字，确定危险等级，如“稳定”“一般”“重点关注”“高危”等，然后根据被矫治人的行为危险性分别确定矫治方案，从而为每一名社区矫正对象“量身定做”阶段性的社区矫正方案提供参考。笔者认为，在进行社区矫正的过程中，应当注意以下两个方面。

第一，必须对矫治对象进行专业的行为与心理评估，将不致发生社会危害的矫治对象予以社区矫正，矫正的期限长短根据危险性的大小予以分别确定。特殊对象如需强制戒毒者、人身危险性极大的未成年人等必须进行机构内处遇的，由法院决定并交公安机关执行，以防止其对社区造成危害。

第二，由于被矫治对象的个体差异较大，应以个案矫治的方式进行较为合理。目前，我国的社区矫正形式仍然比较简单，一般通过考勤表、定期汇报、道德宣传等方式进行，易流于形式。对此，可借鉴他国较为成熟的制度经验，如美国的社区矫正囊括了家中监禁、电子监控、中途住所、罚款、社区服务等多种措施。我国在相关实践中，也应针对危险程度不同的对象适用不同的方式，体现矫治处遇的多层次性、个别性和科学性。

---

① 参见姜裕富：《社区功能与社区矫正制度的完善》，《北京人民警察学院学报》2007 年第 5 期。

2. 合理执行惩罚性的矫正措施

社区矫正并非就是“社区中矫正”，更非纯粹的“心理矫正”。现在在国内一些经济发达地区，心理矫正越来越受到社区矫正部门的青睐。心理矫正固然重要，但社区矫正是一种刑罚执行活动，惩罚性必须在矫正的过程中得以体现。从总体情况来看，我国对社区矫正执行对象的惩罚性措施较为薄弱。惩罚性措施的完善主要表现在两个方面：一是惩罚性方法和设施的完善。主要包括调整社区矫正过程中对服刑人员监督考察的频率，如根据社区服刑人员的危险性程度，必要时可对一些人实施宵禁，将其活动范围限制得更小。另外可设置一些中途住所的机构，让社区服刑人员白天在社区参加劳动或一些社会活动，晚上在中途住所集中居住，以确保社区的安全。惩罚性的方法和设施需要社区矫正的相关法规作出规定。二是惩罚性种类的完善。通过对刑法的补充与修订，增加服刑人员在社区中接受处罚的类型：如增加社区服务刑、扩大罚金刑的适用范围和力度，要求社区服刑人员缴纳一定的社区矫正管理费等。现在刑事法律已经作出修改，人民法院在实施非监禁刑时，需要注意数罪并罚的适用。如对犯罪人判处缓刑，同时判处社区服务刑或罚金，使其不仅在人身自由方面受到一定的限制，而且在经济上承担责任。当然，惩罚性措施并不意味着在刑罚执行中任务就是单一的实施惩罚；相反，笔者认为，同时也应当在社区中对罪犯进行教育、帮助，使其在人格上得到更新。这正是我国将社区矫正写入刑法后与之前的非监禁刑执行的重要区别。从理念方面来看，社区矫正中的惩罚更为注重“矫治”而非“报应”。从操作方面来看，社区矫正是在开放式的社区，服刑者并未完全丧失人身自由，大多数人基本上能过正常的生活；强制性的劳动生产也大多被社区服务、公益劳动等取代。这些都赋予了社区矫正在惩罚方面不同于传统非监禁刑的内容。

3. 加强矫正力量社会化建设

由于教育矫治针对的是被矫治人的主观恶习和不良习性，执行的核心应在于充分体现教育性。因此，结合社区矫正的方式方法，应当结合道德法律教育、生活劳动技能培养、心理治疗和行为矫治等多种手段，从而消除罪犯的反社会性人格，使其从思想、心理、行为惯性等方面重新接受并遵守社会规范，最终有效预防其再实施违法行为。这些目标的实现，要求建设一支社会化的社区矫正队伍。

首先，要加强社会志愿者队伍的储备，调动社会志愿者的积极性，培养一批专职的社区矫正人员。专职的矫正人员可以视为国家公务员，享受国家的工资和福利待遇。除了现行的司法助理员、司法社工，以及监狱、劳教警察外，从专业的角度讲，还应有专业的心理学、教育学、行为学、法学、犯罪学、管理学方面的各类人才参加到专职的社区矫正人员队伍当中。我国目前还比较缺少这样的专职社区矫正人员，而专业人员的素质又是社区矫正制度能否达到其目的的关键，因而在实践中培养一批专业的专职社区矫正人员是完善社区矫正制度的当务之急。

其次，要在矫正小组建设上下功夫。矫正小组是动员和依靠社会力量的好载体，是社区群众参与社区矫正的好渠道。矫正小组天然贴近社区服刑人员，最了解他们的思想，最方便开展“一帮一”“多帮一”教育帮扶活动。而且，矫正小组用身边事教育身边人的方式，也易被社区服刑人员接受。因此，必须按照最高人民法院、最高人民检察院、公安部、司法部联合印发的《社区矫正实施办法》要求，为每一名社区服刑人员建立相应的矫正小组；现有矫正小组也要根据工作发展要求，不断优化成员结构，动员村（居）基层组织、单位学校、社会组织、社区邻里、家庭亲友参与进来。要明确矫正小组任务，充分发挥矫正小组作用，经常听取矫正小组汇报，制定矫正方案时充分听取他们的意见，共同加强监督管理，确保社区矫正工作计划和每个矫正方案顺利实施。只有矫正小组真正发挥作用，社区矫正教育管理各项工作才能落到实处。

## 二　相关社会帮扶保障制度

违法行为教育矫治的最终目标是使被矫治者顺利回归社会，因此在加强对矫正对象、教育、矫正其不良行为与心理的同时，也应建立相关社会帮扶保障制度，为矫正者解决现实困难。例如，可以通过让被矫治人员在其所生活的社区参加公益劳动，使其获得社区的谅解与接受；并且在与矫正对象思想的沟通、交流，劳动技能的培养过程中，不断增强其自强、自立的信心，从而解决其回归社会后的生存问题，消除其与亲人、社会间的隔阂。

### 1. 完善帮扶保障机制

对教育矫治人员的帮扶，是指社区矫正机构协调相关部门、社会组织实施的或者直接实施的，为社区服刑人员解决面临的问题或困难提供必要帮助和扶持的社区矫正活动。内容包括就业帮扶、经济困难帮扶、心理问题帮扶以及其他问题解决的帮扶等。

教育矫治机构要积极协调民政、人力资源和社会保障部门，探索建立就业安置生活保障制度，为有就业愿望但无职业技能的矫正对象、服刑人员免费提供职业技能培训；为老弱病残、无生活来源的服刑人员提供最低生活保障、安排相应困难补助；为有就业愿望、暂无工作的服刑人员，提供过渡性就业岗位。积极开展文化知识和职业技能培训和就业指导，为服刑人员知识更新和未成年人完成义务教育提供必要条件。

目前在帮扶领域，一方面要建立完善的帮扶机制，另一方面也要正确处理“助人”和“自助”的关系。社区服刑人员所面临的一些问题和困难，需要社区矫正组织提供必要的帮扶，但扶助只是暂时的，应当让社区服刑人员认识到今后的发展还要依靠自己，不能产生过分依赖的思想。

2. 营造社会帮扶环境

对教育矫治人员的帮扶保障工作，不能只局限于物质方面，还要从更为广泛的视野和范围来充实矫正内容。这就需要动员社会各界力量，充分发挥媒体宣传作用来营造社会帮扶的良好氛围。要将各类专业技术人员汇聚起来，参与社区矫正工作，利用他们的特长帮助社区服刑人员；争取村委会、居委会干部的大力支持，发挥好他们的帮扶作用；动员企业经营管理人员，使其逐渐接受教育矫治对象，给服刑人员更多的就业机会。同时要发挥司法行政机关法治宣传职能，结合各类普法等活动，有针对性地开展教育矫治和社区矫正工作法律法规宣传，不断提高社会知晓度和认同感，让人民群众更加关心、支持、参与教育矫治和社区矫正工作，为社区矫正工作营造良好的社会环境。

教育矫治机构应开展适应性帮扶服务。为社区服刑人员提供相关法规、政策资讯服务，协助有就业、就学需求的社区服刑人员做好个人职业、学业规划，提供职业技能培训、劳动用工招聘信息，帮助其解决就业就学难题。根据社区服刑人员的急切生活需要和实际困难，为他们联系资源提供相应的救助服务。

# 小 结

任何违法犯罪问题都不单单是法律问题，更重要的是社会问题。因此，我们应当在废止劳教制度后，着手重构国家制裁体系的同时，深入解决相关群体违法犯罪的社会根源问题，并积极考虑教育矫治人员矫正后回归社会的问题，包括社区矫正和相应的社会保障制度。

尽管有的学者认为，《违法行为教育矫治法》的出台不用急于一时，应当从长计议，经过详细讨论，充分达成共识后再进行立法。但笔者对上述观点不敢苟同。因为劳教制度废除后，遗留的问题和新产生的问题已经显现。目前，实践中“拆东墙补西墙”的做法不仅不能久长，而且缺乏合法性，《违法行为教育矫治法》的尽快制定，不仅可以立即解决上述问题，而且也是对我国国家制裁体系科学重构的巨大贡献，更是中国特色社会主义法治体系建构的根本需要。

# 结　语

劳教制度的废除无疑是我国法治建设中一件具有重要里程碑意义的事件，是国家社会治理模式法治化转型的需要，彰显了我国的法治文明和人权保障，标志着我国社会管理的进一步科学化。鲁迅先生在 1923 年评述《玩偶之家》的文章《娜拉走后怎样?》中追问：“娜拉出走以后怎么办”？劳教制度废除后，国家制裁体系应该怎么办的追问一直都存在。笔者认为，在现代法治背景下研究劳教废除后的法律调整方向，有必要站在国家法治长远发展的视野去思考、探讨与设计。这一思考、探讨与设计，必须确定一个前置条件，那就是必须以个人权利本位原则、正当程序原则、司法审查原则、司法中立原则、控审分离原则和辩护原则等一系列原则为指导，在坚持程序司法化、正当化，维护司法公正与保障人权的基础上，兼顾控制犯罪滋长，减少制度执行成本，提高制度执行效率，优化制约结构，平衡利益分配，建构中国特色社会主义国家制裁体系，推进依法治国战略目标实现。

构建“治安管理处罚—违法行为教育矫治—刑罚”三级制裁体系，绝不是“新瓶装旧酒”，而是一次深刻的国家制裁体系变革，是“新瓶装新酒”，是在废除劳教制度的同时，保留其合理的维护社会秩序功能，并进行诉讼化程序构造。使“正义不仅应得到实现，而且要以人们看得见的方式加以实现”。通过国家制裁体系的法治化，实现国家管理的法治化，进而实现依法治国的目标。

当然，笔者关于建构国家三级制裁体系的构想也许不一定是最好的，国家制裁体系重构的过程中，也必然会遇到诸多挫折和问题，劳教制度的“向死而生”涉及多个部门、多种人员、多项制度，是权力的重新分配。权力变动必然会牵一发而动全身，这不仅需要足够的立法智慧，还要从权力重组、机构设置、人员配备、制度调整与衔接等多个方面进行通盘考虑。

鲁迅先生在《娜拉走后怎样?》一文中说:“从事理上推想起来,娜拉或者也实在只有两条路:不是堕落,就是回来。”娜拉的续集没有悬念,在素把妇女当作玩偶的社会里,娜拉真能求得独立解放吗?茫茫黑夜,她又能走向何处?我们希望现实生活中的“娜拉续集”不要重演,我们希望新孕育的制度可以“涅槃重生”,我们希望在法治中国建设的大背景下,新的制度有其独立价值和内在品质,而不要成为社会功效需求的“玩偶”。劳教“向死而生”,更准确地说,是向着独立价值、程序正义而生,我们对这只“涅槃重生”的凤凰飞入云霄充满信心、祝福和期待。

# 参考文献

## 一 中文著作


1. 北京大学法学百科全书编委会编:《北京大学法学百科全书:刑法学、犯罪学、监狱法学》,北京大学出版社 2003 年版。
2. 陈瑞华:《问题与主义之间——刑事诉讼基本问题研究》,中国人民大学出版社 2008 年第 2 版。
3. 陈守一:《法学研究与法学教育论》,北京大学出版社 1996 年版。
4. 陈兴良:《刑法哲学》,中国政法大学出版社 2004 年版。
5. 陈兴良主编:《刑法通论》,中国人民大学出版社 2007 年版。
6. 冯军:《行政处罚法新论》,中国检察出版社 2003 年版。
7. 高铭暄、赵秉志编:《新中国刑法立法文献资料总览》(下),中国人民公安大学出版社 1998 年版。
8. 高莹等:《劳动教养制度的价值定位与改革方向》,法律出版社 2010 年版。
9. 韩延龙、常兆儒编:《中国新民主主义革命时期根据地法制文献选编》(第三卷),中国社会科学出版社 1981 年版。
10. 林山田:《刑罚学》,台湾商务印书馆 1975 年版。
11. 苗有水:《保安处分与中国刑法发展》,中国方正出版社 2001 年版。
12. 全国人大常委会法制工作委员会刑法室编著:《〈中华人民共和国禁毒法〉释义及实用指南》,中国民主法制出版社 2008 年版。
13. 司法部劳教局编:《劳动教养工作文件汇编(第一卷)》(1955~1976)。
14. 司法部劳动教养管理局、中国劳动教养学会组编:《难忘的历程——劳动教养工作 45 年(1957~2002)》,法律出版社 2003 年版。

15. 苏力:《送法下乡——中国基层司法制度研究》,中国政法大学出版社2000年版。
16. 王连昌、马怀德主编:《行政法学》,中国政法大学出版社2007年版。
17. 王名扬:《英国行政法》,北京大学出版社2007年版。
18. 王珏、王平、杨诚主编:《中加社区矫正概览》,法律出版社2008年版。
19. 吴宗宪:《刑事执行法学》,中国人民大学出版社2007年版。
20. 夏宗素、张劲松主编:《劳动教养学基础理论》,中国人民公安大学出版社1997年版。
21. 夏宗素主编:《劳动教养制度改革问题研究》,法律出版社2001年版。
22. 张桂荣:《行政性保安处分制度的构建——以改革劳动教养及相关制度为视角》,群众出版社2010年版。
23. 赵秉志、杨诚主编:《中国劳动教养制度的检讨与改革》,中国人民公安大学出版社2008年版。
24. 中华人民共和国公安部:《人民警察常用法规选编》,中国人民公安大学出版社2007年版。
25. 周红梅:《刑罚执行论》,辽宁人民出版社1994年版。

## 二　中文论文

1. 陈光中、肖沛权:《我国劳动教养制度改革之探讨》,《中国法律》2013年第5期。
2. 陈瑞华:《劳动教养的历史考察与反思》,《中外法学》2001年第6期。
3. 陈兴良:《劳动教养制度与中国法制建设问题研讨(一)》,《法学》2001年第5期。
4. 陈兴良:《劳动教养:根据国际人权公约之分析》,《法学》2001年第10期。
5. 陈兴良:《中国劳动教养制度研究——以刑事法治为视角》,《中外法学》2001年第6期。
6. 陈彦羽:《我国劳教制度改革之路》,《湖北警官学院学报》2013年第5期。
7. 陈泽宪:《中国的劳动教养制度及其改革》,《环球法律评论》2003年冬季号。

8. 程书兵：《论我国劳动教养制度的教育矫治化——关于〈违法行为教育矫治法〉的立法思考》，《公安研究》2009 年第 5 期。
9. 赤艳：《关于改革与完善劳动教养制度的立法构想》，《北京大学学报（哲学社会科学版）》2006 年第 1 期。
10. 储槐植：《我国刑法中犯罪概念的定量因素》，《法学研究》1988 年第 2 期。
11. 储槐植、汪永乐：《再论我国刑法中犯罪概念的定量因素》，《法学研究》2000 年第 3 期。
12. 储槐植：《议论劳动教养制度改革》，《中国司法》2005 年第 5 期。
13. 储槐植：《从国情出发思考劳动教养制度改革》，《中国司法》2009 年第 3 期。
14. 储槐植、张桂荣：《关于违法行为教育矫治法立法中几个重大问题的思考》，《中国司法》2010 年第 7 期。
15. 戴群策、陶文辉：《劳动教养制度的改革设想》，《政法学刊》2005 年第 1 期。
16. 方明、王振：《劳动教养及其监督机制完善问题研究》，《西南政法大学学报》2009 年第 5 期。
17. 宫献增、张向鲁：《对“负案劳动教养”问题的调查思考》，《中国司法》2000 年第 6 期。
18. 高铭暄：《关于刑法实施中若干重要问题的建言》，《法治研究》2013 年第 4 期。
19. 侯兆晓：《劳教：一个名词的作古？》，《民主与法制》2010 年第 9 期。
20. 胡滢：《劳动教养替代制度的建构》，《长春理工大学学报》2013 年第 11 期。
21. 冀祥德：《劳教制度：向死而生》，《环球法律评论》2013 年第 2 期。
22. 贾宇：《从“严打”到“宽严相济”》，《国家检察官学院学报》2008 年第 2 期。
23. 姜金方：《劳动教养立法争议的由来、问题及出路》，《法学》2001 年第 5 期。
24. 姜裕富：《社区功能与社区矫正制度的完善》，《北京人民警察学院学报》2007 年第 5 期。
25. 金昌俊：《浅谈我国保安处分的立法构想——兼谈保安性措施的刑法化改革》，《当代法学》2003 年第 12 期。

26. 康树华：《新中国成立后不同历史时期犯罪的状况与特点》，《江苏公安专科学校学报》1999 年第 1 期。
27. 力康泰、韩玉胜：《关于制定具有中国特色的教养法的思考》，《中国监狱学刊》1997 年第 2 期。
28. 李本森：《停止劳动教养制度的路径选择——以公法的强制性整体变迁为视角》，《中国法学》2013 年第 6 期。
29. 李春华：《违法行为教育矫治之检察监督》，《人民检察》2009 年第 7 期。
30. 李居全：《也论我国刑法中犯罪概念的定量因素——与储槐植教授和汪永乐博士商榷》，《法律科学》2001 年第 1 期总第 108 期。
31. 李晓明：《尴尬与困境中的抉择——我国劳教立法改革再研究》，《法商研究》2003 年第 7 期。
32. 李晓燕：《论劳动教养制度的废存及违法行为教育矫治法的制定》，《法制杂志》2013 年第 3 期。
33. 梁根林：《劳动教养何去何从》，《法学》2001 年第 6 期。
34. 梁根林：《保安处分制度的中国命运——兼论劳动教养的出路》，《中外法学》2001 年第 6 期。
35. 刘恒志、白一之：《劳动教养制度合理性研究》，《中国监狱学刊》2008 年第 5 期。
36. 刘仁文：《劳动教养制度及其改革》，《行政法学研究》2001 年第 4 期。
37. 刘仁文：《劳教制度的改革方向应为保安处分》，《法学》2013 年第 2 期。
38. 刘生荣：《保安处分之利弊析》，《国外法学》1988 年第 6 期。
39. 刘孝敏、谢小剑、陈威：《论劳动教养制度的正当化》，《洛阳理工学院学报（社会科学版）》2009 年第 3 期。
40. 卢建平：《犯罪分层及其意义》，《法学研究》2008 年第 3 期。
41. 鲁宁：《“违法矫治”取代劳动教养步入窗口期》，《社会观察》2013 年第 3 期。
42. 莫洪宪、王登辉：《从劳动教养事由的类型化看制度重构》，《法学》2013 年第 2 期。
43. 屈学武：《保安处分与中国刑法改革》，《法学研究》1996 年第 5 期。
44. 屈学武：《我国劳动教养制度改革刍议》，《西南政法大学学报》2002

年第5期。
45. 屈学武:《“轻罪”之法价值取向与人身权利保护》,《河北法学》2005年第11期。
46. 时延安:《保安处分的刑事法律化——论刑法典规定保安性措施的必要性及类型》,《中国人民大学学报》2013年第2期。
47. 司法部研究所劳动教养性质课题组:《论劳动教养的性质》,《犯罪与改造研究》1990年第1期。
48. 司法部劳动教养制度改革与完善研究课题组:《改革与完善中国劳动教养制度(上)》,《中国司法》2004年第3期。
49. 宋海鹰、宋雁:《保安处分制度与刑法中的人权保障机制——兼谈我国劳动教养制度的立法改革》,《甘肃政法学院学报》2002年第1期。
50. 孙立平:《社会转型:发展社会学的新议题》,《社会学研究》2005年第1期。
51. 汤海军、张长和:《我国劳动教养法律制度的未来走向》,《河南社会科学》2008年第4期。
52. 万春:《死刑复核法律监督制度研究》,《中国法学》2008年第3期。
53. 王公义:《论〈违法行为教育矫治法〉的立法理念及原则》,《中国司法》2005年第7期。
54. 王公义:《劳动教养制度存废问题研究》,《中南民族大学学报(人文社会科学版)》2012年第3期。
55. 王静:《从行诉案件看劳教制度变革路径》,《国家行政学院学报》2012年第3期。
56. 王书成:《〈废除劳动教养制度建议书〉的宪法学思考》,《山东社会科学》2009年第1期。
57. 魏霞:《〈违法行为矫治法〉的立法构思》,《民主与法制》2013年第3期。
58. 魏晓娜:《走出劳动教养制度的困局:理念、制度与技术》,《法学》2013年第2期。
59. 夏宗素:《劳动教养制度的发展与历史成就》,《犯罪与改造研究》2001年第1期。
60. 夏宗素:《劳动教养走向违法行为矫治》,《中国司法》2005年第4期。
61. 晓理:《发挥劳教职能 配合“严打”整治斗争——访新疆劳动教养工

作管理局局长谢晖》，《中国司法》2001 年第 8 期。
62. 熊秋红：《劳动教养制度改革的路径选择——以实证调研为基础的分析》，《法学家》2013 年第 5 期。
63. 徐昕、卢荣荣：《中国司法改革年度报告（2009）》，《政法论坛》2010 年第 3 期。
64. 徐昕、黄艳好、卢荣荣：《中国司法改革年度报告（2012）》，《政法论坛》2013 年第 2 期。
65. 晏乐斌：《“劳教问题的决定”出台前后》，《炎黄春秋》2013 年第 5 期。
66. 杨建顺：《劳教制度废止当慎重》，《人民论坛》2013 年第 3 期。
67. 姚佳：《“改头换面”还是“脱胎换骨”——从劳动教养制度的停用谈起》，《北京警察学院报》2013 年第 3 期。
68. 姚建龙：《〈禁毒法〉的颁行与我国劳动教养制度的走向》，《法学》2008 年第 9 期。
69. 叶竹盛：《把脉“劳教”》，《南风窗》2012 年第 18 期。
70. 应松年：《关于改革劳动教养制度的几点意见》，《刑事司法论坛》2008 年第 1 辑。
71. 于建嵘：《劳动教养制度的发展演变及存废之争》，《中国党政干部论坛》2013 年第 1 期。
72. 于建嵘：《我国劳动教养制度的历史沿革》，《党政干部参考》2013 年第 4 期。
73. 于鹏飞：《简论劳动教养执行中的相关问题》，《山西省政法管理干部学院学报》2012 年第 1 期。
74. 袁曙宏：《我国〈行政强制法〉的法律地位、价值取向和制度逻辑》，《中国法学》2011 年第 4 期。
75. 张传伟：《从尴尬、颠覆走向新生：劳动教养改造为社区矫正之分析》，《北京行政学院学报》2009 年第 1 期。
76. 张建伟：《司法权的独占性与劳动教养制度的存废》，《河南省政法管理干部学院学报》2002 年第 3 期。
77. 张绍彦：《劳动教养立法需要创新》，《法学》2001 年第 5 期。
78. 张绍彦：《中国劳动教养立法专题理论研讨会综述》，《现代法学》2002 年第 2 期。
79. 张绍彦：《劳动教养的轨迹及去向》，《法学论坛》2008 年第 4 期。

80. 张绍彦：《改革制度优化功能——十字路口的劳动教养叙说》，《法学家茶座》2012 年第 4 期总第 37 期。
81. 张绍彦：《我国劳教之社会化处遇制度构想》，《中国社会工作》2013 年 8 月上。
82. 张昕航、何艳明：《〈违法行为教育矫治法〉立法中必须审慎处理的几个问题》，《中国司法》2005 年第 8 期。
83. 张昕航：《试论社区矫正适用对象的完善——以劳动教养为视角》，《中国司法》2006 年第 2 期。
84. 张亚平：《〈违法行为矫治法〉之性质解读》，《福建公安高等专科学校学报》2007 年第 5 期。
85. 赵秉志：《劳动教养制度改革的方向与方案》，《法学研究》2010 年第 1 期。
86. 赵秉志、商浩文：《论劳动教养制度的废止与刑法调整》，《法律科学》2015 年第 3 期。
87. 周金明、贾再亮、李林：《对违法行为教育矫治的检察监督制度研究》，《兰州大学学报（社会科学版）》2010 年第 51 期。
88. 周永坤：《劳教制度的历史与废除呼声》，《炎黄春秋》2012 年第 12 期。
89. 朱腾：《历史、现状与改革：劳动教养制度述评》，《江苏警官学院学报》2012 年第 5 期。

## 三　外文译著

1. ［德］弗兰茨·冯·李斯特：《德国刑法教科书》，徐久生译，法律出版社 2006 年版。
2. ［英］马林诺夫斯基：《文化论》，费孝通译，中国民间文艺出版社 1987 年版。
3. ［日］木村龟二主编：《刑法学词典》，顾肖荣等译，上海翻译出版公司 1991 年版。
4. 《列宁选集》第四卷，人民出版社 1972 年第 2 版。

## 四　报纸

1. 黄秀丽：《违法行为矫治法将有望取代劳动教养》，《南方周末》2010

年 3 月 11 日第 8 版。
2. 江必新：《推进国家治理体系和治理能力现代化》，《光明日报》2013 年 11 月 15 日 01 版。
3. 《为什么要实行劳动教养?》，《人民日报》1957 年 8 月 4 日第 1 版。
4. 《司法部张苏军副部长在“中美罪犯矫正与和谐社会建设”研讨会上的致辞》，《法制日报》，2008 年 12 月 2 日。
5. 王比学：《我国劳教戒毒模式基本成型》，《人民日报》2005 年 6 月 24 日政治版。
6. 虞伟：《〈禁毒法〉率先取消劳动教养》，《南方都市报》2007 年 12 月 30 日。
7. 张涛：《“劳动教养，该休矣”》，《民主与法制时报》2013 年 1 月 14 日 A1 版。
8. 张维：《重庆对卖淫嫖娼者不再劳动教养》，《法制日报》2012 年 5 月 29 日第 6 版。
9. 赵秉志、袁彬：《法治缺乏决定废止劳教必然性》，《民主与法制时报》2014 年 1 月 13 日。

## 五　电子文献

1. 陈超：《中国与美国的非监禁刑比较及其启示》，中国法院网，http：//www. chinacourt. org/article/detail/2004/07/id/123704. shtml，2015 年 8 月 3 日。
2. 冀祥德：《劳教制度废除后的立法模式选择》，中国法学网，http：//www. iolaw. org. cn/showArticle. asp？id = 3708，2015 年 8 月 3 日。
3. 廖卫华：《我国劳教制度面临变革 将订违法行为矫治法》，新华网，http：//news. xinhuanet. com/legal/2005 – 03/02/content_ 2636013. htm，2014 年 2 月 27 日。
4. 刘仁文：《后劳教时代的保安处分构建》，凤凰网，http：//news. ifeng. com/news/opinion/shehuihuati/news？aid = 56105205&p = 6，2015 年 8 月 3 日。
5. 宋识径：《四市试点劳动教养制度改革》，新京报网，http：//www. bjnews. com. cn/news/2012/08/29/219561. html，2014 年 2 月 23 日。
6. 王和岩：《律师吁请废除劳教等强制措施》，财新网，http：//china.

caixin. com/2012 - 01 - 01/100345111. html，2014 年 2 月 24 日。

7. 杨维汉：《最高法：配合劳教改革探索完善轻微刑案快审快结机制》，新华网，http：//news. xinhuanet. com/legal/2013 - 10/23/c _ 117844427. htm，2015 年 8 月 26 日。

8. 尹强、简建伟：《关于改革劳动教养制度的几点思考》，中国法院网，http：//www. chinacourt. org/article/detail/2008/09/id/322072. shtml，2015 年 8 月 3 日。

9. 郑子琳：《劳教制度废止 拿什么来“善后”?》，光明网，http：//news. gmw. cn/2013 - 12/10/content_ 9714855_ 3. htm，2015 年 8 月 26 日。

10. 朱鹏英：《〈违法行为教育矫治法〉正起草 将改革劳教制度》，中国新闻网，http：//www. chinanews. com/gn/news/2010/03 - 10/2161451. shtml，2014 年 2 月 27 日。

# 索　引

## W



## X



## Z